Kilian Mehl

Warum tun wir nicht, was wir wissen?

Wie der Kopf besser fühlen lernt

Schwabe Verlag

Bibliografische Information der Deutschen Nationalbibliothek
Die Deutsche Nationalbibliothek verzeichnet diese Publikation in der Deutschen Nationalbibliografie; detaillierte bibliografische Daten sind im Internet über http://dnb.dnb.de abrufbar.

© 2023 Schwabe Verlag Berlin GmbH
Dieses Werk ist urheberrechtlich geschützt. Das Werk einschließlich seiner Teile darf ohne schriftliche Genehmigung des Verlages in keiner Form reproduziert oder elektronisch verarbeitet, vervielfältigt, zugänglich gemacht oder verbreitet werden.
Abbildung Umschlag: Collage von icona basel gmbh, Basel
Lektorat und Redaktion: Bettina Moll, Berlin (www.texttiger.de)
Cover: icona basel gmbh, Basel
Grafiken Innenteil: Marei Bittner, Freiburg
Layout: icona basel gmbh, Basel
Satz: 3w+p, Rimpar
Druck: BALTO print, Litauen
ISBN Printausgabe 978-3-7574-0114-6
ISBN eBook (PDF) 978-3-7574-0115-3
DOI 10.31267/978-3-7574-0115-3
Das eBook ist seitenidentisch mit der gedruckten Ausgabe und erlaubt Volltextsuche. Zudem sind Inhaltsverzeichnis und Überschriften verlinkt.

rights@schwabeverlag.de
www.schwabeverlag.de

Inhalt

Erstmal ein Dank!	7
1 Wie ein kleines Virus uns die Augen öffnet(e)	9
An allen Ecken und Kanten Gefahr in Verzug	25
Ein Haus wird nicht vom Statiker erbaut	36
Also was sagt uns all das?	39
2 Wie wir so ticken	45
Die Geschichte der Hominiden	45
Unser Gehirn – ein Erfahrungsreaktor	49
Erfahrung, was ist das?	50
Wie wir Erfahrung vererben – Genetik und Epigenetik	53
Basiskompetenzen	65
«Mach ich mir die Welt, so wie es mir gefällt!»	72
Wie weit können wir fühlen?	83
Die Schwierigkeit, klar denken zu können, oder wie unsere Narrative entstehen	88
Die Bedeutung des Wir	94
Schalthebel zur persönlichen und kollektiven Meisterschaft	103
Was sagt uns all das?	106

3 Wissen, wie wir ticken 113

Das Biotop und die «Gärtner» 115

Ich bin ein Erfahrungsreaktor 130

Entfesselung unserer Gesellschaft 146

Lassen wir den Staat erstmal beiseite 158

Fangen wir bei den Kindern und Jugendlichen an 165

Unsere «Rohdiamanten» 169

«Nicht mehr» und «noch nicht» 177

4 Was uns gesund und resilient macht 191

Wir brauchen eine «systemadäquate» Medizin 194

Psychotherapie: Warum EOT und Integratives nachhaltiger wirken ... 200

Lernen für die Zukunft – ein Beispiel: modernes BGM
in der Arbeitswelt 4.0 209

Und es kam noch dicker 215

Literatur 225

Verwendete Fachliteratur und Büchertipps zum Vertiefen 225

Speziell für Pädagogen und Erzieher, zur Selbstedukation
und zum Erfahrungslernen 228

Abbildungs- und Tabellenverzeichnis 231

Abkürzungen 233

Erstmal ein Dank!

Ich danke den Gründern[1] der Ur- und Gegenwartsreligionen und Ideologen, wie Karl Marx, weil sie beschreiben, wie sehr sie das Vollkommene und Göttliche in den Menschen herbeisehnen. Auch Menschen wie Charles Darwin gilt mein Dank, denn sie ebneten diesbezüglich den Weg, ausgehend von den Sehnsüchten und Wünschen der Menschen, über Mythen und Narrative bis hin zu den Naturwissenschaften, was letztlich zur Begründung neurowissenschaftlicher Forschung und Epigenetik führte. Ich danke auch Forschern, wie Frans de Waal, die sowohl unsere Verwandtschaft mit Schimpansen, aber auch Bonobos belegen. Sie alle förderten und fördern die Annäherung von Ideologien und Fakten, um die existenziellen Wirklichkeiten von Homo sapiens besser nachvollziehen zu können. Sich hiermit zu beschäftigen, weitet den Blick auf uns und unsere Spezies – und das macht Freude.

Mein privates und berufliches Umfeld ermöglichten mir dies, wofür ich sehr dankbar bin. Sie alle, meine Familie, meine Freunde und Bekannten sowie meine professionellen Arbeitsteams, verschafften mir die notwendige Zeit, gaben mir kritisches Feedback und brachten gute Ideen ein.

Eine Schrift wie diese erfordert schließlich auch die engagierte und unmittelbare mühevolle Mitarbeit eines versierten Teams. Da ist meine langjährige Lektorin und sozusagen Mitverfasserin Bettina Moll zu nennen, meine ebenfalls langjährige Grafikerin und Designerin Marei Bittner und Agnes Iben, die sich seit Jahren für viele meiner Arbeiten die Finger wundschreibt.

Klar, am Ende ist ohne einen guten Verlag alles nichts. Deshalb allen Beteiligten meinen Dank! Und weil jedem Ende ein Anfang innewohnt, sind wir schon an der nächsten Schrift.

---

[1] Aus pragmatischen Gründen und für mehr Lesefreundlichkeit wird in diesem Buch das generische Maskulinum benutzt. Bei dessen Verwendung sind in gleichberechtigter Weise auch Personen anderen Geschlechts und/oder Identität gemeint.

1 Wie ein kleines Virus uns die Augen öffnet(e)

Nun ist etwas geschehen, was wir eigentlich hätten erwarten können, aber doch nicht hatten kommen sehen, zumindest nicht die meisten von uns, und schon gar nicht für die sogenannten «modernen Gesellschaften». Ein Ereignis von «internationaler Tragweite» hat uns ereilt: eine Pandemie und die damit bald einhergehenden Maßnahmen eines nur schwer durchschau- und (er-)tragbaren Corona-Managements. Es scheint, es ist erstmal überstanden. Es war ein Schock und die Folgen werden uns weiter beschäftigen. Hoffentlich aber haben wir daraus ein bisschen gelernt.

Es ist unsere unmittelbare Betroffenheit, die diese Pandemie von anderen großen Ereignissen unterscheidet. Kriege und Naturkatastrophen, über die tagtäglich in den Medien berichtet wird, sind entweder weit weg oder sie tangieren uns wie die klimatischen Veränderungen meist nur indirekt, es sei denn, unerwartet Angst und Furcht einflößende Ereignisse, wie die Flutkatastrophe 2021 in Deutschland, rücken bedrohlich nahe in den Kreis unserer unmittelbaren *emotionalen Reichweite*.[2] Mit jährlich 500 Millionen Malariatoten weltweit oder an die 3.000 Verkehrstoten in Deutschland scheinen wir besser klarzukommen. Das sind für uns nur abstrakte Zahlen und Statistiken, Geschehnisse, zu denen wir keinen direkten Bezug haben, anonyme Tote, die wir zugunsten unserer Mobilität gern in Kauf nehmen, denn diese Menschen sterben anderswo und berühren nicht unsere unmittelbare Realität.

Mit dem neuen kleinen Virus war dies jedoch anders: Es war vielleicht ein bisschen wie mit der Digitalisierung, die nach und nach unser Leben infiltriert. Keiner kann sich ihr so richtig entziehen. So haben auch die Pandemie und alle damit verbundenen Auswirkungen in unserem Alltag Einzug gehalten, das Leben des Einzelnen verändert, die Gesellschaft, die Welt. – *Co-*

---

[2] Mehr zu diesem Aspekt der menschlichen Systemkonzeption findet sich in Kap. 2 unter «Wie weit können wir fühlen?».

rona hat uns alle, ohne Ausnahme, direkt, persönlich und emotional getroffen. Persönliche und kollektive Freiheiten, Grundrechte wie Bewegungs-, Reise- und Versammlungsfreiheit unterliegen fortan Restriktionen und hängen ab von den Beschlüssen unterschiedlichster Institutionen und Ländergrenzen – als würde das Virus an einer Grenze Halt machen.

Die Pandemie und ihr Management haben Einzug gehalten in unserer ganz persönlichen existenziellen Wirklichkeit und in unsere Verletzlichkeit. Sie haben vielleicht auch unseren Irrweg deutlich gemacht. Das hat uns überrascht.

Als das Virus aus Asien zu uns «herübergeschwappte», machte sich plötzlich eine große Betroffenheit breit und die Politiker weltweit ließen mit Statements und Erklärungen nicht lange auf sich warten, auch sie waren emotional betroffen. Dies kam nicht selten einer «Kriegserklärung» gleich, wie wenn es einen Feind zu bekämpfen gelte, der mit vernichtenden Waffen vor unseren Häusern steht, Frauen und Kinder bedroht, überhaupt das Leben eines jeden Bürgers gefährdet. Nur dass der Feind kein Gesicht hatte und für das bloße Auge nicht wahrnehmbar war – wir sahen und hörten ihn nicht, er nahte unsichtbar. Wie sollten wir ihn dann aber zu fassen kriegen? Wie ihn bekämpfen und besiegen? Was sollten wir tun? Die medial vermittelte Kampfansage dauerte an, schürte die unmittelbare Betroffenheit, machte Angst und lähmte oder rührte zu Protesten gegen die Kriegserklärung generell oder die Art der Kampfstrategien auf.

Nun haben solche unvorhergesehenen Ereignisse zur (Lebens-)Geschichte des Homo sapiens und aller anderen Lebewesen schon immer dazugehört und werden weiter dazugehören, also Veränderungen und Verunsicherungen in den bestehenden Lebenssystemen (Epidemien, Naturkatastrophen, Klimaveränderungen, Kriege). Diese Veränderungen – der stetige Wandel – machen das *Prinzip des Lebendigen* aus und verlangen von den Lebewesen im Biotop fortwährend, sich neuen Verhältnissen anzupassen, sich zu verändern.

Das *Prinzip des Lebendigen* ist die stetige Veränderung, der Wandel bestehender Systeme: Wer überleben und weiterkommen will, passt sich in seiner Umgebung den veränderten Gegebenheiten an, entwickelt sich mit ihnen selbst fort, gestaltet dort das Biotop[3] mit oder sucht sich eine andere, neue Umgebung und verändert auch so etwas. – Nur was macht uns gerade so hilflos? War es früher einfacher? Oder haben wir in unseren Komfort-, Konsum- und Vollkaskogesellschaften eine Unbekümmertheit erworben, die uns jetzt auf die Füße fällt?

Sicher gab es angesichts tiefgreifender Veränderungen schon immer solche Menschen, die eher ungeschickt, sehr ängstlich reagierten oder einfach beim Gewohnten bleiben wollten, beim Bekannten verharren und sich nicht auf neue Gegebenheiten einlassen, nichts Neues ausprobieren wollten. Aber es gab auch solche, die das Neue eher akzeptierten, kreativ nach alternativen Wegen des Überlebens suchten, neue Werkzeuge erfanden, vielleicht auch den Lebensort wechselten, ihr Schicksal einfach anerkannten, es ändern wollten und nicht wegen irgendwelcher Herausforderungen kapitulierten. – Unsere (Ur-)Großeltern oder Eltern etwa haben grausame (Welt-)Kriege erlebt; vorher, währenddessen oder hernach zahlreiche Entbehrungen, Hunger, Gewalt, menschenverachtende Zustände und den umherschleichenden Tod erfahren. Die meisten von uns bislang aber nicht.

Nach den letzten beiden uns direkt betreffenden Kriegen gab es keine Schulen, geschweige denn genügend Lehrer. Die Gebäude waren zerbombt, die Lehrerinnen und Lehrer im Krieg ums Leben gekommen. Ganze Jahrgän-

---

3   Wenn wir von «Biotop» sprechen oder von «Umgebung», meinen wir damit die *Lebensumwelt* eines jeden Menschen und somit alle äußeren Systeme, die Einfluss auf unser Leben haben: also alle Lebensräume, wie die Natur, Städte, Dörfer, Gesellschaften, Gruppen, denen wir angehören und in denen wir uns bewegen, unsere Familie, unsere Freunde und Bekannten, unsere Arbeit, aber auch globale Systeme, die mit ihren Ereignissen und Entwicklungen (z. B.: Wirtschaft, Politik, Digitalisierung, Technisierung, Medien usw.) Auswirkungen auf unser individuelles/kollektives Leben haben.

ge haben sich weniger mit Bildung oder Schule als mit Krieg und dann mit der Reparatur von dessen Folgeschäden befasst. Viele Kinder wuchsen ohne Eltern auf und so einige, die noch welche hatten, blieben unbeaufsichtigt, weil diese damit ausgelastet waren, für ein Dach über dem Kopf, etwas zum Anziehen, Nahrung und Heizmaterial zu sorgen. Es scheint, als wenn diejenigen, welche diese Erfahrungen gemacht und es damals geschafft hatten, die Kriegsfolgen zu bewältigen, auch mit der Pandemie und dem veränderten Leben klargekommen sind. Dabei war, gerade was Covid-19 anbelangt, die Altersgruppe der Senioren laut Statistiken am gefährdetsten.

Jene, die einst Armut, Drangsal und Not erfahren und bewältigt hatten, haben auch am wenigsten verstanden, warum gerade Toilettenpapier ein überlebenswichtiges Utensil und eine Maske zu tragen unzumutbar und traumatisierend sein sollte oder der Verzicht auf unbegrenztes Shopping mit einer Einschränkung der persönlichen Freiheit und existenziellen Sorgen gleichgesetzt wurde. Vielleicht kamen sie einfach mit wenig zurecht und hatten es gelernt, sich auf das wirklich Lebensnotwendige zu konzentrieren, mit unvorhersehbaren Ereignissen und unvollständigen Informationen umzugehen und daraus das Beste zu machen. Natürlich war es hart, gerade im Alter, in Isolation oder «Einzelhaft» genommen zu werden. Aber es gab keine Wahl und die meisten arrangierten sich damit und würden es wieder tun, wenn es wieder so sein müsste. Und ja, dann gab es auch noch andere Reaktionen: Menschen, die in Angst und Schrecken versetzt penibel auf die Einhaltung der politisch verordneten Maßnahmen achteten, in dem Glauben «Wenn sie von oben angeordnet werden, dann muss die Bedrohung durch den ‹unsichtbaren Feind› sehr groß sein und wir müssen Folge leisten, sonst war's das», oder solche, die sich über von oben verordnete Regularitäten mal mehr, mal weniger hinwegsetzten, oder die dazwischen, die sich mehr oder weniger gut damit arrangierten. – Ihnen allen war jedoch eines gemeinsam: Konnten sie ihren Grundbedürfnissen nicht nachkommen und fühlten sie sich aufgrund von unvorhergesehenen Ereignissen bedroht, dann suchten sie nach Ursachen und Erklärungen für ihr Dilemma und Fragen tauchten auf: Wie konnte es so weit kommen? Was war der Auslöser? Gibt es Schuldige? Was kann ich tun? Kommt der Verstand nicht mit, machen sich Unsicherheit und Angst viel schneller breit.

In der frühen Menschheitsgeschichte wurden Schicksalsschläge oft als Bestrafung für unlauteren Lebenswandel gedeutet. Es ist noch nicht lange her, da wurde hinter einem Massensterben von Nutztieren auf einem bestimmten Feld vermutet, dass dieses verflucht sei. Bis der Landarzt Robert Koch (1843–1910) die Ursache dafür fand: Die Rinder siechten wegen des hochvirulenten Milzbranderregers dahin. Einmal Fuß gefasst, hinterließ er auf den Feldern Sporen, die sein Überleben sicherten, und das über viele Jahre, sodass selbst auf den für einige Jahre nicht mehr genutzten Feldern später die Seuche wieder ausbrechen konnte. Die Koch'sche Entdeckung des Erregers und seiner Sporen bereitete den mystischen Erklärungszusammenhängen ein Ende und der daraus entstandene wissenschaftliche Wettstreit zwischen Koch und dem Chemiker Louis Pasteur (1843–1910) war der Beginn der Mikrobiologie, der Erforschung der Vorbeugung von Infektionskrankheiten und der Entwicklung von Impfmöglichkeiten.

In unserer «aufgeklärten», wissenschaftsgläubigen Zeit war für kaum jemanden mehr vorstellbar, ein übelgelaunter Gott oder eine strafende Göttin hätte das Menschengeschlecht verärgert ins Visier genommen, verflucht und uns die Pandemie beschert. Dennoch hatten sich aus einem menschlichen Bedürfnis nach kausalen Erklärungen heraus Stellvertreter für die längst verschwundenen Götter und Dämonen in Gestalt von Verschwörungstheorien und Wahnkonstrukten gefunden. Die Anhänger dieser Theorien kamen wegen ihrer gefühlten großen Bedrängnis – kollektiver Verlust der Freiheit, es ging um Leben oder Tod! – meist sehr radikal daher. Angst hatten aber auch die, welche nur sich selbst als Individuum bedroht sahen; sie verfielen jedoch weniger in Aktionismus und «warteten erstmal ab» oder erwarteten «hier, jetzt, sofort» die Rettung von den Menschen, denen sie Verantwortung und Macht übertragen hatten – also Politikern, die aber keine Wissenschaftler, Mediziner oder Infektiologen waren.

Doch gibt es bei neuen Herausforderungen keine Patentrezepte, keine direkten Antworten und Lösungen, dafür aber einige offene Fragen, Hilflosigkeit und *trial and error* im Umgang mit Maßnahmen. Das verstärkte bei nicht wenigen die Angst und schürte in der Masse Hysterie, verlangte aber genau in dieser unkontrollierbaren Notlage von jedem Einzelnen: Besonnenheit, Geduld, Frustrationstoleranz, Könnensoptimismus und Kreativität, um mit den widrigen Umständen klarzukommen, sowie einen hohen Grad an Selbstverantwortung. Leider hatten aber viele diese menschlichen Basiskom-

> **BASISKOMPETENZEN**
>
> - Urteils- und Entscheidungskraft
> - Zielstrebigkeit
> - Durchsetzungsvermögen
> - Stresstoleranz und Leidensfähigkeit
> - Ambiguitätstoleranz
> - Empathie und Wahrnehmungskraft
> - Wertschätzungspotenzial
> - Kommunikationsfähigkeit
> - Konflikt- und Konsensfähigkeit
> - generelle soziale Kompetenzen

Abb. 1: Überblick über die wichtigsten Basiskompetenzen.

petenzen[4] in unserer modernen hochtechnisierten, medialen, konsumträchtigen Welt längst verlernt und ihre Autonomie und die Bewusstheit verloren, sich in vielem, durch Intuition und Schaffenskraft, auch selbst helfen zu können. Vor allem die persönliche Urteils- und Entscheidungskraft war stark beeinträchtigt; deshalb suchten einige nach dem Retter, der schnelle Lösungen verspricht, oder schenkten Gruppierungen Glauben, die die Gefahr als nichtig oder nicht so gravierend deklarierten. Aber wem sollte man glauben? Wem konnte man trauen? Welchen Medien? Welchen Nachrichten? Welchen Wissenschaftlern? Etwa dem eigenen Menschenverstand? Wir schienen uns auf einem schmalen Grat des eigenen Abwägens, Einschätzens und Beurteilens zu bewegen.

Die Verluste durch Corona waren/sind hoch: gesundheitlich, zwischenmenschlich, finanziell. Und ja, es gab auch «Kriegsgewinnler»: Sie hatten die Krise als individuelle Plattform für ihre Bereicherung gefunden. Ihrer gab es viele: Da waren die, die bestimmte Umstände wirtschaftlich ausnutzten

---

4 Vgl. die Übersicht über die wichtigsten Basiskompetenzen in Abb. 1. – Anmerkung: Mit Ambiguitätstoleranz ist die Fähigkeit gemeint, Widersprüche aushalten zu können. Weiterführendes zu den übrigen Basiskompetenzen findet sich in Kap. 2 unter «Basiskompetenzen» und dort in Abb. 2.

(Masken, Impfstoffe, Preise, Kurzarbeit, Spekulanten), es gab die moralischen Gutmenschen oder die, welche die Demokratie und jegliche Freiheit infrage gestellt sahen. Diese Entwicklung und die Radikalisierung mancher *warlords* war für die meisten von uns unvorstellbar, dachten wir doch, wir seien in unserer modernen Welt alle aufgeklärt, demokratisch gebildet, dem Wesen nach gut und könnten immer weiter in unserer Wohlstandskonformität ruhig dahingleiten.

Ist die Pandemie also lediglich als ein Brandbeschleuniger anzusehen für eine Welt, die so und so schon längst in Flammen steht? Hat sich im Laufe der menschlichen Evolution denn überhaupt nichts geändert? Sind wir etwa nicht klüger geworden und haben wir uns nicht weiterentwickelt? Oder gibt es doch etwas, was uns weiterhilft, mit den großen Herausforderungen und den sich ständig ändernden Lebensumständen fertigzuwerden, etwas, was uns unterstützt, das Beste aus unserer prekären Lage zu machen? Das Erwachen aus dem Dornröschenschlaf hat eine Menge an Fragen aufgeworfen und uns unsere prekäre Lage insgesamt verdeutlicht. Dem wollen wir erstmal nachgehen. Für viele Probleme scheint es einfache, plausible und machbare Lösungen zu geben. Nur warum gehen wir diese Wege nicht? Also: Warum tun wir nicht, was wir eigentlich wissen und wozu wir in der Lage sind?

Der Mensch bringt im Prinzip potenziell alles mit, was er braucht, um adäquat zu handeln. Er hat ein gutes Erinnerungsvermögen, ist lernfähig, kann auf Erfahrungen zurückgreifen, immer wieder Neues ausprobieren, scheitern, wieder aufstehen, aus Fehlern lernen, Gelerntes auf neue Situationen übertragen. Er besitzt Reflexionsfähigkeit, hohe Urteils- und Entscheidungskraft und die Fähigkeit, Zukünftiges zu visionieren, Vor- und Nachteile abzuwägen, Prioritäten zu setzen und dabei das Wohl und das Fortkommen seiner Spezies im Blick zu haben. All das ist uns seit mehreren 10.000 Jahren unseres Seins eigen und wir haben es weiterentwickelt durch schrittweises Anpassen in unserem sozialen und kulturellen Verhalten, genetische und epigenetische Veränderungen, die unser jetziges Leben bestimmen. Frage ist: Sollten wir dieses Basispotenzial, das in uns steckt, nicht jetzt nutzen und aktivieren, um die nötigen Veränderungen/Anpassungen vorzunehmen und die aktuellen gesellschaftlichen und globalen Herausforderungen zu meistern? Oder jammern und betteln wir lieber um die «Rückkehr zur Normalität», womit wir das Alte, Gewohnte meinen?

Corona hat beschleunigend gezeigt, was existenzielle Bedrohung bedeutet. Es kann ganz schnell gehen und dann ist unser komplettes Lebenssystem infrage gestellt und wankt. Diese Erfahrung hat uns vielleicht wachgerüttelt und auch für die anderen, uns längst bekannten Bedrohungen für die Menschheit, die *aktuell gesellschaftlichen Herausforderungen* sensibilisiert: Seuchen und gewaltsame Auseinandersetzungen, anthropogen ungünstig beeinflusster Klimawandel, extremer Verbrauch überlebensnotwendiger Ressourcen, Konsumabhängigkeit, falsch verstandenes wirtschaftliches Wachstum, notwendige Verantwortung für den Mitmenschen, das Kollektiv und die kommenden Generationen. Ist diese Pandemiezeit darum nicht gerade eine Chance, endlich aufzuwachen und den Irrweg, den wir prinzipiell schon seit der Industrialisierung begonnen haben zu gehen, wieder zu verlassen und eine Kurskorrektur vorzunehmen? Was hält uns davon ab, tätig zu werden? Wir müssen ja nicht alle Errungenschaften der Industrialisierung und Moderne dafür über Bord werfen. Sie haben schließlich auch massive Vorteile und Wohlstand für den Menschen gebracht. Doch damit einher gingen leider auch ein Verlust an Basiskompetenzen, ein Individualismus und eine Entsolidarisierung der Gesellschaft, welche die Urkraft der Anpassungsfähigkeit von Homo sapiens immens schwächten.

Es wäre also nicht schlecht, wenn wir diese *Urkraft* und unsere *Basiskompetenzen* wieder *aufbauen, fördern und stärken* würden. Wenn wir dem überbordenden Individualismus eine etwas solidarischere Gesellschaft entgegensetzen könnten. Wenn wir tatsächlichen Bedrohungen, die auf jeden von uns und unsere Familien zukünftig zukommen werden, wie dem Klimawandel, vorausschauend etwas entgegensetzen würden. Auch dann, wenn es uns nicht direkt tangiert, wie bei der Flutkatastrophe in Deutschland im Sommer 2021. Wenn wir nicht in unverständlicher Ignoranz einerseits den Konsum unnötiger Wirtschaftsgüter anheizten, andererseits aber den Ressourcenverbrauch auf der Erde beklagten. Wenn wir schlaue Mobilitätslösungen finden könnten, ohne uns durch die Abschaffung PS-strotzender Materialungetüme in unserer Freiheit beschränkt zu fühlen. Wenn wir zu einer artgerechteren Ernährung zurückfinden würden, ohne das Gefühl, uns im Verzicht quälen zu müssen. Wenn mindestens in reichen Gesellschaften «Pfandflaschenrentner» nicht in Kauf genommen würden. Wenn persönliche Leistungen und Erfolg in der Gesellschaft und für das Kollektiv nicht aus Missgunst verdammt würden. Wenn wir Gerechtigkeit nicht mit Gleichheit verwechseln und neue Lebensentwürfe neben alten gut finden und bei anderen akzeptieren würden, vor allem solche, die den Blick auf die Verantwortung für die Gemeinschaft einschließen.

Was meint hier aber «Gerechtigkeit» und was «Gleichheit»? Unter dem Begriff *Gerechtigkeit* verstehen wir hier, dass jeder die Option haben sollte, aus eigener Kraft, mit den vorhandenen Möglichkeiten den eigenen Lebensentwurf zu gestalten, und zwar in Wertschätzung aller möglichen Differenzen, die es anzuerkennen gilt: die der verschiedenen Geschlechter, Ethnien, Religionen, Weltanschauungen, aber auch existierende Heterogenität, die Bildung, Sexualität, den Charakter, Talente, Geschick, Fleiß und Engagement betreffend, sowie unterschiedlichen Besitz und Wohlstand. Ungeachtet der genannten Unterschiede sollte dies für alle Menschen gleichermaßen gelten. Hier kommt eine Bedeutung von *Gleichheit* hinein, die nicht «gleichmachen» bedeutet. Gleichheit ist ein demokratisches Ideal; nur Gleichheit in dem Sinne, dass für alle immer das Gleiche gelten würde, existiert so nicht und wäre auch nicht sinnvoll. Trotzdem gibt es in der Gesellschaft überbordende Äquilibrierungsbestrebungen,[5] um die Menschen, die in ihr leben, auf eine «allgemeingültige Norm» zu eichen, heute oft vorgegeben durch Mainstream, Medien und Political Correctness. Zweifellos sind Normen wichtig für die Gemeinschaft und geben Handlungsregulative bzw. Orientierungspunkte für die Gesellschaft vor, die im Miteinander hilfreich sind; sie sollten aber nicht doktrinär und ideologisch missbraucht werden. Neben den meist kulturell gewachsenen und allgemeingültigen Gemeinsamkeiten, dem Gemeinschaftlichen, muss es immer auch die Akzeptanz und die Förderung der Verschiedenheiten, individuellen Stärken geben, das bereichert eine Gesellschaft. Denn jeder kann etwas anderes gut und wir benötigen zur Bewältigung kollektiver Herausforderungen jede Art von Können und Talent – also das ganze Spektrum. Auch das haben wir in der Pandemie lernen dürfen. Es darf demnach nicht die pauschalisierte Auffassung vorherrschen: Was nicht dieser oder jener Norm entspricht, ist schlecht, nicht erstrebenswert und zu verachten.

---

[5] Von lat. *aequilibrium* = Gleichgewicht.

> *Verschiedenheit* zulassen und fördern ist ein günstiges evolutionäres und so auch *gesellschaftsförderliches Prinzip.*

Andere entlasten, ihnen mit Kompetenzen oder Ressourcen, die sie nicht besitzen, aushelfen, miteinander teilen, gegenseitig aufeinander achten und sich auch für den anderen, das Kollektiv verantwortlich fühlen, all das erfüllt und befriedigt uns mehr als das passive Verharren in Anspruchshaltung und Hilflosigkeit, vielleicht noch angereichert mit Neid und Missgunst gegenüber denen, die «mehr» oder «anderes» haben. Letzteres Verhalten kostet immens viel Kraft; legen dies immer mehr Menschen an den Tag, kann es eine Gesellschaft gar lähmen.

Wir können und müssen einen anderen Weg gehen und andere Signale setzen. Viel zu oft wird noch propagiert, *Selbstverwirklichung* und *Individualität* seien durch grotesken Konsum, bizarre Bereicherung und Egozentrismus zu erreichen. Dass wir hier bislang aufs falsche Pferd gesetzt haben und wie fragil «Ich-Gesellschaften» sind, haben wir spätestens bemerkt, als uns die Corona-Pandemie mindestens teilweise die Augen öffnete. Der Run auf Toilettenpapier oder Impfstoff, das Bejubeln von Ärzten, Krankenschwestern, Müllmännern und andere bemerkenswerte Phänomene werden in die soziologische und evolutionsbiologische Geschichte eingehen. Selbstverwirklichung und Individualität bedeuten jedoch etwas anderes. Die Mentalität «Ich will alles sofort und ohne Gegenleistung» hat hier keinen Platz. Sie sind hingegen dadurch zu erreichen, dass der Mensch mit allen ihm eigenen Stärken und vorhandenen Ressourcen bei gleichzeitigem Einsatz für das Soziale seine, ihm anvertrauten Lebenssysteme verantwortlich gestaltet. Eine solche Einstellung einzunehmen und entsprechend zu handeln, das gäbe dem Kollektiv, aber auch dem Individuum mehr Halt und Sicherheit als politisches Kalkül, eigene Vorteilsnahme und der ausschließliche Blick auf persönliche Interessen und aufgezwungene Einschränkungen. Weder die Bewältigung einer Pandemie noch die der Gegenwarts- und Zukunftsgestaltung, noch irgendwelcher anderer alle betreffenden Konflikte ist die Sache von irgendjemand anderem. Die jeweilige Verantwortung dafür ist weder zu delegieren noch kann man sich von ihr «freikaufen». Bei einer kollektiven Bedrohung oder auch Anpassungsnotwendigkeit sind alle betroffen und darum kann ihr auch nur gemeinschaftlich die Stirn geboten werden – es ist das Engagement jedes Einzelnen gefragt.

Warum aber ist das mit der Selbstverantwortung und der Verantwortung für die Gesellschaft in unserer modernen Welt so schwierig geworden? – Die Antwort ist einfach: Viele von uns haben es verlernt, selbst tätig zu werden. Sie haben noch die kleinste Arbeit an Dienstleister abgegeben, sich gegen jedes kleinste Risiko versichert und sich in ihre digitale Komfortwelt zurückgezogen, in der es wenig Schicksal und Verantwortung gibt, dafür aber viel Ablenkung durch Medienberieselung und Freizeitspaß. Viele glaubten, dadurch ihr Leben zu erleichtern, zurückgezogen in ihrer Komfortzone, maximal eine kämpferische Haltung im Liegestuhl einnehmend. Dass diese Rechnung nicht aufgeht, ist längst durch die Wettbewerbsmentalität unserer Leistungsgesellschaft und ihre Anspruchshaltung offenbar geworden, wir sollen doch immer schneller, besser und ertragreicher werden. Die, welche schon zu viel an Eigenverantwortung und Basiskompetenzen verloren hatten, nur noch reagier(t)en oder funktionier(t)en, erkrank(t)en psychosomatisch; sie hatten und haben den sich schnell verändernden Lebensbedingungen/Anforderungen nichts entgegenzusetzen. – Wir sind also schon länger an unsere Grenzen gekommen, nicht erst durch Corona. Corona war nur der letzte fehlende Kick, um uns zu stoppen und zum Nachdenken zu bewegen.

Viele haben die eigene Lebensgestaltung also aus der Hand gegeben: die Erziehung der Kinder, die Versorgung der Alten, das eigene Wohlergehen. Wie wäre es aber, wenn wir uns wieder selbst ermächtigten und uns verantwortlich zeigten? Das Immer-noch-mehr-leisten-können-Wollen oder -Sollen abschreiben und wieder auf unsere Kräfte und unser Wohlergehen achten? Was, wenn wir uns fortan annehmen, mit allem Drum und Dran: allen Stärken, allem Erfolg, aber auch mit allen Schwächen und Fehlern, dem Schönen, den glücklichen Momenten, aber auch mit dem Leid, das uns alle irgendwann einmal ereilt, gesund oder krank, mit unserer jugendlichen Sturm-und-Drang-Phase, dem mittleren Alter, aber auch mit dem irgendwann Älter- und Gebrechlich-Werden und Sterben? Das Ziel kann doch nicht sein, einer Illusion, einem Optimum an Jugend, Schönheit, Sorgenlosigkeit, absoluter Sicherheit etc. hinterherzurennen, das nie erreicht werden kann und realitätsfern ist.

Wir sind Menschen und keine Götter und wir sind entwicklungs- und anpassungsfähig. Was also, wenn wir von nun an auf Selbstakzeptanz und Selbstwirksamkeit setzen? Was, wenn wir all unsere Potenziale und Talente in Selbstverantwortung für unser Leben und in globaler, sozialer Verantwortung für die anderen Menschen, unsere Spezies, einbringen? Wie wäre das, Könnensoptimismus und Hoffnung zu haben, dass wir selbst etwas zur Verbesserung der menschlichen Lebenssituation insgesamt und für unser eigenes Leben bewirken können? Wie wäre es, wenn wir mit Schwierigkeiten, Problemen, Schicksalsschlägen, mit einer längeren Lockdown-Zeit oder einer anderen Durststrecke besser zurechtkämen, mehr Frustrations- und Leidenstoleranz an den Tag legten, etwas mehr Durchhaltevermögen, Optimismus und Zielstrebigkeit in Bezug auf das hätten, was für uns wirklich wichtig ist? Wie wäre es zugleich mit etwas weniger Neid und Gier, weniger Anspruchshaltung, Freizeit-, Unterhaltungs- und Reisewünschen? Wie wäre es mit mehr Empathie, sozialer Kompetenz und Solidarität für die, denen es schlechter geht als uns? Wie wäre es, wenn wir uns für unser eigenes Glück und die Zukunft der Menschheit, kommender Generationen selbst in die Pflicht nähmen? Könnten wir das? Ist das realistisch? Wäre das ein gutes oder gar besseres Leben? Oder brauchen wir ihn doch irgendwie – den Höher-schneller-weiter-Modus? Das Hamsterrad, das Ablenken von uns selbst, die Passivität?

Ganz ehrlich, wir wissen, dass uns Letzteres in der erlittenen Pandemiesituation nicht weitergeholfen hat und auch zukünftig in bedrohlichen Situationen nicht weiterhelfen wird, das Vorgenannte vermutlich aber schon. Eine Verhaltensveränderung ist also erstrebenswert. Doch sind wir überhaupt in der Lage, einen solchen Switch, wenigstens ansatzweise, hinzubekommen? Sind wir vielleicht schon wieder zurückfallen in alte Muster und in die «bequeme Normalität» zurückgekehrt, weil wir uns der Anstrengung nicht gewappnet fühlen, neue Wege zu gehen, uns in Neuland aufzumachen? Das ist keine Ironie, sondern es sind ernstgemeinte Fragen, denen wir uns stellen müssen und die eine Antwort finden sollten. Hier geht es nicht nur darum, ob wir Selbstwirksamkeit und Selbstverantwortung wollen, solche übernehmen können oder nicht, sondern auch darum, *ob* und *wie* wir die großen Herausforderungen, die das Hier und Jetzt an uns stellt, bewältigen: nicht, mehr oder weniger gut.

Blicken wir auf den *evolutionären Werdegang von Homo sapiens*, so wird im Vergleich zu anderen Epochen deutlich, wie enorm viel und rasant sich im Positiven wie im Negativen seit der Industrialisierung für den Menschen in seinem Biotop durch die technischen Errungenschaften, die Digitalisierung und Globalisierung, raum- und zeitlose Kommunikation verändert hat, sodass er kaum noch mitkommt. Dass dies so ist, hängt mit seiner Systemkonzeption und dem Aufbau seines zentralen Nervensystems zusammen, das analog funktioniert, zumindest so lange, wie uns der Transhumanismus nicht eines Besseren belehrt. Seine Anpassungsfähigkeit ist also begrenzt, genauso wie seine emotionale Wahrnehmungsfähigkeit. Darum ist er wegen des Turbobiotopwandels, den er durch seine Kognitionsfähigkeit selbst herbeigeführt hat, körperlich, seelisch, geistig so überfordert und gestresst. Wer dieser Überlastung mangels fehlender Selbstkompetenzen dann nichts entgegenzusetzen hat, reagiert mit körperlichem Unwohlsein und Funktionsbeeinträchtigung. Manche bekommen Angst, werden depressiv oder erkranken psychosomatisch. Der Begriff «Burn-out» machte schon vor langer Zeit die Runde.[6]

Nun könnte man sagen, wenn Homo sapiens der anpassungsfähigste Affe auf der Welt ist, dazu ein vernunftbegabtes Wesen, so könnte er doch, wenn er nun all dies erkannt hat und weiß, wie er besser mit dem Biotopwandel zurechtkommt, so schnell wie möglich sein Verhalten ändern und gesellschaftliche Transformationsprozesse einleiten. Aber so einfach ist das nicht, denn individuelles Umlernen im Verhalten geschieht nicht in Turbogeschwindigkeit und schon gar nicht, nur weil man selbst, die Ratio oder irgendwer da «oben» das für nötig befunden hat. Sicher, mit unserem Verstand und von einer Metaperspektive aus betrachtet können wir ganz gut die Vor- und Nachteile einer Sache für uns analysieren, gegeneinander abwägen und zu vernünftigen Bewertungen kommen. Doch da sind ja auch noch die Emotionen und Gefühle, Vorerfahrungen aus der Kindheit, vielleicht Unbewusstes sowie die Grundbedürfnisse menschlichen Lebens, Überlebens, die für die endgültige Bewertung einer Sache und das Verhalten, aber auch für eine gewünschte Transformation, eine große, vielleicht sogar noch eine größere Rolle spielen als die Vernunft selbst.

---

6   Die *Deutsche Gesellschaft für Psychiatrie und Psychotherapie* meldet im August 2021, dass in Deutschland jedes Jahr 27,8 Prozent der Erwachsenen, 17,8 Millionen Menschen psychisch erkranken.

> Was im Verstand für gut und vernünftig befunden wurde, muss im Gefühl noch lange nicht als gut gelten und sich schon gar nicht im Verhalten niederschlagen.

Wir wissen, dass Bewertungen aus einem Mix aus rationaler Beurteilung, Gefühl, Verhaltensgewohnheit und Handlungsmustern bestehen, die jeweils einen unterschiedlich großen Einfluss auf unser Verhalten haben. Das Wissen um die Funktionsweise unserer Schaltzentrale hilft uns auch zu verstehen, warum Menschen in notwendigen gesellschaftlichen Wandlungsprozessen ganzheitlich mitgenommen, in ihren Grundbedürfnissen, Gefühlen und mit ihrer Vorgeschichte ernstgenommen werden müssen, denn nur so können sie in eine positive innere Haltung für nötige persönliche und gesellschaftliche Veränderungen kommen. Systemisch sind unsere erlernten Verhaltensmuster mit Emotionen und Gefühlen verknüpft und befinden sich im Gehirn auf einer «tieferen» Ebene als die Ratio und das Sprachzentrum. Da wundert es nicht, dass verschiedene «vernünftige» Botschaften und Verhaltensauflagen aus der Politik nicht bei allen gut ankommen und zwangsläufig das Konservative an Boden gewinnt, Gruppen von Transformationsskeptikern Zulauf bekommen, wenn die Bürger nicht da kognitiv-emotional abgeholt werden, wo sie stehen. (Das ist natürlich nur ein Grund.)

Das vielleicht Vernünftigere, Progressive, Neue, das wir noch nicht kennen, wird oft erst einmal als Bedrohung, Fremdes erlebt. Wir kennen es noch nicht, wir haben es noch nicht erfahren, es beinhaltet Unwägbarkeiten und damit Unsicherheit – ein Teil unserer Schaltzentrale sagt da erstmal «Lieber nicht!». Wenn uns das Unbekannte dann auch noch überrollt oder von oben per Verordnung aufgedrückt wird, wir nicht genügend Zeit bekommen, uns anzupassen, wir nicht mehr nachkommen können, das auch noch mit schlechten Gefühlen begleitet ist, dann stresst uns das und wir können erst recht nicht durch Vernunftargumente erreicht werden. Dann liegt es gehirntechnisch einfach näher, am Etablierten als besser Bewerteten festzuhalten.

Ist es also legitim, die Skeptiker einer gesellschaftlichen Mainstream-Entwicklung unter Generalverdacht zu stellen oder sollten wir ihnen, ihren

Ängsten, Befürchtungen und Zweifeln nicht doch besser einmal Gehör schenken? Vielleicht haben sie doch an der einen oder anderen Stelle ein bisschen Recht und wir haben in Bezug auf bereits vorhandene progressive Ideen für den Umgang mit Pandemien und anderen Krisen, für einen nötigen Gesellschaftswandel oder andere unvorhersehbare Ereignisse noch nicht alle Facetten und mögliche persönliche Betroffenheiten in Betracht gezogen. Vielleicht haben wir es versäumt, Alternativen anzuschauen, auf Befindlichkeiten, Grundbedürfnisse und wie wir diese stillen könnten, zu achten oder auf die Plausibilität unserer Lösungsdarstellungen? Lebens-/Gesellschaftssysteme sind komplex, zumal global betrachtet. – Dies ist kein Statement für Konservativismus, auch kein Bekenntnis dazu, unrealistischen progressiven Ideen blind zu folgen, sondern eines, den Menschen ernst zu nehmen, und zwar mit allem Drum und Dran, in all seinen Facetten seiner Systemkonzeption, auch darin, dass sein Verhalten eben nicht nur durch die Vernunft bestimmt wird, sondern auch und vor allem durch Gefühle und Emotionen.

«Wir müssen die Menschen mitnehmen», pflegen Politiker zu sagen. Aber was heißt das konkret? Es bedeutet, eine «vernünftige Erkenntnis» so zu kommunizieren, dass die Menschen emotional mitschwingen können und bereit sind, Handlungsoptionen zuzulassen und mitzugestalten, und nicht einfach Ideen, Bestimmungen durchzusetzen ohne Rücksicht auf das individuelle Sosein und persönliche Bedürfnisse. Das heißt, Ängste zu nehmen.

«Die Menschen mitnehmen» heißt, die unglaublich vielfältigen positiven Eigenschaften in einer Gesellschaft zu utilisieren, Menschen zu begeistern, eigene Potenziale für Lösungsmöglichkeiten einzubringen, und zugleich auch nicht zu verkennen, wie die existenzielle Wirklichkeit Einzelner und der Welt aussieht, wo der eine oder andere oder eine ganze Gruppe Begrenzungen erfährt und Ängste entwickeln kann. Das braucht Wandlungsfähigkeit, Zeit oder eine Katastrophe, die uns emotional in unserer emotionalen Reichweite betroffen macht, sowie adäquates Vorgehen. Gesetze und Verordnungen über die Menschen hinweg zu erlassen, das ist auf Dauer ein falscher Weg und geht meist schief.

Corona hat uns diesbezüglich vieles gelehrt und uns aufwachen lassen. Das kleine Virus hat es geschafft, mitten im überhitzten, rasanten Biotopwandel eine Vollbremsung zu vollziehen und dafür so einiges in Kauf zu nehmen. Es hat uns ermöglicht, kurz innezuhalten, nachzufühlen, nachzudenken, nicht jedes noch so unnötige Bedürfnis sofort befriedigen zu wollen, uns bewusst zu werden, was für uns unter den jetzigen Bedingungen wirklich wichtig ist, und – wenn auch in beschränktem Maße – erste Schritte in Richtung Verhaltensänderung zu gehen sowie gesellschaftliche Transformationen zu durchdenken, die wir jetzt und später in Angriff nehmen und unterstützen wollen.

Die – teilweise geschürte – Angst vor dem Tod hat uns gezeigt, dass der Staat und die Gesellschaft unsere Gesundheit und unser Leben nicht vollumfänglich absichern können. Wenn sie das nicht können, vermögen sie möglicherweise auch anderes nicht. Sie stellen keine Garanten eines unendlichen Wirtschaftswachstums dar und bieten auch keine Vollkaskoversicherung für eine ewig unbeschwerte, immer gerechte Zukunft vollster Zufriedenheit und permanenten Glücks. Sie sind auch keine selbstverständlichen Garanten für all die Freiheiten, die wir so schätzen, und unsere individuellen (Schein-)Bedürfnisse. Sie können uns anscheinend auch nicht ausreichend vor den Auswirkungen der Klimaveränderung schützen oder diese eindämmen. Wegen all dem kann es jedoch keine Option sein, unpolitisch zu werden: Als Gemeinschaft oder als sogenannter «mündiger Bürger» hat jeder im Einzelnen die Verantwortung, die Lebenswelt von Homo sapiens mitzugestalten, und zwar eigentlich so, dass auch zukünftige Generationen überleben können. Da Staat und Gesellschaft meist Abbilder unseres eigenen Denkens und Fühlens sind, bringt es also nichts, auf «die da oben» zu schimpfen, sie machten alles falsch. Wir müssen selbst die Veränderung herbeiführen, bei uns anfangen, um ein Zusammenleben nach unseren Bedürfnissen zu schaffen.

Deshalb sollte im Idealfall der Staat die individuellen und sozialen Basiskompetenzen jedes einzelnen Bürgers so weit stärken, dass er quasi selbst als Institution fast überflüssig wird. Das wäre die ureigenste demokratische Aufgabe. Das ist natürlich ein Ideal, aber wir müssen es zumindest anstreben. Erste Schritte in diese Richtung könnten etwa über Bildungsinstitutionen oder soziale Einrichtungen umgesetzt werden.[7] Homo sapiens hat uns in seiner Geschichte oft gezeigt, dass er mit großen Herausforderungen fertig werden und gestärkt daraus hervorgehen kann – im Hier und Jetzt können wir es ebenso.

Nach der uns vorliegenden Informationslage wissen wir oder können wir zumindest annehmen, wie es um die Welt und die Zukunft der Menschheit bestellt ist. Während der Pandemiebekämpfung sind uns weitere Probleme nationaler, internationaler, globaler Tragweite deutlicher geworden. Wir wissen im Grunde, was wir wollen, auch, was zu tun ist. Wir kennen unsere Aufgaben und unsere Potenziale als Spezies Mensch. Wir wissen grob, wie wir funktionieren, von dem Zusammenspiel der Denk-, Fühl-, Verhaltens- und Handlungsmuster in der Systemkonzeption Mensch und dass wir gut umlernen können, wenn unsere Emotionen und Verhaltensmuster Beachtung finden. Die Lösung für die Bewältigung aller Herausforderungen im Hier und Jetzt liegt ganz in uns. Tun wir den ersten Schritt!

An allen Ecken und Kanten Gefahr in Verzug

Das kleine Virus hat uns an vielen Stellen vor Augen geführt, an wie vielen Ecken und Kanten unserer Zivilisation es hakt, und uns Schwachstellen in unseren menschlichen (Gesellschafts-)Systemen aufgezeigt, über die wir im rasanten Biotopwandel leichtfüßig hinweggegangen sind. Es sind aber nicht allein Pandemien, die das Überleben auf der Erde auf Dauer für die Spezies Homo sapiens und den Einzelnen schwermachen (werden), sondern auch die anderen Herausforderungen, die uns schon länger bewusst sind, aber jetzt eine neue Dringlichkeit und Bedeutung erlangt haben: weil wir nun aus aktueller, unmittelbarer Erfahrung wissen, wie es sich anfühlt, wenn unser Leben bedroht ist und über uns plötzlich eine Krise hereinbricht (Betroffenheit pur!). Wenn sie kommen, die anderen Katastrophen, dann interessiert uns vermutlich erst einmal nicht, wie die Todeszahlen sich entwickeln oder irgendwelche anderen Statistiken. Dann gilt es, das Überleben zu sichern, die

---

7   Vgl. dazu die Ausführungen in Kap. 3 unter «Fangen wir bei den Kindern und Jugendlichen an» und «Unsere ‹Rohdiamanten›».

Gefahr zu minimieren und zu versuchen, diese mit allen uns verfügbaren Mitteln abzuwenden.

Dass diese Herausforderungen auf uns zukommen werden, ist sicher vielen schon bewusst. Warum also nicht gleich damit beginnen, unser Bestmöglichstes zu geben, hinsichtlich Gefahrenreduktion und Anpassung an neue Lebensbedingungen? Wie gehen wir mit unserem für uns existenziell so wichtigen Biotop Erde und seinen Ressourcen überhaupt um? Was ist für uns primär relevant? Etwa weiteres Wirtschaftswachstum und eine Rückkehr zur Leistung-um-jeden-Preis-Gesellschaft? Oder das «goldene Kalb», um das wir immer noch herumtanzen, durch das wir geblendet ganz und gar vergessen haben, für uns zu sorgen und unsere (Über-)Lebensgrundlagen zu erhalten? Wäre es nicht klug, mit unserem jetzigen Wissen um die Systemkonzeption Mensch, die aktuell emotional aufwühlende, betroffen machende Situation dafür zu nutzen, die bisher nicht so sehr beachteten, aber doch allzu dringlichen Probleme – Klimawandel, Naturkatastrophen, Ressourcenknappheit (Nahrungs- u. Wassermangel bei stetigem Bevölkerungswachstum), Bedrohung des Weltfriedens sowie weitere Pandemien, die auf uns gewiss zukommen werden –, anzugehen und kollektiv nach Lösungen zu suchen? Schauen wir in einige Bereiche doch einmal hinein und stellen wir uns Fragen in Bezug auf zu beobachtende Phänomene, die uns vielleicht helfen, auf erste Ideen und Schritte in eine förderliche Richtung zu kommen.

Fangen wir mit einer naheliegenden Frage an. Sind *Epidemien* Schicksal lebender Gemeinschaften oder gibt es möglicherweise Zusammenhänge mit unserer Lebensform? – Zweifellos beides! Die letzten waren fast ausschließlich Zoonosen, also von Tieren auf den Menschen durch Mutation entstandene, übertragbare Erreger. Kann es nicht sein, dass die Annäherung der Lebensräume von Lebewesen, also auch von Mensch und Tier, die Zerstörung von Lebensräumen anderer Lebewesen oder der enge Kontakt mit für den Menschen zum Verzehr geeigneten Lebewesen in der industriellen Nutztierproduktion Zoonosen begünstigen, also Zoonosen eng mit den Formen und Lebensweisen unserer Zivilisationen auf dieser Welt zusammenhängen? Könnte man gar sagen: Die Zivilisation und das daraus resultierende Bevölkerungswachstum haben die Entstehung von solchen Epidemien begünstigt? Viren lieben große und eng zusammenlebende Populationen, dort können sie sich wunderbar ausbreiten. In Wildtierpopulationen können wir dies regelmäßig beobachten: sei es die Räude beim Fuchs, die Myxomatose beim

Kaninchen oder andere Epidemien in Populationen, in denen die Anzahl der Lebewesen und begrenzter Lebensraum korrelieren.

Eine Epidemie oder Pandemie war und ist also nie ein isoliertes Ereignis. Es hat Auswirkungen auf menschliche Gemeinschaften. *Covid-19* hat uns gezeigt, wie fragil und gefährdet Lebensformen und ihr auf unumstößlich geglaubten Werten beruhendes Fundament sind. Nun haben wir eine relativ harmlose Viruspandemie erlebt. Nicht vorzustellen, was passieren könnte, wenn eine bakterielle Pandemie über die Menschheit hereinbricht und wir keine geeigneten Antibiotika haben. Die Gefahr ist nicht unwahrscheinlich. Was ist dann, wenn unsere demokratischen Werte schon bei Covid-19 ins Trudeln geraten sind?

> Bedeuten denn kollektive Bedrohungsszenarien oder Gefahrensituationen zwangsläufig das Aus für demokratische Werte?

Über den Ausbruch des Virus in der chinesischen Stadt Wuhan war die WHO seit dem 31. Dezember 2019 unterrichtet. Am 11. März 2020 gab ihr Direktor offiziell bekannt, dass nun von einer Pandemie gesprochen werden müsse. Erst erklärte die WHO den internationalen Gesundheitsnotstand, dann die Führer der einzelnen Weltstaaten den nationalen. Der deklarierte Notstand und die Kriegserklärung der Staatsführer gegenüber dem Virus brachten «Notstandsgesetze» mit sich. Wegen der großen Gefahrenlage und Dringlichkeit wurden sie nicht als demokratische Gesetze verabschiedet, sondern als rasch beschlossene Verordnungen veröffentlicht. Und demokratische Werte, denen wir uns verbunden fühlten, das, was wir gewohnt waren, unsere bisherige «Normalität» und Lebensweise ausmachte, schienen bedroht. Die eingeleiteten Maßnahmen glichen dem, was einige Ältere aus Kriegszeiten noch als «Mobilmachung» kennen, wenn ein Angriff durch einen Aggressor droht. Die seit der Französischen Revolution beschworenen demokratischen Maximen «Freiheit, Gleichheit, Brüderlichkeit», die Grundrechte freier demokratischer Gesellschaften, waren kurzerhand ins Hintertreffen geraten, und es dauerte nicht lange, da verfiel man in Klein- bis

Kleinststaaterei. Jede Nation müsse ihren, in Deutschland jedes Bundesland seinen eigenen Schutzkreis um sich ziehen, die Katastrophe sei von besonderer Tragweite.

Ist es vorstellbar, dass Freiheit, Gleichheit, Brüderlichkeit nur so lange einer pragmatischen Moral entsprechen, wie sie als Axiome der vielbeschworenen «freien demokratischen Gesellschaft» in «Friedenszeiten» dazu dienen, freien Handel, Konfliktvermeidung, aber auch neoliberalistische Tendenzen zu ermöglichen? Dass sie aber, wenn es wirklich bedrohlich zu werden scheint und Gefahr im Verzug ist – ein Zustand, der öfter der existenziellen Wirklichkeit entspricht –, schnell außer Kraft gesetzt werden? Dass es dann keine Zeit für lange pluralistische Diskussionen gibt und jeder Widerspruch fehl am Platz erscheint? Wie wir erfahren konnten, ist bei einem Verzicht auf die Einhaltung demokratischer Errungenschaften Autokratismus unmittelbar Tür und Tor geöffnet.

Welchen Schluss sollten wir aus all diesen Erfahrungen ziehen? Etwa dass die von uns so sehr geschätzten demokratischen Werte nur zur Aufrechterhaltung unserer Scheinwirklichkeit dienen, um unserer bislang gelebten, sogenannten «Normalität» ihre Berechtigung zu erteilen, aber ansonsten keine Gültigkeit besitzen? Schon gar nicht für die existenziellen Wirklichkeiten des Lebendigen und auch nicht für die Zielsetzung (Über-)Leben so wirklich zutreffen und tragend sind? Demokratische Staaten stahlen plötzlich gegenseitig Masken oder beschlagnahmten die von einem anderen Land. Galt es nicht mehr, dass die aufrechten liberalen Demokratien, Rechtsstaaten, per Gesetz zueinander hielten, sich gegenseitig und aufeinander achteten in Freiheit und Verbundenheit, bis dass der Tod sie scheide? *Liberté, égalité, fraternité* passé? Hielten die «guten» Menschen doch nicht so schwesterlich und brüderlich zusammen? War sie verloren, die Solidarität? Waren existenzielle Wirklichkeiten doch noch einmal etwas anderes?

Gefühlt traf die pandemische Entwicklung mit ihren Auswirkungen als Erstes die hocheffizienten, kostenoptimierten Gesundheitssysteme und ihre Mitarbeiter, zumindest wurde es für uns dort schneller sichtbar. Auf existenziell zu erwartende «pandemische Notwendigkeiten» waren sie nicht vorbereitet. In unseren heilen Welten waren solche Krisen nicht vorgesehen. Arztpraxen, Kliniken, Apotheken fehlte es zunächst an fast allem. Wir waren im Mangel und bekamen richtig Angst! Angst um Leib und Leben, Angst, selbst Veränderung, Leid und Verlust hinnehmen zu müssen in der eigenen Unversehrtheit, Sicherheit und garantierten Lebensweise, auf die wir doch einen Anspruch zu haben glaubten. Nahezu alles, was unser Leben ausmachte, schien bedroht: das Leben, der Job, die Gewohnheiten, der Konsum, die Sozialkontakte und Freizeitaktivitäten. Wir waren maximal betroffen, zumal wir gedacht hatten, alles bliebe immer so, wie wir es gewohnt waren. Sollte es etwa damit vorbei sein, frei aus einer unbegrenzten Anzahl von Lebensentwürfen auswählen und uns verwirklichen zu können? Sollten jetzt wegen Corona unsere Zukunftsvisionen ein jähes Ende finden?

Zusätzlich wurden wir in unseren sozialen Bedürfnissen beschnitten; dabei hatten wir gedacht, das könne nicht so schlimm werden und wir könnten leicht darauf verzichten, wegen all der schönen, uns zur Verfügung stehenden Technik. Schnell kam die Erkenntnis: Internet, Smartphone, Onlineshopping, Videokonferenzen etc. können uns den tatsächlichen Sozialkontakt nicht ersetzen; er ist zu wichtig und gehört zu unserem Sosein existenziell dazu. Die Situation war für viele kaum auszuhalten, so unerwartet und unvermittelt, wie sie kam und wie wir mit dem Wesentlichen konfrontiert wurden: (Über-)Leben, Krankheit, Tod, Trauer, Leid, Verlust, Mangel usw. – sehr ungewohnt für uns. Zumindest für die meisten von uns. Ein kollektives gesellschaftliches Trauma verwöhnter moderner Gesellschaften – oder ein Weckruf?

Und dann fehlte den Menschen auch noch eine Antwort darauf, wer warum finanziell unterstützt wurde und zu welchem Preis? Warum erklärt/e das keiner? – Das Big Business bekam Hilfen in Milliardenhöhe und wurde so am Leben gehalten. War vielleicht auch richtig. Aber waren es nicht die Lehrer, die Erzieher, die Krankenpfleger, die Kassierer im Supermarkt, die Gastwirte, die Kunstschaffenden, die Müllentsorger und all die anderen, die unser ganz alltägliches Leben absicherten, unser wirkliches soziales Leben ausmachten und unsere Gesellschaft zusammenhielten? Wieso war das so neu für uns? Das wussten wir doch längst. Retteten wir also am falschen Ende? Versuchte der Staat eher das «goldene Kalb» mit Namen «Alles geht und ist sofort zu haben» am Leben zu erhalten, statt dem so wichtigen sozialen Grundbedürfnis des Menschen nachzukommen, einer zusammenhaltenden Gruppe anzugehören? Dies zu fragen, ist nicht nur während einer Pandemie angebracht, sondern – um für ein dem menschlichen Wesen artgerechtes Biotop zu sorgen – immer. Das wissen wir aus Soziologie, Evolutionsgeschichte, Neurowissenschaften und anderen wissenschaftlichen Bereichen. Aber wir handeln nicht danach. Wir sind sogar überrascht, dass die Störung sozialer Bindungsgefüge psychische und körperliche Schäden verursacht und tiefe Wunden in der Gesellschaft hinterlassen hat.

Wir haben hier sehr viele Fragen aufgeworfen, deren Beantwortung rational einfach zu sein scheint. Doch auch, wenn zu beobachten war, dass in mancherlei Hinsicht von den Entscheidungsträgern schnell und unkonventionell Antworten gefunden wurden – etwa die Bereitstellung von sogenannten Corona-Soforthilfen für Kleinstunternehmen und Kulturschaffende, um deren Überleben fürs Erste zu sichern, Mittel über deren Herausgabe an Bedürftige wir vorher jahrelang debattiert und gestritten hatten («Ein bisschen mehr für Rentner, ein bisschen mehr für sozial Bedürftige, ein bisschen mehr Unterstützung für Flüchtlinge usw. geht nicht»), so stellen wir doch fest, dass das Krisenmanagement insgesamt ein ziemlich unbeholfenes Staats-, Politik- und Gesellschaftsversagen widerspiegelte.

Auch fehlten dem Bürger schlüssige Erklärungen dafür, was «die Krise», von der seit Corona – mittlerweile auch wegen anderer Ereignisse – gesprochen wird, letztlich überhaupt bedeutet. Ganz sicher wirtschaftliche Schwierigkeiten, eine Inflation, allein um die Schulden begleichen zu können, Instabilität und Einschränkungen in allen Lebensbereichen sowie zukünftig wieder neue Herausforderungen. – Geld zu drucken, kann ein legitimes Mittel der Gesellschaft sein, um ein System in Krisenzeiten am Laufen zu halten, doch entspricht es zugleich einer, wenn auch nur vorübergehenden, Entkopplung der Finanzpolitik und -wirtschaft von der realen Marktwirtschaft. Menschen, die intuitiv Tauschwirtschaft verstehen («Ich gebe dir ein Fell und du gibst mir dafür Obst») begreifen das nicht mehr, insbesondere nicht, wenn von oben eine ausreichende Aufklärung darüber auf der Strecke bleibt. Glauben Bürger hierin eine Bevor- oder Benachteiligung zu erkennen und verbinden dies mit in Kraft getretenen Verordnungen und Maßnahmen, deren Sinn sich ihnen nicht erschließt, machen sich der Staat und/oder die Wirtschaft schnell verdächtig und begünstigen Misstrauen und damit auch die Zunahme an Verschwörungstheorien und den Zulauf zu solchen Gruppierungen. Da will man sich gar nicht anpassen und mitschwingen, sondern geht in den inneren Widerstand. Da will man Verzicht und Einschränkung nicht hinnehmen, weil die Notwendigkeit unklar bleibt, der Preis nicht ehrlich genannt wird und man nicht mitgenommen wurde – in Kombination mit sinnbefreiten Verordnungen und Maßnahmen schon gar nicht.

Das alles – die Einschränkung von Bürgerrechten und die daraus resultierende Entmündigung der Menschen – ist Gift für demokratische Gesellschaften, aber noch mehr für die Anpassungsfähigkeit und Resilienz menschlicher Kollektive insgesamt. Wenn wir das in Kauf nehmen, müssen wir verantworten, die Ausgangsvoraussetzungen von Homo sapiens für die Schaffung eines artgerechten Zukunftsbiotops verschlechtert zu haben. Wie soll sich der Mensch auch selbst und kollektiv verantwortlich den großen Herausforderungen der Gegenwart stellen, wenn er, insbesondere in kollektiven Krisensituationen, seiner grundsätzlichen Freiheiten, seines Mitspracherechts beraubt wird und demokratisches Aushandeln, sozialer Kontakt und kollektiv-kreative Innovationen in der Gesellschaft zusätzlich zur immer noch vernachlässigten Förderung menschlicher Basiskompetenzen erschwert werden? Kam/kommt der Aufruf, dass «jetzt die Notbremse zu ziehen» sei, nicht einer Verbalisierung unserer Rat- und Hilflosigkeit gleich? Wäre es etwa nicht besser gewesen, mit einfachen und ehrlichen Rechenbeispielen die exponentielle Explosion einer Pandemie und die entstehenden Folgekosten für jeden anschaulich darzulegen – auch wie sich das auswirkt, wenn per Lockdown «der ganze Laden für eine Weile dicht» gemacht wird – und so die Menschen mitgenommen worden wären? Möglicherweise wäre mit solchen Maßnahmen eine kraftvollere Solidarität erzeugt worden, die größere Wirkimpulse freigesetzt hätte, statt zugunsten schnelleren Durchsetzens von Verordnungen breites Unverständnis in der Bevölkerung hinzunehmen. (Das gilt natürlich nicht nur für dieses Pandemiemanagement, sondern für alle schnell eingeleiteten Veränderungs- und Regelprozesse.) Ergebnis wäre sicher: weniger Widerstand aus Verständnis- und empfundener Sinnlosigkeit und letztlich mehr Kraft und Energie auf Entscheider- und Bürgerseite, um förderliche Lösungsstrategien in gemeinsamer Kraftanstrengung umsetzen zu können.

Die Zeit, um alle mitzunehmen und Notwendiges verständlich zu erklären, die Bürger für Nötiges zu gewinnen, müssen sich die Entscheider nehmen. Das hat die Pandemie deutlich gemacht, das trifft auch für alle anderen großen gesellschaftlichen Herausforderungen zu. Denn nur so können sie demonstrieren, dass gerade auch in Notzeiten die wertvollen Errungenschaften (Werte) der Demokratie die vermutlich stärksten Kräfte einer zukunftsträchtigen Gesellschaft sind, auch um aktuelle und zukünftige kollektive Herausforderungen erfolgreich zu bewältigen.

Wir werden mit dem Coronavirus und seinen Varianten und anderen plötzlich über uns hereinbrechenden Herausforderungen und Verunsicherungen leben müssen und das auch können, wenn wir das wollen und richtig angehen. Das gilt auch für die großen, globalen Aufgaben, die für uns im 21. Jahrhundert anstehen.

Alle anderen großen Herausforderungen jetzt und zukünftig zu meistern, heißt auch: Verzicht, Einschränkung und immense gesellschaftliche Transformation. Das ist eine einfache Erkenntnis, die aber noch nicht zu jedem durchgedrungen zu sein scheint. Denn noch zu wenig ist gegen übermäßigen und sinnlosen Verbrauch von wertvollen Ressourcen, die Zerstörung von Flora und Fauna, zur Verlangsamung und zum Stoppen des anthropogenen Klimawandels getan worden, damit Homo sapiens langfristig fortbestehen und auf der Erde gut leben kann. Ein Fast-Fashion-Jäckchen, billig produziert in der Dritten Welt, über den Onlinehandel bestellt, ist einfach zu schnell durch den Parcel-Service vor die Haustür gezaubert – 10 Pakete transportiert und geliefert, 9 gehen bei Nichtgefallen zurück (alles unfairem Handel, dem Verbrauch wertvoller Ressourcen, Klimawandel und Umweltzerstörung zuträglich). Wozu brauchen wir überhaupt sogenannte «Fast Fashion», fast eine Einwegkleidung, «on demand» bestellbar? Aus Verlangen, kurzfristig Glücksgefühle («Dopaminduschen») zu erhaschen, allein wegen des Erwerbs oder um Aufmerksamkeit auf unsere dann angeblich «auffallende Schönheit» zu lenken? Ja, sicher, all das ist menschlich – ob Belohnungssystem, Ablenkung oder rasche Befriedigung – und in allen drei Fällen geht es um Konsum, der uns von uns selbst entfernt, uns nur für einen Moment glücklich stimmt, berauscht. Kaufen zu diesen Zwecken kommt deshalb in etwa dem Konsumieren von Drogen – wie Alkohol, Ecstasy, Speed o. Ä. – gleich.

Intuitiv wissen wir es längst, dass wir für dieses schnelle Glück einen sehr hohen Preis zahlen (müssen). Die Frage ist: Ist es uns das wert, dafür den Blick für das Wesentliche mehr und mehr zu verlieren – für uns selbst, für das, was uns wirklich glücklich und zufrieden macht, mehr noch für unsere wirklichen Lebensgrundlagen? «Fast Fashion» ist einer der größten Klimaantreiber und Umweltbelaster. Der Konsum von Drogen hält uns von uns selbst und unseren menschlichen Potenzialen fern. Die Gewöhnung an nachhaltige, langlebige und qualitativ gute Kleidung ist vermutlich zunächst genauso schwer wie von selbstzerstörerischen Drogen wegzukommen, sich auf sich selbst zu konzentrieren und Glücksgefühle aus Selbst- und kollektiver Wirksamkeit zu generieren. Doch eins ist klar: Wir müssen *insgesamt* unseren Konsum einschränken. Die Mentalität «Ich will alles, sofort, jederzeit verfügbar, ohne viel Gegenleistung» – und ohne Rücksicht auf Verluste anderswo – ist einfach lebensfern. Diese Illusion sollten wir nicht länger nähren, auch nicht aus kapitalistischen Gründen.

Der Erste-Welt-Konsum hat gravierende Auswirkungen und betrifft die Existenz des gesamten Lebewesen-Biotops. Gesellschaftssysteme, die neoliberal auf Biegen und Brechen am Kapitalismus festhalten, können darum auf Dauer nur zum Scheitern verurteilt sein, weil sie sich damit langfristig ihre eigene Lebensgrundlage entziehen. Sie sind in Bezug auf das, was der Mensch wirklich sucht und für die Bewältigung der Herausforderungen auf unserem Planeten braucht, nicht konstruktiv. Im Gegenteil: Sie behindern nur und taugen nicht für unsere Zukunft. Sie verbrauchen, verschwenden und töten. Da sind wir dann «dümmer» als das kleine Virus. Denn ein Virus will seine Lebensgrundlage, den menschlichen Organismus, seinen Wirt, nicht vernichten oder töten, nur ansteckend machen, um sich zu vermehren und zu neuen Wirten transportiert zu werden. Tote sind aus Virussicht ein Kunstfehler, der halt mal passiert, denn stirbt der Wirt, stirbt es auch.

Es ist banal: Produzieren, konsumieren und wegwerfen ist langfristig betrachtet für den Menschen tödlich. Jedem, der sich mit diesen Vorgängen näher beschäftigt, wird dies einleuchten. Die Erde ist unsere Lebensgrundlage und wir sind Teil dieses Systems. Wir dürfen also nur so viel verbrauchen, wie die Erde als lebender Planet in ihrer Sphäre wieder erzeugen kann. Sonst geht die Rechnung nicht auf, weder für den Einzelnen noch für unsere Spezies. Danach adäquat zu handeln, erfordert einiges von jedem von uns, den einzelnen menschlichen Kollektiven und Homo sapiens insgesamt.

Wir wissen also im Grunde, was zu tun ist, verbleiben aber immer noch im gewohnten Trott, in altbekannten – wenn auch toxischen – Gefilden. Warum ist es so schwer, effiziente, umweltschonende Mobilitätssysteme zu entwickeln und kurzfristig einzuführen? Wieso probieren wir schon vorhandene Ideen nicht einfach dort aus, wo bereits klar ist, dass sich eine gute Wirkung erzielen lässt? Warum setzen wir nicht etwa in überfüllten Städten ökologische Massentransportsysteme ein, die Abgase in der Stadt einsparen, ergänzt durch Dienstleistungsberufe, wie Warenlieferanten per Rad oder pedes? Menschliche Arbeitskraft und Motivation, tätig zu werden, haben wir als wiederkehrende Ressourcen des Lebendigen zur Genüge. Diese sinnvoll und lebensnah fürs Kollektiv einzusetzen, ist allemal zielführender, als Menschen ohne Arbeit dazu zu zwingen, Formular um Formular auszufüllen, um finanzielle Stütze vom Staat zu bekommen.

Und wieso befinden sich eigentlich große Bürokomplexe vorrangig in den Innenstädten? Wäre es nicht sinnvoller, dort mehr Wohnraum für die in der Stadt arbeitende Bevölkerung zu schaffen? Andersherum gefragt: Warum werden eigentlich politisch nicht mehr Anreize und Möglichkeiten geschaffen, das dort gelebt werden kann, wo auch gearbeitet wird, um unnötige Arbeitswege mit dem Auto einzusparen? Wenn plötzlich festgestellt würde, dass Autos mit ihren Abgasen ein gefährliches Virus verbreiten, wäre eine Abkehr vom umweltverschmutzenden Verkehr sicher schnell verordnet. Doch Autoschadstoffe bedrohen uns nicht direkt, wir sterben erst Jahre später daran (begrenzte emotionale Reichweite von Homo sapiens, es betrifft uns nicht unmittelbar!) und so lässt hier eine tiefgreifende, sinnvolle Reform wohl noch auf sich warten.

Oder beispielhaft eine andere wichtige Frage: Würde es dem Menschen und seinem sozialen Bedürfnis generell nicht mehr entsprechen, wenn an seinem Wohnort mehr Begegnungsstätten entstünden, wo kollektives Erleben, Erfahren und kulturelle Kreativität ihren Platz hätten? Sicher wären sie schnell, kollektiv finanziert. Was spricht also dagegen? Die scheinbar kleinen Mühen, die wir auf uns nehmen müssten, hätten gewiss eine große Hebelwirkung für ein artgerechtes Biotop.

Bestimmt kommt bei den Fast-Fashion- oder Automobil-Beispielen sofort der Einwand: «Ja aber, was ist denn mit den Arbeitsplätzen?» Bedenken gehört, doch gab es nicht schon immer die Notwendigkeit, Arbeitsplätze neuesten Entwicklungen anzupassen? Was jetzt ein Bagger wegträgt, erledigten früher unzählige Kolonnen von Bauarbeitern. Hat uns nicht die Erfahrung gelehrt: Wo Arbeitsplätze wegfallen, entsteht sofort Bedarf an neuen Jobs (s. o. Warentransporteure oder Betreiber von Testzentren). Solche Beispiele für nötige oder zeitweilige Veränderungen gibt es viele in unzähligen Bereichen, und das damit einhergehende «Ja, aber» kennen wir auch. Es ändert sich etwas, und ja, richtig, es können dadurch auch Nachteile entstehen.

Aber Anpassung und Veränderung kosten immer Mühe. Und ja, Gewohntes, eingeschliffene, tief verankerte Verhaltensmuster loszulassen, stellt zunächst immer auch eine Gefahr und Anstrengung für den Einzelnen dar, weshalb ein Anteil in uns versucht, Neuerungen erst einmal zu verhindern. Es gibt aber auch einen anderen Anteil in uns, der die Anpassungsnotwendigkeit erkennt und fühlt und Veränderungsbereitschaft sowie die für die Adaption zuträglichen Basiskompetenzen aktiviert. Natürlich wird dies neurophysiologisch hormonell belohnt. Beispielsweise mit dem körpereigenen Zufriedenheitsstoff, dem Neurotransmitter Dopamin; sonst würde die Annahme von Neuem gar nicht funktionieren können. – Diesen Anteil in uns gilt es zu stärken, im Innen wie im Außen: ein bewegtes, sinnvolles Leben und Verändern versus ein ängstliches Verharren auf Wegen, die zum Scheitern verurteilt sind – *Aufbruch zu Neuland versus Holzweg*.

Voraussetzung für ein Gelingen der notwendigen Transformation ist es, neben der Vermittlung eines intellektuellen Verständnisses hierfür, auch die neurophysikalische Anpassungsfähigkeit zu vermitteln.

Wir benötigen eine innere und eine äußere Klimareform:
- für das *Individuum* Erfahrungsräume, Bildung und Maßnahmen, um menschliche Basiskompetenzen und Anpassungsstrategien zu entwickeln,
- für die *Gesellschaft* solche, um die im Kollektiv vorhandenen heterogenen Potenziale existenzsichernd für die Gemeinschaft zu fördern und zu nutzen
- für die *Umwelt* solche, die unser Biotop am Leben erhalten und schützen

Gelingende, existenziell wichtige und nachhaltige Transformationsprozesse machen (neurophysiologisch) zufriedener und glücklicher als jede kurzlebige Konsum- oder Komfortzufriedenheit oder jedes andere, nur flüchtige Scheinglück.

Wie können wir aber in unseren demokratischen Gesellschaften, wo jeder eine Meinung hat, mitbestimmen will und es verdeckte Kapitalmacht gibt, zu einem solchen Aufbruch motivieren? Wie können wir nötige Veränderungsprozesse erfolgreich gemeinschaftlich auf den Weg bringen? – Ein kollektiver Veränderungswille muss zur Mehrheit gelangen und mit dieser Erkenntnis auch der Mut, etwas zu verändern. Dazu bedarf es eines Grundstocks an Basiskompetenzen, denn ohne Urteils- und Entscheidungskraft, Mut usw. können wir mit dem *Prinzip des Lebendigen – der stetigen Veränderung* – nicht mitgehen und überleben. Basiskompetenzen sind also Veränderungs- und Überlebenswerkzeuge, genauso wie der kollektive Zusammenhalt ein wesentliches Werkzeug dafür ist – und beides gilt es, zu fördern, um mit der Veränderung im Außen mitgehen zu können. Bewegen, sich verändern, anpassen muss der Mensch sich aber selbst, denn er ist selbst das Werkzeug, das es braucht, um einen ganzheitlichen «Klimawandel», innen wie außen, herbeizuführen. Die Notwendigkeit zu erkennen oder tausenderlei modellhafte Lösungen zu entwickeln, reicht nicht aus; ins Tun, in die Umsetzung zu kommen, ist erforderlich.

Konzentrieren wir uns also darauf, das eigentliche Werkzeug des Wandels in seinen Wirkweisen zu verstehen (Homo sapiens, seine individuelle und kollektive Systemkonzeption sowie seine ureigensten Basiskompetenzen). Bringen wir es auf den Punkt!

Ein Haus wird nicht vom Statiker erbaut

Wenn wir ein Haus bauen wollen, brauchen wir Angaben für die Statik und Baupläne. Das reicht aber noch nicht aus, um unser Hausbauprojekt tatsächlich umzusetzen. Wir benötigen Handwerker, welche mit ihren diversen Fähigkeiten das Haus errichten, aber auch Baufachleute, welche die vielen Gewerke aufeinander abstimmen und dafür sorgen, dass alles in seiner Gesamtheit funktioniert und das Projekt gelingen kann. Übertragen wir dies auf den nötigen inneren wie äußeren Wandel, müssen wir fragen: Wer sind da die Handwerker und wer die Baufachleute? Und wie sieht es eigentlich mit dem Gelingen unseres Überleben-wollen-Projekts aus? Wie schaffen wir das, unser derzeit toxisches System zu überwinden, in dem wir es uns mehr oder weniger gemütlich gemacht haben?

Die Anführer, die wir vielleicht gewählt oder denen wir es überlassen haben, Entscheidungen zu treffen, sind weder in der Lage, es klug zu transformieren, noch es zu überwinden. Sie selbst kommen mit ihrer eigenen erlernten Hilflosigkeit und ihren defizitären Basiskompetenzen (die leider viele von uns auszeichnen) in einer alles fesselnden Bürokratie, die wir als Ersatz für Selbstverantwortung und persönliche Urteils- und Entscheidungskraft geschaffen haben, an ihre Grenzen und vermögen es nicht, grundsätzlich etwas zu verändern.

Formal richtig und ohne Eigenverantwortung soll es gehen, geduckt hinter einer Bürokratie, die wir «Rechtsstaat» nennen. Die Aufgabe des 21. Jahrhunderts wird aber sein, die Mehrheit der Menschen «von innen heraus» so basiskompetent zu machen, dass sie selbstverantwortlich denken, selbstbestimmt Entscheidungen treffen sowie individuell und kollektiv Verantwortung für die Transformation in Form von zukunftsträchtigen Lebensmodellen übernehmen können. Staaten, Wirtschaftskonzerne, Wissenschaftsräte oder Armeen werden das für uns nicht allein und schon gar nicht hundertprozentig regeln können. Möglichst viele müssen befähigt werden, basiskompetent(er) werden, um gute Wege und Entscheidungen tragfähig und nachhaltig zu gestalten. Der Einzelne muss es wollen und können. Er muss zielstrebig sein, Durchhaltevermögen haben, risikobereit sein, etwas wagen wollen, bereit sein, Niederlagen und Unsicherheit hinzunehmen, Empathie und Mitgefühl für den Nächsten mitbringen, den anderen wertschätzen, das Neue/Fremde akzeptieren und sich zunutze machen, überhaupt den Willen haben, zu lernen und sich weiterzuentwickeln. Natürlich bedarf es hierzu auch Mut und eines Gesellschaftssystems, das veränderungs- und entwicklungsfreundlich ist. Nur so wird es zielstrebige transformierende Mehrheiten in Gesellschaften geben, zunächst in kleineren Einheiten, organisiert über föderale Strukturen überschaubarer Größe mit Selbstverantwortung, eigenem Werte- und Kulturverständnis, für sich selbst sorgend und eigenverantwortlich. So werden wir der begrenzten emotionalen Reichweite von Homo sapiens gerecht. Den großen globalen Reset oder Green Deal wird es also nicht geben, nicht, wenn die Basis nicht stimmt, und nicht ohne demokratische Strukturen, wie bei den Jägern und Sammlern. Sonst wird es immer ein gefährliches und kräftezehrendes Partisanentum geben.

Blicken wir auf die Geschichte unserer Spezies, zumindest auf die längsten Zeiten ihrer Evolution, so hat Homo sapiens gelernt, in Gruppen von übersichtlicher Struktur weitestgehend demokratisch, miteinander kommunizierend und sozial interagierend sein Verhalten den Veränderungen des Lebens anzupassen und die damit einhergehenden Herausforderungen eigenverantwortlich anzunehmen. *Eigenverantwortung* heißt, Dinge selbst zu beurteilen und Entscheidungen zu treffen. Selbst Entscheidungen treffen zu können, heißt aber auch, die Macht dafür zu haben. Wenn wir die Macht jedoch nicht teilen, sondern im neoliberalen Weltenlauf großen internationalen Konzernen wie Google, Amazon, Versicherungs- und Bankkonglomeraten überlassen bzw. eine weitere Monopolisierung, wie sie derzeit in allen Bereichen stattfindet, zulassen, wird das nicht gehen. Multinationale Konzerne verfolgen ihre eigenen, wirtschaftlich gewinnorientierten, meist kurzfristigen Ziele. Über ein zukünftiges artgerechtes Menschenbiotop denken sie nicht im Entferntesten nach – Konzerne haben eine festgeschriebene Philosophie und Funktion, ihre Philosophie ist auf Macht und finanzielles Wachstum beschränkt. Möglicherweise kann auch diese Macht großer multinationaler Konzerne oder anderer Giganten einem zukunftsfähigen Deal dienen, aber nur, wenn sie in der Obhut mündiger, gebildeter und basiskompetenter Aktionäre, sprich Bürger ist. Solche Konstruktionen zu ermöglichen, könnte eine Aufgabe der Politik sein. Das ist aber nur realisierbar, wenn Politiker selbst ausreichend Bildung und Basiskompetenzen besitzen und Politik von passenden Fachleuten gemacht wird und eben nicht aus Proporz oder anderen Gründen Bankkaufleute Gesundheitsminister, Sonderpädagogen Verteidigungsminister, Ärzte Finanzminister oder Mathematiker Sozialminister sind.

Ministerien sind mittelständische Betriebe, manchmal mit ein paar Hundert Mitarbeitern, und müssen von adäquaten Fach- und Führungskräften angeleitet werden. Doch finden sich derzeit in ministerialen Ämtern noch in großem Maße Verwaltungsfachleute und Juristen. Das hat seinen Grund: Unser Fokus ist verrutscht und vordergründig geht es schon lange nicht mehr um richtige, fachkompetente Entscheidungen und Inhalte, sondern mehr um die Form und das Einhalten von Gesetzen und Bestimmungen einer unsere Wirkkraft fesselnden Bürokratie (Stichwort: «saubere Aktenlage»). Die einzelnen Ministerien mutieren dann meist zu allein mit sich selbst beschäftigten Systemen, die den direkten Bezug zur Gesellschaft und den Bürgern verloren haben. Und dann ändert sich erstmal gar nichts. – Nun schimpfen wir auf alle politischen und gesellschaftlichen Systeme, die nicht so organisiert sind wie wir. Wir schauen zutiefst empört auf Staaten wie China, Indien, Nordkorea oder Russland – in manchen Punkten vielleicht zu Recht. Doch erklären wir auch wie selbstverständlich unser eigenes System, unsere Moral- und Wertvorstellungen zum einzig richtigen, guten und gerechten Maßstab aller Dinge, ohne dabei genauer die Lebensbedingungen, Geschichte, Bildung und Entwicklung anderer Gesellschafts- und Gruppensysteme zu berücksichtigen und uns so ein ganzheitliches, objektiveres Bild von der jeweils vorliegenden komplexen Situation und den vielfältigen wechselseitigen, interdependenten Wirkmechanismen zu machen.

Eines ist jedenfalls unumgänglich und das betrifft *alle* Menschen: Wir müssen im Hier und Jetzt, ohne groß zu zögern, uns den Herausforderungen des 21. Jahrhunderts stellen und tun, was wir wissen. Und das kann nur gelingen, wenn wir es *gemeinsam* tun, die Menschen zu diesem gemeinsamen Wollen und Handeln befähigt werden und der Raum für das Wachstum von kollektiver emotionaler und kognitiver Intelligenz geschaffen wird. Ganz so wie damals die ersten Menschengruppen die Savanne nach neuem Lebensraum durchkreuzten und zusammenhielten, jeder Einzelne auf seine Art für die Gruppe sorgen musste – Beeren sammeln, Feuer hüten, Mammut erlegen, Schutzhütte bauen, Kinder lehren –, so sollte es auch heute vonstattengehen. Wir brauchen die unterschiedlichen Fähigkeiten und den Einsatz jedes Einzelnen. Nur so sind die großen Herausforderungen zu bewältigen, nur im gemeinsamen Miteinander, mit gegenseitiger Wertschätzung und Respekt können wir unser Fortbestehen sichern – zumindest, wenn wir Demokratie als die geeignetste politische Variante bevorzugen.

Also was sagt uns all das?

In den letzten 70 bis 100 Jahren, einem winzigen Zeitraum in der Evolution, auch unserer neueren Geschichte, haben es die sogenannten «modernen Gesellschaften» zu einem außerordentlichen Wohlstand gebracht. Wir befinden uns jetzt in der Phase eines rasanten Biotopwandels (den es sicher in der Geschichte von Homo sapiens immer wieder gegeben hat). Nun sollte man diesen Wohlstand etwas näher definieren. Es ist ein materieller Wohlstand. Fast keiner hungert, friert, das Leben ist erschwinglich. Alle Waren sind tendenziell immer billiger geworden, trotz vorübergehender inflationärer Tendenzen und Preiserhöhungen, und die Mobilität ist weltweit möglich, schneller, komfortabler und preiswerter als früher. Die Gesellschaftsmitglieder müssen sich immer weniger anstrengen, die Arbeitszeiten werden immer kürzer und die Freizeit wird immer bunter, bis zur sogenannten Spaßgesellschaft. (Zumindest ist das bis jetzt noch so.) Das wollten wir und brauchten wir teilweise vielleicht auch. Dies hatte aber auch seinen Preis, der uns jedoch mehr oder weniger erst seit den letzten Jahren oder Jahrzehnten bewusster wird, denn den haben erstmal andere Gesellschaften (die Zweite, Dritte, Vierte Welt) bezahlt. Letztlich – so die sich mittlerweile bei einigen einstellende Erkenntnis – geht es auch an die Substanzen *unseres* Biotops, der Erde. Zaghaft diskutieren wir darüber und nur einer Minderheit wird der fatale Irrweg bewusst sein. Die Augen so vieler Erdbewohner wie möglich dafür zu öffnen, ist die eine Notwendigkeit, zum individuellen und kollektiven Handeln zu motivieren und ins Umsetzen von unser Biotop erhaltenden Maßnahmen zu kommen, die andere.

Lahm, träge und unflexibel geworden haben wir das existenzielle Leben verlernt und dabei unsere Basiskompetenzen in der Komfortzone fast gänzlich verloren, was uns am Ende auch unsere überlebensnotwendige Anpassungsfähigkeit raubt (sozusagen der Verlust eines «inneren Wohlstands»). Verlustängste fesseln uns in diesem Rausch, nichts wollen wir in unserer Rosa-Wolke-Idylle verlieren, denn Verzicht und Änderung sind uns ein Gräuel. In der Glückseligkeit unseres Wohlstandstrips vermuten wir unsere endlich erreichte Immunität gegen Unerwartetes, gegen Verzicht und Veränderungsnotwendigkeit in einem trügerischen Zustand immerwährenden Vollkaskogefühls für unser schönes Leben.

Doch Ängste überkommen uns, die Angst, es könnte alles anders werden. Wir haben Selbstverantwortung, eigene Urteils- und Entscheidungskraft, Akzeptanz des individuellen Schicksals und den Willen zur Selbstwirksamkeit aufgegeben oder vielleicht sind sie uns auch genommen worden. Mit einer überbordenden Bürokratie und Verwaltungsmanie sowie dem Glauben an eine falsche Gleichheit aller Menschen haben wir uns so weit gefesselt, dass förderliche Reformen aus dem Blickfeld geraten sind. Und durch unser vermeintliches Vollkaskosystem haben wir uns dann auch noch um unsere Veränderungs- und Selbstkompetenzen gebracht. Wir sind wie paralysiert, scheinbar bewegungsunfähig, nichts scheint mehr zu gehen, außer: «Alles muss so bleiben, wie es war», gesellschaftspolitisch mit dem Zusatz, «nur ein

Mehr, ein Größer, ein Schneller, Effizienz und weiteres Wachstum sind erwünscht». – Das Individuum im Hamsterrad. Dass das nicht gut geht, haben viele am eigenen System bereits erfahren: Fehlende Anpassungskompetenzen bei zunehmendem Turbobiotopwandel lösen extremen Stress aus und lassen psychosomatisch erkranken. In der Suchtmedizin würde man in Bezug auf die Gesamtentwicklung von «schleichender toxischer Dosiserhöhung bis zum Exitus» sprechen: Wir sind nicht mehr in der Lage, das zu tun, was wir eigentlich wissen, was nötig wäre, zucken nur noch so vor uns hin in belanglosen Scheingefechten, nutzlosen Scheindebatten und Gleichmacherei, gewaltigen Förderprogrammen, die das Falsche und Niedergehende unterstützen und subventionieren, mit dem Ergebnis, dass sich am Ende gar nichts verändert, nichts Neues, der (Weiter-)Entwicklung Zuträgliches entstehen kann.

Und genau in dieser fatalen Situation kam ein kleines Virus daher, drang ein in unsere Welt und gelangte in den Wirkbereich unserer emotionalen Wahrnehmungsreichweite. Es schien uns existenziell zu bedrohen und den Wunderkokon einer satten Gesellschaft anzunagen. Wir mussten etwas tun, aber da wir uns selbst innerlich und äußerlich außer Gefecht gesetzt hatten, fühlten wir uns total hilflos. Mit einer desolaten Informationslage sollten die von uns ernannten Entscheidungsträger plötzlich zur richtigen Zeit für jeden das Richtige beschließen. (Wie soll das erst bei gravierenderen Konflikten oder Katastrophen werden?) Nun, da unser Leben so unmittelbar bedroht schien, spürten wir erst deutlich, in welch misslicher Lage, wie verwundbar und unbeholfen wir waren. Das kleine Virus offenbarte uns nicht nur deutlich, wie staatliches und politisches Totalversagen aussehen kann, sondern auch unsere eigene individuelle Unfähigkeit, Veränderungsnotwendigkeit auszuhalten und adäquat zu reagieren. Denen, denen wir stellvertretend die Macht und damit die Verantwortung überlassen hatten, fühlten wir uns absolut ausgeliefert, uns selbst aber auch. Ängste, Einschränkungen, Unannehmlichkeiten und die verlangten Verhaltensveränderungen überforderten uns extrem.

Doch es war nicht nur das: Die ganze Pandemie-Misere war eine Projektionsfläche, die all die anderen, tiefgreifenden Missstände spiegelte, die schon lange in unserer Gesellschaft existierten und bislang ignoriert worden waren. Die einen bekamen noch mehr Angst, die anderen verloren sich in Wahnkonstrukten und der Rest glotzte mit großen Augen wie eine Horde unmündiger Kinder staunend auf ein Desaster, das es eigentlich abzuwenden galt. Der naive Wunsch, zurück in den Kokon zu wollen, in die (alte) «Normalität», verhallte im Nichts. Keiner löste unsere Vollkaskoversicherungspolice ein. Wo war er jetzt geblieben, unser Traum von einer freien, demokratischen Wohlstandsgesellschaft, unserem kunterbunten Lebensentwurf, in dem jeglicher Verzicht, jedes Leid und gar der Tod keinen Platz hatten? Wem hatten wir da unseren Lebensentwurf anvertraut? Wir hatten doch alles gemacht? Brav immer alle Formulare ausgefüllt, alle Schadensanzeigen gestellt, unsere Versicherungsbeiträge gezahlt. Wir hatten uns doch alle immer gleichermaßen bemüht, ordentliche Versicherungsnehmer zu sein, durch Gleichmacherei und falsche Identitätspolitik, Political Correctness bis zur Sprachnivellierung und ein freudloses Vertrauen in das, was wir «Rechtsstaat» nennen.

Man müsste die Menschen, die «unbelehrbar» da nicht mehr mitmachen, wegen des (illusionären) kollektiven Wunschs nach Gleichheit zum Wohle aller «umerziehen», hörte ich einen Radiokommentator sagen. Die Vorstellung, alle Menschen zu einer breiigen Masse der Gleichheit, für eine gewohnte, vielleicht noch gleichförmigere Normalität und einen noch größeren Seifenblasenglückskokon «umzuerziehen», macht dann doch nachdenklich. Dabei hätten es mittlerweile doch längst alle erfahren und begriffen haben müssen, allein mit Blick auf die zahllosen Fälle, belegbar anhand der Menschheitsgeschichte, dass die beispiellose Anpassungsfähigkeit von Homo sapiens nicht darin gründet, dass alle Menschen die gleichen Kompetenzen in die Gemeinschaft einbringen, sondern darin, dass sich gerade wegen der Unterschiedlichkeit und Vielfältigkeit der Begabungen und Fähigkeiten in den einzelnen Gemeinschaften so erfolgreiche Gesellschaften herausbildeten, die miteinander kooperierten und Allianzen bildeten, natürlich auch Auseinandersetzungen austrugen, aber grundsätzlich fortbestanden und sich weiterentwickelten.

Wäre es nicht jetzt, spätestens nach der Pandemieerfahrung, an der Zeit, diesem Prinzip der Lebendigkeit wieder Raum zu geben, mit dem Wissen, dass es in der Vergangenheit schon funktioniert hat: in einem Pool von Möglichkeiten und Verschiedenheiten mit hoher sozialer Kompetenz Unterstützungssysteme in Gruppen zu bilden, Lösungen und Wege zu finden, um sich den aktuellen Lebensbedingungen anzupassen? Ein kleines Virus hat es uns gerade scheinbar vorgemacht. Als es ein geeignetes Biotop gefunden hatte, breitete es sich dort aus. Flugs mutierte es und begann, sich einzunisten.

Es war immer einen Schritt schneller als wir. Die Erkenntnis liegt nahe: Nicht Corona droht/e, unserer Spezies tatsächlich den Garaus zu machen, sondern die ungesunden, toxischen Bedingungen, mit denen wir leben und an denen wir immer noch festhalten.

Wir müssen unser Haus also grundsätzlich umbauen, sonst bricht es über uns zusammen. Corona hat uns deutlicher als je zuvor gezeigt, dass die Statik nicht stimmt und Gefahr in Verzug ist. Ein Haus wird aber nicht vom Statiker umgebaut, sondern von den Handwerkern mit unterschiedlichen Fähigkeiten und Begabungen, angeleitet von Baufachleuten mit Führungskompetenz, die die verschiedenen Gewerke koordinieren. – Was heißt das? Wie eine nachhaltige stabile Statik aussieht für unser Haus, wissen wir. Wir wissen auch von der Erderwärmung, wir wissen vom Ressourcenverbrauch, wir kennen die Gefahren und Irrwege, die wir in den letzten Jahrzehnten gegangen sind. Verlassen können wir sie nur, indem wir jeden einzelnen «Handwerker», jeden einzelnen Menschen wieder befähigen, existenzielle Wirklichkeiten wahrzunehmen, zu akzeptieren und mit ihnen zu leben. Nur wenn wir die Wirklichkeit der Systemkonzeption Homo sapiens kennen, uns bewusst machen, wie wir funktionieren, und ein artgerechtes Biotop und jeden Menschen mit seinen potenziellen Fähigkeiten fördern und unterstützen, wird es uns gelingen, die Zukunft unserer Spezies zu sichern. Das bedeutet, wir müssen fortan auf Wissensbildung und Persönlichkeitsentwicklung der Menschen setzen, auf die Weiterentwicklung individueller und sozialer Fähigkeiten sowie auf die Unterstützung von förderlichen Organisationen und Gruppen, die unserer emotionalen Reichweite entsprechen, unserem Vorhaben zuträglich und mit anderen bereit sind, zu kooperieren, damit die Basis für eine potenziell erfolgreiche Anpassung gebildet werden kann. Die oberflächlichen politischen Äußerungen, dass «die Menschen mitzunehmen seien», sollten wir mit sinnvollen Inhalten füllen und auch versuchen umzusetzen. Freilich, dazu kommt, dass alles leichter und freudiger umzusetzen ist, wenn es uns gelingt, die alles durchdringende und Reformen bremsende Bürokratie zu verschlanken.

> *Was soll das denn heißen, «die Menschen mitnehmen»?*
> 1. Verständlich machen der Veränderungsnotwendigkeit (Bildung)
> 2. Stärken der Basiskompetenzen (individuelle Kompetenzen)
> 3. Stärken der Selbst- und kollektiven Verantwortung für den Erhalt des Biotops aller Lebewesen (soziale Kompetenzen)

Bevor wir darüber nachdenken, wie dies konkret aussehen könnte, oder konkrete «Transformationsprojekte» planen, müssen wir verstehen, wie die Systemkonzeption Mensch genau funktioniert. Was sind das also für Mechanismen, die uns daran hindern, das zu tun, was wir eigentlich wissen?

2 Wie wir so ticken

Unsere jetzige Systemkonzeption – also unsere Denk-, Fühl-, Verhaltens- und Handlungsmuster – basieren auf einer Jahrtausende alten Evolution. Während dieser Zeit hat unsere Spezies fortwährend ausprobiert, sich den jeweiligen existenziellen Wirklichkeiten anzupassen, sich weiterzuentwickeln, um als Individuum und Gruppe zu überleben und den Fortbestand unserer Gattung zu sichern. Die *Erfahrungen*, die der Mensch bei den mehr oder weniger gelungenen Anpassungsversuchen gemacht hat, das Über-sich-Hinauswachsen, aber auch das Sich-begrenzt-Fühlen und all das dazwischen, die Vor- und Nachteile, die dies jeweils mit sich brachte, stecken in uns und machen unser Körper-Seele-Geist-Konstrukt aus. Richten wir deshalb einen holzschnittartigen Blick auf die Geschichte unserer Entwicklung, die Geschichte der Hominiden.

Die Geschichte der Hominiden

Wir stehen heute an einem Punkt in unserer Geschichte, an dem uns ein pandemisch wirkendes Virus deutlich erkennen ließ und lässt, welch disruptive, toxische Entwicklung unsere Lebenssysteme, sprich Biotope, genommen haben. Covid-19 kommt einem Wahrnehmungskatalysator gleich. Scheinbar waren wir vom Realen und Existenziellen entkoppelt und viele sind es immer noch, dabei müssten die meisten längst erkannt haben, dass wir vor einer großen Aufgabe stehen und es immense Anpassungsnotwendigkeiten gibt. Zugleich stellen wir aber fest, dass es niemanden «da oben» oder sonst wo gibt, der das für uns richten würde. Wenn solche umfassenden Biotopveränderungen vorgenommen werden müssen, so die Erkenntnis, dann geht das nur, wenn möglichst viele Menschen ihre Denk-, Fühl-, Verhaltens- und

Handlungsmuster individuell und innerhalb von Gruppen modifizieren und für den Erhalt und Schutz des Biotops sowie der eigenen Spezies einsetzen.[8]

Menschen sind Hominiden und mindestens bei Betrachtung der Evolution fällt auf, wie anpassungsfähig, welche Überlebensspezialisten sie sind. Auch wenn sie sich in modernen Gesellschaften im Augenblick sehr konsum- und verbrauchsorientiert verhalten, können wir davon ausgehen, dass sie sich von ihrem Irrweg wieder auf einen zielgerichteten Weg begeben können, um möglichst lange, auch in einer Vielzahl, gut und zufrieden zu überleben. Ein Blick auf die Evolutionsgeschichte des Menschen spricht für diese Wahrscheinlichkeit:[9]

Vor ca. 7 Millionen Jahren gab es «Affenmenschen», ca. 150 cm groß. Sie lebten in Zentralafrika zunächst in Wäldern, dann in der Savanne. Möglicherweise (das wissen wir noch nicht ganz) haben wir mit ihnen zu tun, vielleicht aber auch mit einem anderen «Vormenschen» aus dieser Gegend. Es existierten damals mehrere Hominiden-Arten. Millionen Jahre später trat eine Art auf, die wir *Homo erectus* nennen und ziemlich sicher zu unseren Vorfahren gezählt werden kann. Und noch viel später, vor ca. 200.000 Jahren (bis jetzt), sind erste Spuren von der Art zu finden, die wir *Homo sapiens* nennen. Erst vor 10.000 Jahren (!) begannen diese als Jäger und Sammler herumstreunenden Menschen, sesshaft zu werden, Ackerbau und Viehzucht zu betreiben. Auch andere Hominiden-Arten lebten zu dieser Zeit, etwa die *Neandertaler*, und es scheint so, dass Homo sapiens aus Afrika sich mindestens geringfügig mit diesem, der aus Europa stammte, vermischte. Dann gab es noch die *Denisova*-Menschen, welche sich wie die Neandertaler genetisch von Homo sapiens unterschieden, und vermutlich noch einige andere. Letztlich übriggeblieben ist aber nur Homo sapiens, wenn wir von den anderen, jetzt Menschenaffen genannten Primaten, einmal absehen. In ca. 100.000 Jahren hatten sich die Hominiden dann auf der ganzen Erde (bis auf die Antarktis) verbreitet. Fest steht:

---

8   Vgl. dazu die Merkbox zur nötigen inneren und äußeren Klimareform in Kap. 1 unter «An allen Ecken und Kanten Gefahr in Verzug».

9   Tiefergehendes dazu findet sich in einschlägiger Fachliteratur, vgl. u. a. Mehl 2013, S. 21–42.

Das Verhalten der Menschen heute basiert wesentlich auf demjenigen seiner Vorfahren. Wenn wir das in unsere Betrachtung einbeziehen, können wir die Systemkonzeption Mensch besser verstehen und somit auch, «wie wir ticken».

Im Vergleich mit anderen Lebewesen konnte der Mensch noch nie irgendetwas besonders gut — er ist beispielsweise kein guter Schwimmer oder Kletterer, dafür aber ein regelrechter Generalist, und kann von vielem so einiges: So besitzt er etwa die Fähigkeit, ausgesprochen schnell und flexibel aus Erfahrungen zu lernen, sein Verhalten entsprechend anzupassen, sich darüber oder über anderes mit seinen Artgenossen auszutauschen und so auch von den Erfahrungen anderer zu profitieren. Er ist also ausgesprochen sprachbegabt, hat dazu ein Faible für soziales Verhalten und bringt Kompetenzen für das Leben in Gemeinschaften mit. In seiner Umwelt kann er rasch das Vorteilhafte von dem nicht Vorteilhaften unterscheiden, über das Beurteilte nachdenken, daraus Schlüsse ziehen, das Gelernte, seine guten und schlechten Erfahrungen direkt an seine Artgenossen weitergeben und über Kultur und Tradition auch für nachfolgende Generationen erhalten. Doch nicht nur über das Medium Sprache, sondern auch genetisch, so wissen wir heute, haben sich Körper-Seele-Geist-Erfahrungen erhalten.

War eine Verhaltensweise günstig, kultivierte Homo sapiens sie und sie implementierte sich nach und nach über Epigenetik und Genetik in seinen Genen.[10] Auf diese Weise überlebte der anpassungsfähigste Hominide auf der Erde, wie die letzten Primaten: die Schimpansen, Bonobos, Gorillas und Orang-Utans. Im Vergleich mit den übrigen Hominiden-Arten scheint er also mit seiner Kreativität, seinen sozialen Kompetenzen, seinem Erkenntnispotenzial und seiner Lösungsorientiertheit die besseren Überlebenschancen gehabt zu haben – und genau dieser innere Reichtum an Möglichkeiten ist es, der für seine Zukunft und die Bewältigung der heutigen großen Herausforderungen die größte Ressource darstellt: das ganze Spektrum an emotio-

---

10 Näheres zu *Genetik* und *Epigenetik* findet sich in diesem Kapitel unter «Wie wir Erfahrung vererben – Genetik und Epigenetik».

nalen und kognitiven Fähigkeiten sowie Basiskompetenzen. Damit hat der Allrounder Mensch überleben können und sich ziemlich weit nach oben geboxt, die Welt erobert. Natürlich gab es auch Irrwege. Auf einem scheinen wir uns derzeit zu befinden. Hören wir also auf, götzengleich in unseren Systemen das «äußere Wachstum» (wie wirtschaftlichen Wohlstand, Profit usw.) zu analysieren, zu optimieren und als einzig entscheidenden Parameter für unsere Zukunft anzubieten, denn mindestens genauso wichtig, wenn nicht sogar für unser Überleben wichtiger, ist unser «inneres Wachstum», die Entwicklung der Persönlichkeit, der Basiskompetenzen und individuellen Fähigkeiten auf dem Weg zu einer persönlichen und kollektiven Meisterschaft.

Auf «inneren Wachstum» zu setzen, heißt: Wir sind nicht die Besten, aber auch nicht die Schlechtesten, nicht die Schlauesten, aber auch nicht die Dümmsten, nicht die Geschicktesten, aber auch nicht die Ungeschicktesten, sondern vor allem eins: *entwicklungs- und lernfähig, vielfältig und damit anpassungsfähig.*

Unser komplexes Gehirn hat eine ungeheure Plastizität, sodass wir in jedem Moment eine starke Anpassungsfähigkeit und ein Gespür für das Richtige entwickeln können. Wir sind «mit lockerer Nadel gestrickt»: dynamisch, flexibel und auf verschiedenste Art und Weise in der Lage, unser Verhalten zu unserem Wohl zu verändern. Die Kombination von genetischer Prädisposition plus Erfahrungsschatz als Primatenprimus versetzt uns in die Lage, jederzeit neue Wege zu gehen. Unser zentrales Nervensystem, oder das, was wir Gehirn oder Hirn nennen, ist Erfahrungs- und Veränderungsreaktor zugleich, Schaltzentrale unseres Seins, dort, wo die Transformation ihren Ausgang nehmen kann.[11]

---

11 Das folgende Unterkapitel ist angelehnt an Kap. 6 aus dem Buch *Burn on, Homo sapiens* (Mehl 2013).

Unser Gehirn – ein Erfahrungsreaktor

Der Mensch war und ist, wie andere Lebewesen auch, immer schon einem großen äußeren und inneren Anpassungsdruck ausgesetzt gewesen. Seine Steuerzentrale, das Gehirn, mit dem er sehr gut in die Vergangenheit und Zukunft denken kann, gebraucht er, um für kommende Zeiten zu planen und Sinn herzustellen. Er ist sehr kreativ, intuitiv und nutzt seine außerordentlichen sozialen Fähigkeiten. So konnte er sein Dasein bis jetzt gestalten und ist auch heute dazu in der Lage, einen großen Einfluss auf die Gegenwart und sein Lebenssystem auszuüben, um die von ihm erdachten besten Voraussetzungen für seine Zukunft und sein Biotop zu schaffen. Dies bewusst zu tun, ist vermutlich ein Alleinstellungsmerkmal des Menschen.

Sein Gehirn speichert also nicht allein Fakten und Wissen, sondern auch teils unbewusstes Erfahrenes und ist damit beteiligt an Wahrnehmung und Entstehung von Gefühlen. Es beherbergt ein unglaubliches Potenzial der Selbstorganisation und kann insofern als Erfahrungsreaktor für Gestaltung und Anpassung betrachtet werden. Das Gehirn dient demnach auch der Persönlichkeitsentwicklung, die ebenfalls dem Entwerfen, Planen und zielstrebigen Umsetzen von überlebenswichtigen Veränderungen dient. Diese in uns längst vorhandenen Potenziale gilt es, sich bewusst zu machen, zu nutzen und auszubauen.[12]

Selbstorganisation heißt, durch eindrückliche Primärerfahrungen, also direkte Erfahrungen in der Interaktion mit anderen und der Umwelt, im Gehirn autonome Prozesse in Gang zu setzen / zu erzeugen, und zwar solche, welche das eigene System als Konsequenz aus dem Erlebten strukturell regulieren, neu ordnen oder auch bestehendes Brauchbares aufrechterhalten und stärken können (kognitive Modulation und emotional korrigierende Erfahrungen).

---

12 Zur Entwicklung von entsprechenden Lehr- und Lernmodellen vgl. die Ausführungen in Kap. 3 unter «Lassen wir den Staat erstmal beiseite».

Unser Gehirn ist also der Ort, an dem wir mit Verstand und Gefühl die größte Hebelwirkung für ein gelingendes Leben erzielen. In diesem hochkomplexen Inneren erleben wir, nehmen wir wahr, entwickeln wir Werte, bilden wir Erfahrungen, finden letztlich Handlungsplanung und Denken statt. Dazu repräsentiert es alle wichtigen Erfahrungen, die wir mit Körper, Seele und Geist in unseren Familien, Gemeinschaften und Gesellschaften mach(t)en, ganz so wie bei unseren Vorfahren über Jahrmillionen auch. Mit unserer hochkomplexen Steuerzentrale, dem Sitz unserer Persönlichkeit, unserer Identität, unseres Seins, sind wir in der Lage, individuelles und gesellschaftliches Verhalten (neu) zu strukturieren. Unser Gehirn ist zu Struktur gewordene Erfahrung.

Erfahrung, was ist das?

Wenn unser Gehirn ein «Erfahrungsreaktor» ist, stellt sich die Frage, was Erfahrung genau bedeutet:

> *Erfahrung* ist ein wahrgenommenes Erlebnis, welches durch die eigene subjektive, kognitive, affektive und somatisch motorische Wertung und Bewertung in unser Selbstkonzept, Verständnis für uns selbst (Selbstbild) und die Welt (Weltbild) einfließt.

Erfahrungen macht der Mensch schon im Mutterleib, dann in der Kindheit, Jugend, im Berufsleben, in seiner Familie, in der Gesellschaft – sein Leben lang. Was dabei herauskommt, ist sein Charakter, seine Persönlichkeit und ein Repertoire an Handlungs- und Verhaltensmustern. Erfahrungen sind also ein Zusammenspiel von Gedanken und Gefühlen, die uns ein Verständnis von uns selbst, den anderen und der Welt geben. Abgespeichert wird all dies dann in unserem Gehirn, und zwar nicht nur in den für unser Bewusstsein zugänglichen, sondern auch in den vor- und unbewussten, uns nicht direkt verfügbaren Gedächtnissen, Emotionen und Gefühlen, die nicht nur mit Wissen und Fakten, sondern auch mit Ahnung, Intuition u. Ä. gekoppelt sind – unseren unbewussten Bewertungsstellen für aktuelles Geschehen. Darum ist es für uns zuweilen auch so schwer, das umzusetzen, was wir mit unserer Vernunft, unserer mächtigen Großhirnrinde, als für uns richtig erkannt haben und schon längst wissen, denn durch die übrigen Gehirnteile (limbische Gedächtnisse) existiert ein sehr kräftiger Wirkfaktor, der auf unsere Denk-, Fühl-, Verhaltens- und Handlungsmuster Einfluss nimmt.

Für unser Verhalten und Handeln sind folglich nicht nur unsere Vernunft und aus bestem Wissen abgewogene, zielgerichtete Strategien relevant, sondern auch und meist viel stärker, Bedürfnisse, Emotionen und Gefühle, geprägt u. a. durch Erfahrungen, die uns größtenteils nicht mehr präsent sind. Dass es diese mächtigen, mehr oder weniger bewussten oder komplett unbewussten Mitentscheider in Bezug auf unser aktuelles Denken, Fühlen und Verhalten gibt, müssen wir unbedingt berücksichtigen. – Wenn wir also im Blick auf die Bewältigung der aktuellen großen Herausforderungen bei den Menschen eine sinnvolle Haltung und ein entsprechendes Verhalten erzeugen wollen, müssen wir immer von der jedem Individuum innewohnenden Haltung, sozusagen seinem inneren Verhalten und den Funktionsweisen der Systemkonzeption Mensch, ausgehen und dabei bedenken, dass dies alles weitaus mehr durch unbewusste Erfahrungsschätze geprägt ist als durch bewusstes Wissen. Und deshalb tun wir eben oft gerade nicht das, was wir oder andere als «vernünftig» einstufen würden, sondern handeln meist reflexartig, emotional motiviert, aus dem Affekt.

Den inneren Prozessen, die da ablaufen, können wir uns nicht entziehen, da sie auf biochemischen und physikalischen Vorgängen in unserem Körper (und Gehirn!) beruhen: Hormone oder andere Botenstoffe lösen etwa Gefühle des Glücks, der Befriedigung, Angst, Abschreckung oder ein bestimmtes soziales Verhalten aus. In unserem Körper-Seele-Geist-System gibt es also biochemische Bestrafungs- und Belohnungssysteme, auf die wir direkt keinen Einfluss haben. Die Absicht, wissenschaftliche oder «vernünftige» Erkenntnisse für eine kollektive Verhaltensveränderung zu vermitteln oder sich anzueignen, reicht also nicht aus, wir brauchen vielmehr die «Innenfähigkeiten» eines jeden Menschen, um die großen Herausforderungen des rasanten Biotopwandels zu meistern. Eine sogenannte «vernunftbegabte» Weltregierung, die das «Richtige» tut, ist also nicht nur wenig attraktiv und erstrebenswert, sondern schlichtweg unrealistisch, weil sie weder den Funktionsmechanismen der Systemkonzeption Mensch noch unserer Wahrnehmungs- und Betroffenheitsreichweite entspricht.

Im Zusammenspiel von unbewussten Mustern, die wir im Laufe des Lebens gebildet, dem bewussten aktiven und passiven Wissen, welches wir bis zu diesem Zeitpunkt angehäuft haben, und dem gegenwärtigen, welches die aktuelle Situation bereitstellt, entsteht unser aktuelles Entscheiden und Verhalten – auf individueller, aber auch kollektiver Ebene: bei Gruppen, Gesellschaften und Staaten. Genau hier müssen wir ansetzen, um die nötigen Veränderungs- und Anpassungsprozesse in Gang zu bringen: Es gilt, ausreichend Erfahrungsräume zu schaffen, die mit uns etwas zu tun haben, uns betroffen machen, unserer emotionalen Reichweite entsprechen und Entwicklungsprozesse initiieren, persönlichkeitsbildend sind, Selbstwirksamkeit, Könnensoptimismus und nötige Basiskompetenzen zur Bewältigung der aktuellen Herausforderungen hervorbringen. Zusätzlich müssen wir Bildung und Wissen sowie eine verantwortungsvolle innere Haltung und ein entsprechendes Verhalten gegenüber den Mitmenschen, den anderen Lebewesen, der Umwelt und unserem Biotop fördern. Dies hat mit gegenwärtiger Moral, Ethos und zuletzt philosophischer Ethik zu tun. Moral ist sicher von allen dreien das schnelllebigste Element und dazu sehr gegenwartsbezogen. Ethos und Ethik hingegen sollten bestenfalls auf der Systemkonzeption des Menschen beruhen und weniger auf einem Wunschdenken philosophischer Visionen. – Ohne diese Selbstermächtigung eines jeden Einzelnen in Verantwortung für unsere Spezies und die übrige Welt können wir nicht das «Richtige» tun, sondern nur unmündig, passiv, stumpf oder mit Gottvertrauen abwarten, was passiert.

Das wird vielleicht den wenigsten schmecken, selbst aktiv werden und die geliebte Komfort- und Konsumzone verlassen zu müssen, sind wir es doch eher gewohnt, uns auf Gebrauchsanweisungen, Anleitungen, Rezepte, Lösungen «von anderen» zu verlassen oder jene «von oben» präsentiert zu bekommen. Doch so einfach ist das mit der Lösung «von oben» nicht, denn es gibt kein «Patenrezept», weder in Diktaturen noch in Demokratien, noch in irgendeiner anderen Staatsform. Anpassung ist schon immer ein komplexer und langwieriger Prozess gewesen und dazu braucht es die einzelnen Menschen, die sich *gemeinsam* auf den Weg machen und bereit sind, zu tun, was sie wissen.

Anpassung und Veränderung müssen grundsätzlich *von innen heraus* kommen, um Bestand zu haben. Jeder Einzelne von uns ist dazu angehalten, sich selbst zu ermächtigen, und im Kollektiv dafür zu sorgen, dass in unserer Gesellschaft die nötigen Voraussetzungen dafür geschaffen werden.

Wie wir Erfahrung vererben – Genetik und Epigenetik

Hier wird es etwas schwierig, aber dieses Kapitel ist sehr wichtig. – Dass sich Körper-Seele-Geist-Erfahrungen nicht nur in der eigenen Generation weitergeben lassen, sondern genetisch über mehrere Generationen hinweg erhalten werden können, davon wurde bereits in der Geschichte der Hominiden berichtet. Uns interessiert nun, wie förderliche Eigenschaften, Erfahrungen und Verhaltensweisen in der Systemkonzeption Mensch verankert und an unsere Nachfahren weitergegeben werden. Dies geschieht ganz natürlich zunächst über unsere Fähigkeit, voneinander zu lernen. Durch Kognitions- und Reflexionsfähigkeit, also im engeren Sinne mit unserem Gehirn, schauen wir voneinander ab, denken über uns und andere nach, versetzen uns in andere hinein, in ihre Gefühle, Vorstellungen und Meinungen, wechseln so die Perspektive, wägen Sichtweisen ab, reflektieren Erfahrenes, fühlen nach, lernen dazu, entwickeln uns weiter und tauschen unsere Erfahrungen und Erkenntnisse untereinander durch unsere Sprachkompetenz aus. Hinzu kommt dann irgendwann die Entwicklung der Schrift und der Mensch gibt fortan seine Erlebnisse, Erfahrenes und erlangtes Wissen in Symbolen, Bildern, dann durch Schriftzeichen und Wörter in Form von Texten an kommende Generationen weiter. Dieses alles macht im weitesten Sinne die *Kulturfähigkeit* unserer Spezies aus.

Unsere Erfahrungen und unser Wissen drücken sich bekanntlich zunächst körperlich, d. h. neurobiologisch, im zentralen und peripheren Nervensystem aus. Durch die individuelle Vernetzung der Neuronen in den speziellen Gehirn-, aber auch Körperteilen spiegeln sich all unser Wissen und unsere Körper-Seele-Geist-Erfahrungen chemisch, physikalisch und strukturell wider: Wissen überwiegend in den Gehirnarealen, die dieses für uns erinnerbar und abrufbereit halten, und Erfahrung eher in uns oft nicht bewusst zugänglichen Arealen. Es wundert daher nicht, dass der Begriff «Erfahrung» oder «Erfahrungen» meist in Verbindung mit Intuition, Kreativität, Wahrnehmungsvermögen oder Ahnung gebracht wird, also mit unseren *emotionalen Gedächtnissen* oder *Bewertungsstellen*. Sie sagen uns etwa: «Tu das!» oder «Tu das besser nicht!». – Das Erlernte und Erfahrene schlägt sich demnach auch biochemisch-körperlich in unserer individuellen Systemkonzeption nieder.

Die Weitergabe des Erfahrenen über mehrere Generationen hinweg kann aber auch noch auf anderem Wege erfolgen, und zwar genetisch; das liegt durch den «körperlichen» Ausdruck des Erfahrenen, Gelernten in der menschlichen Systemkonzeption nahe. Bedeutet das dann, dass wir positive wie negative Erfahrungen auch an unsere Nachkommen «vererben» können, wie körperliche Merkmale? Für die rein körperliche Entwicklung ist uns das durch Charles Darwins (1809–1882) und Jean-Baptiste de Lamarcks (1744–1829) Erkenntnisse anschaulich geworden.

Lamarck, quasi Wegbereiter Darwins, veröffentlichte mit seinem dreibändigen Werk *Philosophie zoologique* in dessen Geburtsjahr, also 1809, erstmals eine durchdachte Evolutionstheorie. Er stellte die These auf, dass sich unter bestimmten Bedingungen, aus Anpassung an die Umwelt, erworbene Eigenschaften an nachfolgende Generationen vererben ließen, was sich aber so, wie er es sich dachte, als nicht ganz richtig herausstellte. Er war der Auffassung, dass Umweltveränderungen in Lebewesen neue Bedürfnisse erzeugten und diese durch einen inneren Vervollkommnungsdrang motiviert würden, bestimmte Organe stärker oder schwächer zu nutzen, was sich wiederum in Veränderungen des körperlichen Bauplans über Generationen hinweg niederschlüge. Berühmtes Beispiel: der lange Giraffenhals, der dadurch über Generationen entstanden sei, weil das Tier mit der Zeit nicht mehr ausreichend Nahrung auf dem Boden finden konnte, so seinen Hals immer mehr nach oben reckte und über dieses weitergegebene Verhalten bewirkte, dass der Hals der Giraffe über Generationen immer länger wurde.

Auch *Darwin* entwickelte eine Theorie der Anpassung an das Biotop, und zwar 1838 durch die Beschreibung der Phänomene Variation und natürliche Selektion; damit gab er Aufschluss über die stammesgeschichtliche Entwicklung vorhandener Organismen und der Entstehung der Artenvielfalt. In der fünften, englischsprachigen Auflage von seinem Standardwerk *Der Ursprung der Arten durch natürliche Selektion oder die Erhaltung begünstigter Rassen im Existenzkampf* (1869)[13] nahm er zusätzlich einen vom britischen Sozialphilosophen Herbert Spencer (1820–1903) stammenden Terminus auf: *survival of the fittest,* was bedeutet, dass die bestangepassten Individuen überleben. Genauer postulierte er, dass sich diejenigen Organismen/Lebewesen besser und schneller vermehrten, die über Generationen hinweg mehr als andere positive, überwiegend körperliche, Eigenschaften an folgende Generationen weitergegeben haben und so im Vergleich zu den anderen mit Blick auf die Umwelt eine vorteilhaftere Systemkonzeption aufweisen. Die evolutionäre Entwicklung betrifft laut seiner Aufzeichnung also körperliche Voraussetzungen, um etwa besser wahrnehmen, sehen, hören, riechen, fliegen, schwimmen, klettern oder laufen bzw. sich spezialisieren zu können und sich so einen Überlebensvorteil zu verschaffen.

Wenn wir nun an unsere Evolution, also die des Menschen denken, wäre das etwa die vorteilhafte Entwicklung zum aufrechten Gang gegenüber dem Nachteil, wie andere Primaten noch auf allen Vieren laufen zu müssen, denn so haben wir einen besseren Überblick und können unsere «Vorderfüße» nun für andere Dinge nutzen. Dazu haben wir über Generationen hinweg den Daumen mit seinem Kugelgelenk entwickelt, weil wir so viel besser greifen, tragen und uns gegen Angreifer wehren können. Gleichermaßen verhält es sich mit der Entwicklung unseres Kehlkopfes, der uns in die Lage versetzt, unterschiedliche Laute zu bilden, und uns so erst das Sprechen ermöglicht, und ganz wichtig, die Entwicklung unseres Gehirns, Schaltzentrale unseres Seins überhaupt, unserer kognitiven, emotionalen, Lern- und Anpassungsfähigkeiten. Eine solche Evolutionsgeschichte ist kein Alleinstellungsmerkmal des Menschen, eine ähnliche haben andere Lebewesen auch.

In der Nachfolge Darwins haben wir durch unsere Forschungen in der Molekularbiologie, der Entdeckung der Gene und einem gereiften Verständnis für Mutationen sehr viel über die evolutionäre Entwicklung von Organismen und deren Anpassungs- und Überlebensstrategien gelernt. Stark vereinfacht seien hier die gewonnenen Erkenntnisse anhand eines Beispiels dargelegt: Wir stellen uns vor, dass ein Lebewesen durch zufällige Mutation in den Genen plötzlich längere Beine bekommt, mit dem Vorteil schneller

---

13   Vgl. die dtsch. Übers. v. Eike Schönfeldt, erschienen bei Klett-Cotta 2018.

laufen, z. B. vor Feinden flüchten, zu können. Da dies einen Überlebensvorteil darstellt, leben die Nachfahren der Lebewesen mit den längeren Beinen länger als ihre Brüder und Schwestern mit den kürzeren, weil sie eher ihren Fressfeinden entgehen. Und weil sie länger leben, vermehren sie sich auch mehr als ihre kurzbeinigen Brüder und Schwestern, sind irgendwann in der Überzahl und die Kurzbeinigen sterben aus. Generationen später gibt es dann nur noch die Langbeinigen, die unvorteilhafte Variante der Kurzbeinigen ist ausgestorben. Weil die vorteilhafte Mutation der Langbeinigkeit sich bewährt hat, kommt nur noch diese vor: *survival of the fittest*.

Ganz so simpel, wie Lamarck oder Darwin es sich vorstellten, ist es natürlich nicht, da gibt es sicher so einige Zwischenschritte, und auch die Entwicklung an sich gestaltet sich bestimmt komplexer. Wie könnte das aber konkret vonstattengehen? Und trifft eine solche Entwicklung über Generationen u. a. auch auf Erfahrungen, Charakter und geistig-seelische Kompetenzen zu? Warum eigentlich nicht? Es ist doch denkbar, dass die Mutigsten, die sozial Kompetentesten, meinetwegen auch die Ängstlichsten, einen Überlebensvorteil haben und sich diese Eigenschaft letztlich genetisch manifestiert? Doch wie genau könnte das funktionieren? Müssen wir dann etwa – wenn wir an unsere jetzige herausfordernde Situation denken – warten, bis zufälligerweise ein «Mut-Gen» entsteht und sich dieser Vorteil irgendwann durchsetzt? Nein, denn wie bei der Entwicklung anderer geistiger und seelischer Eigenschaften des Menschen hat sich dieses über viele Generationen hinweg schon in kleinsten Schritten entwickelt und ausgeprägt – ein höchst komplexer Vorgang, genau wie bei dem stark vereinfachten Beispiel mit den langen Beinen, der Herausbildung des aufrechten Gangs und Daumenkugelgelenks.

Geistig-seelisches Potenzial entsteht bekanntlich durch die Aneignung von Wissen, Persönlichkeitsbildung und Erfahrungslernen innerhalb einer Generation. Um die Geist-Seele-Entwicklung zu fördern, haben wir Kindergärten, Schulen, Universitäten geschaffen, bestimmte Gesellschaftsformen, Vereine etc. herausgebildet, wo bewusst oder unbewusst soziales, aber auch unsoziales Verhalten erfahren und eingeübt wird: etwa die Fähigkeit zu Empathie, Mitgefühl, Toleranz, aber auch Ab- und Ausgrenzung, Feindseligkeit u. Ä. Wir nennen das, was wir leben und auf die nachfolgende Generation übertragen, *Kultur* oder *Tradition*. Noch einmal fragen wir: Können sich denn unser Verhalten und unsere Erfahrungen im Hier und Jetzt ebenso in unseren Genen niederschlagen und wir sie auch so an folgende Generationen weitergeben? Nehmen wir das Beispiel eines ängstlichen Kindes. Seine Ängstlichkeit wird es nicht unbedingt nur von der Mutter («Kind, sei vorsichtig!») erlernt haben, sondern es kann auch sein, dass schon der Urgroßvater diese Eigenschaft an den Tag legte, den das Kind gar nicht selbst erleben konnte. Das wäre dann eine *kulturelle Übertragung:* Sprich, der Urgroßvater war ängstlich, der Großvater hat sein ängstliches Verhalten erfahren und von ihm übernommen, der Kindsvater auch und zuletzt es selbst. Aber kann die Angst-Eigenschaft auch biologisch über das Erbgut weitergegeben werden?

Inwiefern und unter welchen Bedingungen Körper-Geist-Seele-Erfahrungen und verschiedenste Verhaltensweisen einen Einfluss auf unser biologisches Erbgut haben und an nachfolgende Generationen weitergegeben werden, damit beschäftigt sich eine relativ neue Wissenschaft: die *Epigenetik*.[14] Nach zahlreichen wissenschaftlichen Untersuchungen und Studien der modernen Genetik und Epigenetik konnte mittlerweile belegt werden, dass Erfahrungen und erworbenes Verhalten nicht nur im Hier und Jetzt eine Rolle spielen, sondern auch an nachfolgende Generationen biologisch weitervererbt werden können. Das macht noch einmal deutlicher, wie sehr *inneres Verhalten*[15] und Erfahrung einerseits für unser tatsächliches Handeln eine Rolle spielen, um das günstigste Zukunftsbiotop für unsere Gattung zu fördern, andererseits aber auch Einfluss auf zukünftige Menschengenerationen haben können.

Erfahrung, erworbene Eigenschaften und daraus resultierendes Verhalten, hat also ein biologisches Pendant, welches an nachfolgende Generationen weitergegeben werden kann. Wie dies genau über die Weitergabe-Mechanismen abläuft, darüber wissen wir noch nicht ganz so gut Bescheid, genauso wenig wie über die der angeborenen Eigenschaften, denn im Gegensatz zur Genetik ist die Epigenetik noch eine relativ junge Wissenschaft.

Erst Anfang dieses Jahrhunderts wurde mit der Entschlüsselung des menschlichen Genoms das Epigenom auch näher verstanden; Kenntnis und Erforschung setzten jedoch schon vor ca. fünfzig Jahren ein: Während die

---

14 Vgl. Kegel 2009.
15 Inneres Verhalten = dem Selbst inhärente Verhaltensmuster und innere Funktionsweisen.

genetische Sequenzierung der angeborenen Eigenschaften klar durch eine Aneinanderreihung von Basenpaaren auf der DNA (*Desoxyribonukleinsäure*) verschlüsselt ist, gibt es weitere Sequenzen von Basenpaaren in der DNA, von denen ursprünglich angenommen wurde, dass sie keine Bedeutung hätten; gleiches gilt für Komplexe und Sequenzen, die sich nicht in der DNA, sondern um die DNA herum befinden. Heute weiß man aber, dass es sich hierbei um *Epigenome* handelt, die biologische Vorgänge an- und ausschalten und entscheidend für die Ausprägung und Aktivität bestimmter DNA-Sequenzen sind. Diese Erkenntnis hat u. a. große Relevanz für die Immunologie oder Kardiologie, aber auch für das Verständnis, wie Krebs entsteht, und somit für die Entwicklung therapeutischer Methoden. Gleichermaßen gibt uns die Epigenetik Aufschluss über psychologische sowie soziale Eigenschaften und Vorgänge, zusammengefasst also über unsere Anpassungsfähigkeit an die biologische, aber eben auch geistige und emotionale Umwelt. Fazit:

> Die Erfahrungen, die wir machen, und unser Lebensstil haben Einfluss auf unsere biologische Repräsentanz, aber auch auf diejenige zukünftiger Generationen. Bildlich gesprochen ist das *Epigenom*, im Gegensatz zu unserem festgelegten, zunächst unverrückbaren genetischen Bauplan, dem *Genom*, die «Spielwiese», die unsere aktuellen Denk-, Fühl-, Verhaltens- und Handlungsmuster repräsentiert und im Hier und Jetzt, im Guten wie im Schlechten «locker» performt, aber auch über Generationen hinweg wirken kann, aber nicht muss und sich vielleicht im Laufe der Evolution sogar genetisch manifestiert.

Unser Epigenom hat umgekehrt aber auch Auswirkungen auf unsere Denk-, Fühl-, Verhaltens- und Handlungsmuster und damit auf unsere Resilienz und Vulnerabilität sowie die Länge unseres Lebens. Aus der Zwillingsforschung ist dies schon länger bekannt: Eineiige Zwillinge, die unter vollkommen unterschiedlichen Umwelt- und Lebensbedingungen aufwachsen, unterscheiden sich äußerlich und innerlich, obwohl sie einen identischen genetischen Bauplan haben. – Was heißt das jetzt für uns?

1. Wir müssen uns dem Leben nicht schicksalhaft ergeben, denn durch die Wahl förderlicher Umwelt- und Lebensbedingungen können wir Einfluss auf unsere innere Entwicklung, unser Erscheinungsbild und insgesamt auf unser Sein und Ergehen in der Welt nehmen. Unser innerer Bauplan bestimmt also mitnichten vollkommen und unveränderbar unsere Geschicke.
2. Durch unsere Lebensweise, unser Verhalten und die Erfahrungen, die wir machen, sind wir auch in der Lage, einen direkten Einfluss auf unsere biologische Repräsentanz und die unserer Nachkommen zu nehmen.
3. Je nachdem, wie sehr unsere Erfahrungen uns dazu verhelfen, uns an unsere Umwelt besser anzupassen, entfalten diese eine eher günstige oder ungünstige Wirkung. Wissenschaftlich ausgedrückt: Im Epigenom wird die Genexpression mehr oder weniger reguliert, unsere Anpassung an die Umwelt vorbereitet und moduliert. Lamarck vermutete so etwas schon, doch Charles Darwins Auffassung von der Selektion vorteilhafter Ereignisse durch zufällige Mutationen wurde mehr Bedeutung beigemessen.

Es leuchtet ein, dass unser Phänotypus, unser individuelles Erscheinungsbild, von unseren Lebensumständen abhängt. Essen wir zu viel, sind wir zu dick, bewegen wir uns zu wenig, werden wir unbeweglich usw. Unser genetischer Bauplan verändert sich dadurch aber erstmal nicht. Vielleicht aber doch?! Weiterhin ist zu fragen, ob ein derartiges Verhalten auch einen Einfluss auf unsere Nachkommen haben kann, also im weitesten Sinne vererbbar ist, und welche Komponenten es hierzu braucht, dass dies passiert. Das alles sind hochaktuelle Forschungsfragen, die noch nicht geklärt, aber für uns von großem Interesse sind. Dass wir aller Wahrscheinlichkeit nach davon ausgehen können, unser aktuelles günstiges oder ungünstiges Verhalten könnte an nachfolgende Generationen vererbt werden und seine Geschicke beeinflussen, verdeutlicht noch einmal mehr, welche Bedeutung einer kollektiven Denk-, Fühl-, Handlungs- und Verhaltenstransformation zukommt.

Kommen wir hier nochmals zurück zum «Lange-Beine-Beispiel»: Übertragen wir diesen Gedankengang auf die notwendigen kollektiven Verhaltensadaptionen, die zum Erhalt des Biotops notwendig sind, so ist festzuhalten, dass sich diese nicht nur deshalb durchsetzen konnten, weil sie einen Überlebensvorteil darstellen, sondern auch weil sie über Generationen hinweg – hier auch kulturell übertragen – langsam, in kleinen Schritten (durch Mutationen?) in der menschlichen Systemkonzeption immer mehr integriert und weitervererbt werden. Analog zum Fall mit den langen Beinen ist auch denkbar, dass sich im Laufe der Evolution, über Generationen hinweg, etwa ein friedlicheres Verhalten (à la *Bonobo*) im Gegensatz zu einem aggressiveren (wie bei den *Schimpansen*) durchsetzen kann (oder schon durchsetzt), allein deshalb, weil die Friedlicheren weniger in Kriege oder Kämpfe verwickelt werden und Schaden an Leib und Leben nehmen und sich so insgesamt vorteilhafte Umgangsweisen auf die Dauer breitflächig manifestieren können. In Anbetracht früherer Menschheitsepochen (Mittelalter, Inquisition, Sklaverei) kann eine solche pazifistische Tendenz – durch das Etablieren von Menschenrechten und einer humanitären, sozialen Entwicklung seit der Aufklärung – durchaus aufgezeigt werden, was nicht bedeutet, dass es nicht immer wieder auch zu kriegerischen Auseinandersetzungen kommen kann; doch der Hang, schnell wieder Frieden herzustellen und diesen zu sichern, wird im Gegensatz zu früher vielleicht sukzessive intensiver er-/gelebt. Immerhin leben weitaus mehr Menschen friedlich und kooperativ auf dieser Welt und schmieden Allianzen als Menschen, die sich gewaltsam auseinandersetzen.

Diese historische Entwicklung ist auch ein Beleg dafür, dass über Generationen hinweg eine gewisse Plastizität besteht, bevor sich eine Eigenschaft oder Ausprägung kollektiv im Genom manifestiert. Der Umstand aber, dass unsere physischen und psychischen Eigenschaften nicht jeweils auf einem bestimmten Gen liegen, sondern in vielen verschiedenen Genen verschlüsselt sind und erst in ihrer Kombination phänotypisch werden, also in Erscheinung treten, macht es so schwer, diesen Umstand zu erforschen. Viele Studien und Untersuchungen belegen aber heute schon, dass etwa Umweltbedingungen, Erfahrungen und Ereignisse sowie Dysstress sich biologisch vererbbar über Generationen hinweg auswirken können. – Wir wissen heute etwa, dass der Stress einer Schwangeren Auswirkungen auf ihren Fötus und Embryo hat. Das können wir uns recht gut dadurch erklären, dass der Embryo über die Plazenta mit der Mutter verbunden ist, über welche z. B. Stresshormone und damit auch bestimmte Eigenschaften der Mutter auf das

Kind biologisch übertragen werden. Es gibt aber auch Untersuchungen, die zeigen, dass, selbst wenn dieser Mechanismus der biologischen Übertragung nicht mehr stattfindet, es also keinen direkten Auslöser mehr gibt, die Eigenschaften im Kind weiter verbleiben und auch in den Folgegenerationen weiterhin auftreten können. (Selbstverständlich sind in solchen Untersuchungen die Übertragung durch Wissens- und Erfahrungsweitergabe über den kulturellen Weg, also das Lernen, ausgeschlossen worden.) Zweifellos wissen wir noch nicht genau, wie das funktioniert, aber wohl, dass es da einen Zusammenhang gibt.

Uns ist also mittlerweile bekannt, dass epigenetische Faktoren, also chemische Prozesse, Einfluss auf Gene haben und diese aktiv oder nicht aktiv schalten können. Einige dieser Faktoren sind untersucht worden, so z. B. die *Methylierung*. Erhält ein relevantes Gen etwa eine Methylgruppe (chemische Verbindung), kann es dadurch «ausgeschaltet» werden. Andere nichtcodierende Sequenzen, also «unspezifische» DNA-Sequenzen, beeinflussen in ähnlicher Weise die Expression, also Ausprägung und Gestaltung, eines relevanten Gens. Regelmäßigem Genuss von grünem Tee wird etwa nachgesagt, dass er dazu beitrage, bei älteren Menschen schon methylierte Krebsbekämpfungsgene wieder zu reaktivieren. Solches «An- und Ausschalten» relevanter Gene kommt auch in Bezug auf psychische Eigenschaften vor, etwa bei depressivem Verhalten, Angst, Wut, sozialen (Nicht-)Kompetenzen u. Ä. So konnte in einem Tierversuch mit Mäusen festgestellt werden, dass diese Expression, also ein bestimmtes psychisches Verhalten, über Generationen hinweg bestehen bleiben kann. Dieses Phänomen konnte im Übrigen nicht nur bei Mäusen beobachtet werden, sondern auch bei Menschen, z. B. bzgl. Stress und Trauma. So wurden bei Holocaust-Überlebenden überaus häufig DNA-Methylierungen festgestellt, die sich auf die direkten Nachfahren übertrugen. Halten wir fest:

Epigenetische Veränderungen, die in einem Lebewesen beobachtet werden, können über Generationen hinweg bestehen bleiben. Anders ausgedrückt: Jetzt-Zustände, Erfahrungen, Denk- Fühl-, Verhaltens- und Handlungsmuster bilden in Lebewesen jeweils ein biochemisches-epigenetisches Korrelat, welches über Generationen hinweg biologisch vererbt und sich auf unsere Nachkommen körperlich, geistig und seelisch sowie auf die Zukunft der Spezies Mensch positiv wie negativ auswirken kann.

Diese Erkenntnis ist spektakulär und sie geht uns alle an. Sie betrifft u. a. die Vorstellung «Unsere Kinder sollen es einmal besser haben». Bislang haben wir vielleicht nur an eine finanzielle Vorsorge gedacht, aber jetzt wird uns klar, dass wir noch ganz anders einen positiven Einfluss auf das Schicksal unserer direkten Nachkommen nehmen können, sodass sie im Leben besser zurechtkommen: allem voran natürlich, indem wir mit unseren Kindern in einer guten Beziehung leben und ihnen grundlegende Kompetenzen an unserem eigenen Verhalten zeigen und ihnen diese so auch vermitteln. Gerade Kinder lernen schnell über Nachahmung ihrer Vorbilder und gerade Eltern haben die Chance, ihren Kindern Erfahrungsräume zu öffnen, in denen sie Basiskompetenzen und grundlegende Fähigkeiten zur Alltagsbewältigung mit Begeisterung erfahren können. Von ihren nahen Bezugspersonen können sie sich auch abschauen, wie wichtig es ist, Denk-, Fühl-, Verhaltens- und Handlungsmuster immer wieder zu reflektieren und diese anzupassen, wenn sie mit einem für das Biotop verantwortungsvollen Umgang nicht kompatibel sind. Lernen und vor allem erfahren sie dies, werden sie es definitiv leichter haben als wir und vermögen, sich einer mehr oder weniger rasant verändernden Welt auch als Erwachsene besser anzupassen.

Machen Sie sich bewusst, dass Sie die Erfahrungen, die Sie machen, Ihre Einstellungen und die innere Haltung, mit der Sie durchs Leben gehen, nicht nur durch kulturelle Übertragung an die nachfolgende Generation weitergeben, sondern auch *biologisch*.

Sicher haben Sie bemerkt, dass wir in diesem Buch den Fokus v. a. auf psychische Faktoren und Verhaltensmuster richten, die gesundheitliche

Auswirkungen – im Positiven wie im Negativen – auf die kommenden Generationen haben. Ähnliches trifft aber natürlich auch auf materielle Umweltfaktoren und daraus resultierende Verhaltensweisen zu. *Beispiel Ernährung:* Dass die vorwiegende Ernährung durch industrielle Fastfood-Produkte und «Zuckersäfte» negative Auswirkungen auf die Gesundheit haben kann, ist kein Geheimnis. In den Industrieländern haben wir uns jedoch mittlerweile an diese ungesunde Ernährung schon ein Stück weit gewöhnt. Menschen aus Dritte-Welt-Ländern hingegen, die über Generationen hinweg eher weniger Kalorien und Zucker zu sich genommen haben und plötzlich in einem globalen rasanten Biotopwandel mit der modernen ungesunden Nahrung überschwemmt werden, entwickeln gesundheitlich *massivere* Probleme wie Diabetes und Fettleibigkeit, bis auch sie sich irgendwann an die veränderte, eher schädigende Nahrung angepasst haben. – Besser in jedem Fall: Nicht die Menschen aus den sogenannten Dritte-Welt-Ländern passen sich an nicht vorteilhafte ungesunde Ernährung an, sondern – vermutlich vorteilhafter für uns: Wir ernähren uns wieder natürlicher, kochen wieder mehr selbst mit frischen Zutaten aus dem regionalen, saisonal verfügbaren Nahrungsmittelrepertoire, was auch ökologisch Pluspunkte bringen würde. Auch ein solcher Anpassungsprozess könnte, über direkte kulturelle Übertragung etabliert, über Generationen hinweg sich in kleinen Schritten als reformiertes Ernährungsverhalten – *back to the roots* – epigenetisch manifestieren und zu einer besseren Gesundheit der Menschen beitragen.

Es gibt also eine transgenerationelle epigenetische Erblichkeit, die mehr oder weniger «locker gestrickt» ist. Wir wissen aber noch nicht genau, ob, wie und unter welchen Umständen sich diese auch auf Dauer in unseren Keimzellen, also genetisch, niederschlägt. Die Vorgänge und möglichen Wechselwirkungen der genetischen und epigenetischen Weitergabe sind komplex und passieren auf unterschiedliche Weise. All dies ist noch nicht ausreichend erforscht und zum heutigen Zeitpunkt können diesbezüglich nur Hypothesen, aber noch keine verifizierten Forschungsergebnisse vorgelegt werden. Es ist aber anzunehmen, dass dies irgendwann geschieht, nämlich dann, wenn die positive oder negative Expression, eben auch Denk-, Fühl-, Verhaltens- und Handlungsmuster, über mehrere Generationen in gleicher Weise bestehen bleiben. Dann könnte das ein Indiz dafür sein, dass sich tatsächlich durch eine länger fortdauernde transgenerationelle Weitergabe epigenetischer Faktoren beständige Veränderungen im – wie bislang angenommen – festen Bauplan der Gene, also der Systemkonzeption unserer Art, ergeben können.

> *Umweltfaktoren* jeglicher Art – wie Ernährungsgewohnheiten, Lebensstile und die biologische Verarbeitung davon sowie Denk-, Fühl-, Verhaltens- und Handlungsmuster – können transgenerationell über epigenetische, also «*weiche*» *Faktoren*, an nachfolgende Generationen weitergegeben werden, müssen aber nicht. Zudem sind sie reversibel, sodass sie bei vorübergehenden Anpassungsnotwendigkeiten über Generationen zwar vorhanden sind, aber dann auch wieder zurückgenommen werden können. *Genetische Faktoren* (also der festgelegte Bauplan der Lebewesen) werden grundsätzlich weitergegeben. In nachfolgenden Generationen ändern sie sich nur durch Mutationen. Bei ihnen handelt es sich um die «*harten*» *Faktoren*.

Mit Blick auf unsere Kinder und die nachfolgenden Generationen sollten wir also nicht nur «materiell» vorsorgen, auf günstige Umweltfaktoren in unserer Lebensgestaltung und Art zu leben achten, sondern auch verstärkt unseren Fokus auf (überlebens- und entwicklungs-)förderliche Denk-, Fühl-, Verhaltens- und Handlungsweisen sowie Persönlichkeitsbildung richten, was bedeutet, unsere Anpassungsfähigkeit an die Umwelt zu verbessern. Auf zweierlei Weise sind wir vermutlich fähig, unser eigenes Leben, unsere Entwicklung und die Lebens- und Entwicklungsmöglichkeiten unserer Kinder positiv zu beeinflussen sowie überhaupt den uns nachfolgenden Generationen und unserer Spezies epigenetisch Vorteile zu verschaffen:

1. *durch kulturelle Übertragung* (Lehren und Lernen sowie Etablieren und Nutzen von Erfahrungsmöglichkeiten zur Aneignung und Förderung von anpassungsrelevanten Basiskompetenzen und Entwicklung von Resilienz) und
2. möglicherweise (das wissen wir noch nicht sicher) auch *durch epigenetische transgenerationelle Transformationsprozesse*, die ggf. auch

länger bleibende genetische Auswirkungen auf den festen Bauplan, die Systemkonzeption Mensch, haben.

Grundlegend für innere Entwicklungs- und Anpassungsprozesse ist die Herausbildung und Förderung von Basiskompetenzen und Resilienz. Wenn wir dem in unseren Gesellschaften wieder mehr Raum geben, uns selbst und andere darin schulen, wieder/noch basiskompetenter und resilienter zu werden sowie selbstbewusster, selbstkompetenter und verantwortlicher im Umgang mit uns selbst, der Gemeinschaft und unserem Biotop zu leben, sind wir anscheinend in der Lage, all das auch epigenetisch an unsere Kinder und alle nachfolgenden Generationen weiterzugeben. Auf diese Weise wären dann nicht nur wir zukünftig, sondern auch sie besser dafür gewappnet, mit großen Biotopveränderungen klarzukommen und zu tun, was wir als Menschen längst wissen.

Basiskompetenzen haben wir schon an früherer Stelle erwähnt, aber was genau ist das eigentlich? Wozu dienen sie? Sind das allgemeingültige Eigenschaften oder legt jede Generation diese nach ihrer eigenen Fasson fest?

Basiskompetenzen

Um Herausforderungen adäquat und lösungsorientiert angehen und bewältigen zu können, benötigt der Mensch / benötigen Kollektive Basiskompetenzen. Sie dienen der Verbesserung und Entwicklung unserer Anpassungsfähigkeit und stellen das Tragwerk dar, mit welchem wir uns im Hier und Jetzt, aber auch für die Zukunft funktionale, artgerechte menschliche Systeme bauen können. Die auf der nächsten Seite folgende Abbildung 2 gibt einen Überblick über die wichtigsten Basiskompetenzen.

Nun klingen die dort aufgezählten Basiskompetenzen und der Begriff an sich wie einfache Schlagwörter und vielleicht erkennen Sie dahinter nicht das erhoffte Rezept für die Lösung unserer aktuellen großen Probleme. Zugegebenermaßen findet sich das hier auch nicht, denn jede einzelne Basiskompetenz ist erst *eine* potenzielle Voraussetzung von mehreren, um Lösungen für Probleme überhaupt finden und Herausforderungen gut bewältigen zu können. Im Prinzip wäre darum jede Basiskompetenz in ihrer Tiefe einer mehrseitigen Abhandlung würdig, zumal sie zwar allgemeingültig sind, aber je nach Kultur, Kollektiv epochenabhängig und moralisch gesehen in ihrer

Abb. 2: Für die Anpassungsfähigkeit relevante Basiskompetenzen.

Wertigkeit eine unterschiedliche Gewichtung in der Wahrnehmung der jeweiligen Gruppe aufweisen. Das weiter auszuführen, würde hier aber den Rahmen sprengen. Deshalb schauen wir uns nur kurz an, was unter den einzelnen Basiskompetenzen in etwa zu verstehen ist und wie sie sich gegenseitig bedingen.

Auf Grundlage unserer mehr oder weniger differenzierten Wahrnehmung, unseres angesammelten Wissens und unserer Erfahrungen, die sich als gut und vorteilhaft oder das Gegenteil erwiesen haben, verhalten wir uns und handeln wir in der Welt. Jedes Verhalten/Handeln ist mehr oder weniger bewusst zielgerichtet. Das Vorteilhafte von dem weniger Vorteilhaften zu unterscheiden und uns bewusst zu einem Weg, den wir gehen wollen, zu entschließen, nennen wir *Urteils- und Entscheidungskraft*. Um *Zielstrebigkeit* an den Tag zu legen und uns für ein begehrenswertes Ziel entscheiden zu können, müssen wir erst einmal eines klar vor Augen, formuliert und seine Machbarkeit überprüft haben. Dann können wir uns darauf fokussieren, wie wir es mit unserem Handeln erreichen können: einzelne realistisch umsetzbare Teilschritte definieren, günstige Bedingungen für das Erreichen der Etappenziele schaffen, Ist- und Sollzustand regelmäßig betrachten und die Planung ggf. anpassen. Diesen mit einigen Anstrengungen verbundenen Weg zu beschreiten und auch dabeizubleiben, erfordert ein gewisses Durchhaltevermögen, aber mehr noch ein *Durchsetzungsvermögen*. Es ist die innere Überzeugung, richtig zu handeln, und zwar auf der Basis von Selbstwertgefühl und Selbstachtung, nach dem Motto: «Ich stehe zu meinem Handeln, mit allem Drum und Dran, und halte es für richtig.» Und es bedeutet irgendwie auch, für die Erreichung des definierten Ziels bereit zu sein, Durststrecken, Phasen der Unsicherheit oder gar mit Angst besetzte Risiken einzugehen. Die Fähigkeiten, die wir benötigen, um diese Phasen aushalten zu können, bezeichnen wir als *Stresstoleranz* und *Leidensfähigkeit*. Manchmal stehen wir mit unserer Meinung oder der Überzeugung, es sei gut, ein bestimmtes Ziel zu erreichen, oder der Art und Weise, *wie* wir es erreichen wollen, in einer Gruppe von Menschen allein da. Da gibt es dann vielleicht andere Meinungen und Überzeugungen und die unsrigen werden nicht akzeptiert. Diese Widersprüche auszuhalten und mit ihnen zu leben, gelingt uns, wenn wir *Ambiguitätstoleranz* besitzen. Für das soziale Miteinander und den Umgang mit anderen Menschen, gerade auch, wenn es diverse Auffassungen gibt, sind *Empathie* und *Wahrnehmungskraft* hilfreich. Sie unterstützen uns, den anderen mit seiner subjektiven Wirklichkeit (auch die eigene Überzeugung ist subjektiv) wahrzunehmen, zu verstehen, mit ihm mitzufühlen und all die empfangenen Informationen kritisch zu reflektieren. Jeder einzelne Andersdenkende, -fühlende, -handelnde verhält sich, wie wir selbst, einzigartig, auf Basis seines ganz individuellen Erfahrungs- und Wissensschatzes. Das sollten wir uns immer bewusst machen. In diesem Sosein sollten wir ihn respektieren und wertschätzen; das wünschen wir uns ja auch für uns selbst. Menschen ganzheitlich mit all ihren Stärken, Schwächen, Denk-, Fühl-, Verhaltens- und Handlungsmustern wahr- und anzunehmen, macht unser *Wertschätzungspotenzial* aus. Die ganzheitliche Wahrnehmung unseres Gegenübers und die Fähigkeit des Perspektivwechsels helfen uns dabei, die Wertschätzung für den anderen auch beizubehalten, wenn wir die Meinung des anderen nicht teilen. Dazu versetzen wir uns in die Lage/Rolle des anderen und versuchen wahrzunehmen, wie er die Dinge sieht, fühlt und beurteilt. Muss eine Einigung bei unterschiedlichen Meinungen erzielt werden und geht es dabei emotional hoch her, sodass der Konflikt schon längst da ist, will der Perspektivwechsel vielleicht wirklich nicht mehr gelingen. Hier kann es dann nicht darum gehen, dem Konflikt auszuweichen, ihn zu verdrängen oder sich zu geißeln, ihn nicht im Vorfeld vermieden zu haben, sondern ihn adäquat mit *Konflikt- und Konsensfähigkeit* zu lösen. Das geht bekanntlich besser, wenn wir dazu in der Lage sind, die Sach- von der Beziehungsebene getrennt voneinander wahrzunehmen und eine Konfliktlösung für die unterschiedlichen Ebenen zu erarbeiten. Darüber müssen wir uns mit dem anderen so verständigen, dass er das Gefühl hat, dass wir ihn ernst nehmen und an einer Lösung interessiert sind, die für alle Parteien akzeptabel und realistisch umsetzbar ist. Hier bedarf es dann *reflexiver und emotionaler Kommunikationsfähigkeit*. Die Fähigkeiten 6 bis 9 gehören alle zur Oberkategorie der *sozialen Kompetenzen*; sie versetzen uns erst in die Lage, uns in emotionalen menschlichen Bindungsgefügen zu bewegen und nicht nur für uns selbst, sondern auch für kollektive Interessen Verantwortung zu übernehmen.

Teile von Basiskompetenzen sind genetisch oder epigenetisch in der individuellen Systemkonzeption, aber auch in Kollektiven angelegt, andere Teile können erlernt, besser erfahren, und auf die eine oder andere Art verinnerlicht werden. Je menschenentsprechender das gesellschaftliche Biotop gestaltet ist, desto eher bietet es ein Leben lang oder Generationen überdauernd Möglichkeiten an, Basiskompetenzen zu modifizieren und zu optimieren. Je besser diese Kompetenzen bei einem Menschen oder in menschlichen Gruppen ausgeprägt sind, desto erfolgreicher kann mit neuen Gegebenheiten, auftretenden Stressoren und Anpassungserfordernissen umgegangen werden. Je weniger Basiskompetenzen Einzelne oder Kollektive aber aufweisen, desto anfälliger sind sie für unvorhersehbare Rückschläge und gravierende Veränderungen im Leben, desto weniger vermögen sie, Krankheiten zu bewältigen oder sich um ihre Zukunft betreffende Erfordernisse zu kümmern. Das war schon vor der Corona-Pandemie so, ist während der Pandemie besonders deutlich geworden[16] und wird zukünftig auch so sein.

---

16 Vgl. Mehl 2022.

In der Wissenschaft hat sich für den Umgang mit solchen Stressoren der schon erwähnte Begriff *Resilienz* durchgesetzt.[17] Der Begriff kommt von dem lateinischen Verb *resilire*, welches in etwa «abprallen» oder «zurückspringen» bedeutet. Der ursprüngliche Wortsinn hat aber nichts mit Resilienz zu tun, hier prallt nichts ab. Resiliente Menschen zeichnen sich nicht dadurch aus, dass sie Herausforderungen oder Probleme nicht wahrnehmen, also dass sie unempfindlich, rigide oder unsensibel sind, sondern genau dadurch, dass sie in hohem Maße über Basiskompetenzen verfügen, die Fähigkeit besitzen, die Dinge so zu erkennen und zu akzeptieren, wie sie sind, Probleme und Herausforderungen als solche annehmen und versuchen, sie auch emotional zu bewältigen.

Resilienz, also gut ausgeprägte Basiskompetenzen, ist nur zu einem geringen Teil «angeboren». Resilient ist man also nicht per se, von Geburt an, sondern diese Eigenschaft wird durch vielfältiges Erfahren, Erproben und Aneignen von Basiskompetenzen entwickelt, und zwar am besten in einem dies fordernden und fördernden artgerechten Biotop, was der Systemkonzeption Mensch entspricht. Ein solches steht uns in unseren modernen Gesellschaften aber nicht mehr oder noch nicht und wenn, nur unzureichend in wenigen Bereichen zur Verfügung; das wird heute mehr als deutlich, auch darin, wie wir über all dies diskutieren. Hier gilt es, Abhilfe zu schaffen, nicht nur theoretisch, sondern auch ganz praktisch, tatsächlich.[18]

Moderne Gesellschaften betonen *Freiheit* im Sinne totaler individueller Selbstverwirklichung, *Gleichheit* im Sinne von Gleichmacherei und *Brüderlichkeit* hauptsächlich umgesetzt per Strafgesetzbuch, Verordnungen und Gesetze. Diese aufklärerischen Werte und der damit einhergehende Ausdruck im menschlichen Denken, Fühlen, Verhalten und Handeln werden aber nicht dadurch Realität, dass über sie philosophiert und sie als politisches Wunschdenken klassifiziert werden, sondern sie gewinnen an Leben(digkeit) durch permanentes Erfahren im Prozess des Denkens, Fühlens, Verhaltens und Handelns, der Bewegung, die das Lebendige im Menschen ausmacht und dazu beiträgt, entsprechende Basiskompetenzen entstehen, sich entwickeln und erstarken zu lassen. Besonders durch die hohe Plastizität seines

---

17 Vgl. Mehl 2013, S. 300–304.
18 Vgl. dazu Näheres in Kap. 3 unter «Fangen wir bei den Kindern und Jugendlichen an».

Gehirns und mithilfe eines zumindest vorhandenen Grundrepertoires an Basiskompetenzen ist der Mensch fähig, sich adäquat zu einer vorliegenden Situation zu verhalten, für sich selbst, andere und das Kollektiv sinnvoll und förderlich zu handeln, sich an Veränderungen im Außen anzupassen und sein Biotop bedürfnisgerecht zu verändern. Auf diese Weise bilden Basiskompetenzen ihr Korrelat.

In unserer Systemkonzeption gibt es recht gut untersuchte psychoneuronale Grundsysteme: ein Stressbearbeitungs- und Beruhigungssystem, ein Bewertungs- und Belohnungssystem, eine Impulshemmung sowie ein System für unser Bindungsverhalten.[19] Diese Systeme «reifen» neben der erwähnten festen genetischen Disposition neuromodulatorisch und hormonell durch Erfahrung heran, sind entsprechend mehr oder weniger stabil und haben so einen direkten Einfluss auf uns. Die Beschreibung von notwendigen Basiskompetenzen für eine gelingende und gesunde Lebensgestaltung beruht also nicht auf philosophischem oder weltanschaulichem Wunschdenken, sondern auf einer neurobiologischen Tatsache.

Basiskompetenzen sind kein Wissen, das wir uns aneignen können, sondern hierbei handelt es sich um einen Mix aus bewussten, vor- und unbewussten Zuständen und Erfahrungsschätzen, die letztlich unseren Charakter, unsere Persönlichkeit, unsere Werte und unsere Fähigkeit ausmachen, mit Herausforderungen und Problemen adäquat umzugehen, besonders bei plötzlich über uns hereinbrechenden, großen oder komplizierten Veränderungen, und so schnell als möglich lösungsorientiertes Verhalten zu entwickeln.

Die von den meisten unerwartete Pandemie hat uns unsere Defizite und die verkorksten Zustände in unserer Gesellschaft eindrücklich vor Augen geführt. Mit einer solch großen, unerwarteten Herausforderung hatte niemand gerechnet, kam niemand auf die Schnelle klar. Der Umgang mit dem unbekannten Virus und seinen Auswirkungen war konfus, angstvoll, zum Teil

---

[19] Roth/Strüber 2014, S. 184–197.

lähmend und unkoordiniert, was uns für zukünftige Herausforderungen aufhorchen lassen sollte. Doch gibt es trotz der schwierigen Situation, in der wir uns befinden, auch einen positiven Nebeneffekt: Herausforderungen bringen uns dazu, individuell und kollektiv etwas zu lernen, Dinge stimmig oder einigermaßen erträgbar in unser Selbst- und/oder Weltkonzept einzuordnen, also resilienter damit umzugehen und daran zu wachsen. Der Umgang mit ihnen ist persönlichkeitsbildend. Plötzlich geht etwas, was vorher nicht ging, plötzlich ist in relativ kurzer Zeit möglich, was vorher an einer fesselnden Bürokratie scheiterte. Natürlich nutzten das während der Pandemie auch die Warlords für ihren eigenen Vorteil, aber sicher sind der kollektive Umgang und das Erwachen in der Menge weitaus effektiver und positiver zu werten.

> So scheinen drei Dinge die größte Hebelwirkung für eine gelingende Gegenwart und Zukunft zu haben, auf die wir unser Augenmerk richten sollten:
> 1. die Förderung von Basiskompetenzen
> 2. unsere emotionale Reichweite so gut, wie es geht, zu vergrößern, Entscheidungsprozesse in diesen Bereich zu verlegen und zugleich die uns fesselnde «nichtverantwortliche Bürokratie» abzuschaffen
> 3. Wertesysteme individuell/kollektiv entsprechend unserer Systemkonzeption zu finden und durch Erfahrungsräume in unseren Gesellschaften erlebbar zu machen

Doch wie kommen wir dazu, das, was wir wahrnehmen, überhaupt einzuordnen und zu bewerten, und welche systemkonzeptionellen Mechanismen laufen in uns ab, wenn wir anfangen, die Welt, unsere Mitmenschen und all die Dinge und Ereignisse um uns herum zu beurteilen? Wie machen wir uns ein Bild von uns selbst, den anderen und der Welt?

«Mach ich mir die Welt, so wie es mir gefällt!»

Wir kommen auf die Welt mit unserem «Steuerungssystem», welches im Wesentlichen aus dem Gehirn (Geist und Seele) besteht, aber systemisch auch mit dem verbunden ist, was wir als Körper bezeichnen. Besser gesagt, wir werden geboren mit einem recht unbedarften Steuerungssystem, einer Körper-Seele-Geist-Konstruktion, mit der wir versuchen, uns selbst und die Welt zu erfassen, um so unser Verhalten und Handeln darauf auszurichten. Wir sind unerfahren, verfügen über eine begrenzte emotionale Reichweite und können nur eingeschränkt die Komplexität der Dinge in uns und um uns herum erfassen. Damit dies besser gelingt, bilden wir – der eine mehr, der andere weniger – Basiskompetenzen heraus und begeben uns im besten Falle in einen regen Austausch und in Interaktion mit unseren Mitmenschen. Unentwegt machen wir uns so ein Bild von uns selbst und der Welt und konstruieren eine Ausgangsbasis dafür, *wie* wir in der Welt sind: mit unserer Haltung, unserem Verhalten und Handeln. Um die Fülle der Eindrücke zu bewältigen und zügig Schlussfolgerungen – also Anweisungen für unser Denken, Fühlen, Verhalten und Handeln – zu gewinnen, sind in unserem System, unserer Wahrnehmung, unserem Gehirn Vereinfachungsmechanismen eingebaut, die das komplexe Ganze filtern, selektieren und auf eine für uns verständliche Essenz reduzieren. Natürlich führen diese Mechanismen nicht immer zum besten Ergebnis, aber immerhin: Wir haben schon mal einen Plan, wie wir uns selbst und die Umwelt wahrnehmen und beurteilen. Wir haben eine Haltung der Ist-Situation gegenüber entwickelt, eine Handlungsanweisung erhalten, die uns in Bewegung bringt. (Nicht viel anders gehen wir auch in den Naturwissenschaften und in anderen Bereichen vor, wenn wir, um zu einer Erkenntnis zu kommen oder Wissen zu erlangen, komplexe Phänomene auf ein verständliches Minimum herunterbrechen.)

Wir blenden also meist den Blick auf das ganze System aus und fokussieren uns auf einen möglichst kleinen Teilbereich, und zwar meist auf den, der uns am meisten betrifft oder interessiert. Das kann der Nachbar sein, dessen Gartengewächszweige «ungerechterweise» auf unser Grundstück ragen, mit dem wir einen «Gerechtigkeitsstreit» beginnen, ohne zu bedenken, dass er vielleicht auch die nächsten Jahrzehnte unser Nachbar sein wird, dem wir täglich begegnen, und dass es sicher angenehmer wäre, wenn wir dann nicht immer unseren Blick zu Boden sinken lassen müssten, sondern ein freundschaftliches Verhältnis zu ihm hätten. Oder das sind die Kinder, über die wir uns ärgern, weil sie, immer wenn sie nach Hause kommen, ihre Schuhe unordentlich im Flur stehen lassen, ohne dass wir bedenken, wie schön es doch eigentlich ist, dass es sie überhaupt gibt und sie daheim sind. Oder das ist die «ungerecht hohe» Steuer, die wir von unserem Verdienst abführen müssen, ohne zu berücksichtigen, wie dankbar wir eigentlich sein könnten, überhaupt einen Verdienst zu haben. Die Reihe lässt sich beliebig fortsetzen. All diese Beispiele zeigen, dass eine weitere Betrachtungsweise oft sinnvoller ist, als uns auf einzelne Dinge starr zu fixieren. Diese Erkenntnis lässt sich leicht vom Leben des Einzelnen auf das gesellschaftliche übertragen: Diejenigen, die glauben, zu wenig vom großen Kuchen des Wohlstands abzubekommen, verstricken sich zu sehr in Umverteilungsforderungen, ohne zu realisieren, dass es immerhin den Kuchen gibt, einen Kuchen, den andere Gesellschaften nicht haben. Oder denken wir an Gruppierungen, die das absolut freie Handeln in der Marktwirtschaft befürworten (Neoliberalismus), ohne zu beachten, dass sie damit auch sozialen Unfrieden befördern, der möglicherweise der freien Marktwirtschaft schnell ein Ende bereitet. Oder an die Klimaaktivisten, die unmittelbar ihr sicher wohlgemeintes Ziel im Auge haben, nämlich dem anthropogenen Einfluss auf die Klimaveränderung ein Ende zu setzen, ohne zu berücksichtigen, dass sie damit vielleicht wirtschaftlichen Wohlstand gefährden oder gar Armut erzeugen, was wiederum einen viel schädlicheren Einfluss auf die Klimaentwicklung haben könnte.

Mit einer ideologisch eingeengten Sichtweise nur einen winzigen Teil eines Systems zu betrachten, ohne die Verknupfungen mit den übrigen Teilen und die Aus- und Wechselwirkungen im Gesamten zu sehen, erweist sich meist als ungünstig, hängt doch alles mit allem zusammen. Weitaus besser und sinnvoller, weil der Realität und dem System mehr entsprechend, ist es also, eine weitere Perspektive einzunehmen, statt einfache, schnelle «einäugige» Problemlösungen zu favorisieren. Das würde auch zu einer besseren Urteils- und Entscheidungskraft beitragen.

Auch das lehrte uns die Pandemie: Sicher lagen Fachexperten richtig, wenn sie behaupteten, das Virus breite sich am wenigsten aus, wenn es keinerlei soziale Interaktion und Kontakt zwischen Menschen mehr gibt, also wenn jeder möglichst lange allein in seinem Zimmer hocken bleibt. Nur blieben mögliche, damit sehr wahrscheinlich zusammenhängende Auswirkungen/Schäden im intra- und interpsychischen sowie sozialen Bereich komplett unberücksichtigt. Diese haben wir vielleicht schon zu spüren bekommen und sie werden langfristig wahrscheinlich leider noch stärker sichtbar werden. Selbst – oder gerade in Krisenzeiten gilt es also immer, den Gegenstand, um den es geht, aus unterschiedlichen Perspektiven zu betrachten und das richtige Maß zu finden, sodass negative Auswirkungen minimiert und positive verstärkt werden können. Am Ende ist also ein Mittelweg meist der beste Lösungsweg. Es ist eben nicht richtig, dass der Staat oder das Gesetz immer alles bis ins Kleinste reglementieren muss, und auch nicht das Gegenteil, die Staatsverschlankung, die jeglichem Handeln, auch negativem, in der Gesellschaft Tür und Tor öffnet. Es ist der Mittelweg: das Gespräch mit dem Nachbarn und eine Einigung zu suchen, statt darauf zu beharren, dass sein störender Zweig endlich ab muss, oder resignierend zu erdulden, dass sein Grünzeug meinen Garten auf ewig überwuchert. Es ist der Konsens oder Kompromiss, der weiter- und eine Lösung bringt. (Die Basiskompetenz hierzu ist die Fähigkeit, Konflikte gut lösen zu können.)

Aber nicht nur die durch den Vereinfachungsmechanismus des Gehirns eingeschränkte Perspektive beschert uns Nachteile, sondern auch die polarisierenden Schlussfolgerungen, die wir daraus ziehen: gut oder schlecht, arm oder reich, falsch oder richtig, also die Einteilung und Bewertung unserer selbst, unserer Mitmenschen und der Welt nach einem Schwarz-Weiß-Schema. Auch hier können wir wieder bei uns selbst und unserem Mitmenschen anfangen: Schnell sind wir dabei, andere Menschen oder Gruppen in das Lager der Guten oder Bösen, der Falsch- oder Richtigliegenden, der Freunde oder Feinde zu unterteilen. So ist aber die Wirklichkeit nicht. Es gibt nicht nur Schwarz und Weiß, sondern auch etliche Grautöne dazwischen: Mein Gegenüber hat vielleicht nur eine andere Meinung, andere Erfahrungen gemacht, sieht die Welt oder mich aus seiner Perspektive, vielleicht noch nicht einmal negativ. Wenn wir dies verinnerlichen, setzen wir der schnellen Schwarz-Weiß-Kategorisierung etwas entgegen und folgen nicht per se der Facebook-Mentalität «Daumen hoch oder runter». Dann gönnen wir uns aufgrund unserer differenzierten Wahrnehmungskompetenz eine weitere Sicht auf die Dinge, fühlen uns in den anderen ein, sehen die Vor- und Nachteile mit Blick aufs Ganze, wägen unsere Entscheidungen ab, nehmen unser Gegenüber mit allen Stärken und Schwächen als Person an und kommen so zu einer konstruktiveren Bewertung der Situation. So ersparen wir uns, unnötig Energie für Stress, Groll oder sinnlose Konflikte aufbringen zu müssen, und können diese besser für gewinnbringende Kompromisslösungen im Sinne aller einsetzen.

Zumindest in früheren Zeiten hatte es einen Sinn, schnell zwischen Freund und Feind unterscheiden zu können. Das Leben konnte davon abhängen und deshalb ticken wir noch heute so. Vom heutigen Standpunkt aus gesehen macht es aber auch – wenn nicht sogar mehr – Sinn, fremde Menschen und Gruppen differenziert und ganzheitlich in ihrem Sosein zu betrachten, weil wir uns dann mit ihnen besser handelseinig werden, zusammenleben oder zum Zwecke einer großen gesellschaftlichen Transformation, zur Rettung unserer Spezies und der Gestaltung eines förderlichen Biotops verbünden können.

Die Schwarz-Weiß-Problematik findet sich auch in der Beurteilung der Welt und globaler Phänomene wieder: Schnell sind wir auch hier dabei, gute oder schlechte Tendenzen auszumachen: ganze Völker in arm oder reich, zivilisiert/fortschrittlich oder primitiv, zu unserer Ersten Welt als dazugehörig oder Außenseiter zu klassifizieren. Doch wir wissen: Die Wirklichkeit ist anders, weitaus facettenreicher und kann eher durch eine genauere Betrachtung aus unterschiedlichen Perspektiven besser verstanden werden. China etwa ist eine böse, bedrohliche und undemokratische Macht! Oder? Mit ihrer kollektiven Gesellschaftsausrichtung hat die Großmacht es aber immerhin in einer enormen Geschwindigkeit geschafft, sich ihre heutige erfolgreiche Position zu erarbeiten. Wenn wir aus unserem Schwarz-Weiß-Denken herauskommen, können wir uns von anderen Kollektiven vielleicht auch den ein oder anderen für unsere Gesellschaft förderlichen Aspekt abschauen.

Auch wenn wir die Weltbevölkerung in eine Erste, Zweite und Dritte Welt einteilen, wird dies der komplexen Realität nicht gerecht. Wer andere Weltteile bereist, die Menschen dort kennengelernt oder sich differenziert mit den Fakten zu einzelnen Ländern samt Bewohnern auseinandergesetzt hat, weiß das. Es gibt nicht nur das eine oder das andere, sondern weitaus mehr, weitere Dinge darüber hinaus. So existieren auf der Welt arme, nicht so arme, mittelmäßig wohlhabende, sehr wohlhabende und äußerst reiche Bevölkerungsgruppen und das Mehr-oder-weniger-wohlhabend-Sein kann sich zudem auf unterschiedliche Dinge beziehen: Geld, Bildung, Rohstoffe, Basiskompetenzen usw. So können wir uns von manchen afrikanischen Staaten gar eine Scheibe vom Fortschritt in der Digitalisierung abschneiden.

Als junger Mensch war ich auch sehr geprägt von dieser Schwarz-Weiß-Sicht, dem Guten und dem Schlechten, den Reichen und den Minderbemittelten, dem armen Afrika und der wohlhabenden Ersten Welt, welche dieses arme Afrika ausbeutet. Als ich dann einige Zeit später in Afrika tätig war und eigene Erfahrungen machte, änderte sich meine Sichtweise. Ich konnte die Dinge viel differenzierter und in ihrer gesamten Komplexität wahrnehmen, mit allen Vor- und Nachteilen, und war schnell weg von meiner zugegeben sehr vereinfachenden, weil praktikableren Weltsicht der Verallgemeinerungen und Pauschalisierungen. Ich verstand: Die Bandbreite des Ganzen zu kennen, war ausschlaggebend, um adäquater und erfolgreicher vor Ort mit Situationen umgehen zu können, auch wenn dies auf den ersten Blick nicht einfacher war, sondern mehr Anstrengung bedeutete. Als ich nach Deutschland zurückkehrte und Freunden und Bekannten von meinen Erfahrungen mit den Menschen dort, ihren Bemühungen, Fähigkeiten und Fortschritten sowie von ihrem wirtschaftlichen Stand berichtete, war ich erstaunt, als wie gefährlich dies von dem ein oder anderen empfunden wurde. Ihr Schwarz-Weiß-Bild brach ein, die einfachen Erklärungen, mit denen sie «Afrika» praktikabel für sich abgespeichert hatten, funktionierten nicht mehr, die Welt, die ich zeichnete, war nicht die, wie sie ihnen gefiel, ihre angeeignete Weltsicht war bedrohlich irritiert. Eine Person hielt sogar dermaßen vehement an ihrer verallgemeinernden Schwarz-Weiß-Sicht fest, dass sie zu dem Schluss kam, auch ich sei jetzt wohl in das Lager der «verkappten Kolonialisten» übergewechselt. Wieder schwarz-weiß: Nur war ich jetzt der Böse und somit für eine weitere Diskussion nicht mehr geeignet.

Ähnliches erlebten wir während der Pandemie mit Impfgegnern und -befürwortern. Doch beide «Lager» irren in ihrer binären Sicht der Dinge. Schwarz-Weiß fördert Angst und Aggression, Impulsdurchbrüchigkeit und damit negativen Wandel. Weitaus besser, wenn auch anstrengender, aber dafür zielführender, ist das Bemühen um eine ganzheitliche Erfassung/Betrachtung des Gegenübers und der Welt. Das ist deutlich realitätsnäher und birgt die Chance, bei Konflikten und Problemen gemeinsame Lösungen zu finden, sich in Bezug auf gemeinsame Ziele zu verbünden und an einem Strang zu ziehen. Und das am besten rechtzeitig, bevor es zu aggressiver Eskalation kommt.

Es macht wenig Sinn, uns unser Selbst- oder Fremdbild – das Bild des anderen – oder gar das der Welt so zu «malen», wie es uns gefällt, auch wenn dies bequemer und einfacher zu sein scheint, denn früher oder später holt uns die Realität sowieso ein. Förderlicher ist es hingegen, eine ganzheitliche Sichtweise einzunehmen. Zweifellos sind hierfür der beste Weg das Erfahren, also die tatsächliche Teilnahme mit Körper, Seele und Geist, und die Interaktion sowie der kommunikative Austausch mit anderen. Nur ist das für den Einzelnen, je nach Thema und Situation, nicht immer möglich, realistisch und oft auch nicht gewollt. So ziehen wir es meist vor, in unseren geistig-seelischen Enklaven zu verbleiben oder bildlich gesprochen, auch in «Enklaven» zu verreisen, in denen wir unsere Kultur wiederfinden – unsere Sprache, unsere Ernährung, unseren gewohnten Komfort. Vielleicht nehmen wir allenfalls an einem kleinen Busausflug teil, bei dem wir die zusammengestellten Highlights der bereisten Gegend vorgeführt bekommen, doch lernen wir damit nicht die Lebensrealität der Bewohner eines anderen Landes, einer anderen Gruppierung, einer anderen Gesellschaft kennen.

Und weil wir nicht alles selbst «hautnah» erfahren können, stützen sich unsere Kenntnisse zwangsläufig auf uns zugetragene Informationen und Nachrichten. Doch hier ist äußerste Vorsicht geboten, denn auch für Journalisten, Reporter und Medienschaffende gilt, dass sie sich weder immer an Fakten halten noch darum sehr bemüht sind, eine ganzheitliche Sicht auf die Dinge zu wahren, diese in Bezug zu setzen und ihre Relationen aufzuzeigen. In der Regel ist das nicht so, weil sie von Grund auf gut oder böse sind oder in Schwarz-Weiß-Kategorien denken, sondern einfach, weil sie wie alle anderen Menschen ticken und damit beauftragt sind, die Lese- und Einschaltquoten zu erhöhen. Dies ist am besten zu gewährleisten mit spannenden Storys, der Katastrophisierung von Alltäglichem oder «Normalem» und solchen News, die den «Empfangsbereich» der emotionalen Reichweite der Menschen (be-)treffen. Es ist zielführender, weil ergreifender, von der armen alten Frau von nebenan zu berichten, die einsam in ihrer Wohnung gestorben ist, ohne dass die Nachbarn es bemerkten, als davon, dass ein Kind in Papua-Neuguinea aufgrund einer Durchfallerkrankung den Tod fand. Da lässt man gerne mal die Dimensionen weg, dass jedes Jahr weltweit Hunderttausende von Kindern an Durchfall sterben und die eine alte, einsam verstorbene Dame aus der Nachbarschaft eher ein tragischer Einzelfall war. Das heißt nicht, dass dieses Einzelschicksal als weniger schlimm zu bewerten ist, es soll nur aufgezeigt werden, wie behutsam wir mit der Darstellung von bestimmten Meldungen und Nachrichten umgehen sollten.

Die Wirkungsweise der Berichterstattung lässt sich leicht an einem weiteren Beispiel aufzeigen: Weniger auf Interesse stoßen wird bei der Leserschaft, wenn berichtet wird, dass Anfang Februar 2022 94,6 Prozent der Arbeitsuchenden einen Job hatten, mehr hingegen, weil es dramatischer wirkt, dass 5,4 Prozent der Bevölkerung keine Arbeit hatten. Ähnliches gilt für Armutsstatistiken. Beziehen sie sich auf sogenannte moderne Gesellschaften, wird Armut prozentual in Relativität zum durchschnittlichen Einkommen ausgedrückt. Diese «relative» Armut ist schlimm genug, aber mit «absoluter» Armut nicht zu vergleichen. Die relativ Armen können vielleicht mit ihren Kindern nicht (so oft) ins Kino oder Eis essen gehen wie andere, aber im Vergleich zu den absolut Armen in der Welt leiden sie so gut wie gar nicht oder nur höchst selten an Hunger. Bei den absolut Armen ist das Gegenteil der Fall: Ihnen fehlt es am Allernötigsten: an Nahrung, einem Dach über dem Kopf, an gesundheitlicher Basisversorgung, Bildung, Arbeit, vor allem aber leiden sie an Hunger. – Dies ist eine differenziertere Sicht auf das Phänomen «Armut» in der Welt. Und wenn wir schon über Armut sprechen, sollten wir auch hervorheben, dass die absolute Armut der Menschen in den letzten Jahrzehnten rapide abgenommen hat, genauso wie die Kindersterblichkeit oder die Anzahl gewaltsamer Auseinandersetzungen. Wenn wir fortan nun auch in Bezug auf größere Zusammenhänge unseren Blick weiten und für eine umfassendere, detaillierte, multiperspektivische Sichtweise öffnen, so wird sich uns die Wirklichkeit/Welt genauer darstellen und wir haben mehr Urteils- und Entscheidungskraft, um im richtigen Moment die richtigen Entscheidungen treffen und zu besseren Lösungen als bisher kommen zu können.

Die Fokussierung auf das Negative hat aber nicht nur etwas damit zu tun, dass schlechte oder dramatische Nachrichten interessanter oder besser zu verkaufen sind, sondern auch damit, dass dies einem alten Denk-Fühl-Verhaltens-Handlungsmuster unserer Systemkonzeption entspricht. Früher war es einfach überlebensnotwendig, die Wahrnehmung auf das Gefährliche und Negative zu richten: etwa auf ein mögliches Raubtier im Gebüsch oder schädliche/giftige Nahrung. Dieses Muster haben wir bis heute beibehalten. Und noch etwas kommt hinzu: Wenn unseren Vorfahren klar war, dass da de facto ein Raubtier im Gebüsch ist, galt es, nicht lange zu überlegen, schnell zu handeln, entweder «die Beine unter die Arme zu nehmen» oder unverzüglich den Speer zu werfen. Für solche Gefahrensituationen wurde unser System mit der Emotion Angst ausgestattet. Flucht oder Angriff lautete die kurze Schwarz-Weiß-Entscheidung, die unseren Vorfahren das Leben retten konnte, denn es gab keine Zeit, Vor- und Nachteile abzuwägen, Vergleiche anzustellen o. Ä. Deshalb kommt es in unserem neuronalen System dann zu so etwas wie einem Kurzschluss und der Mensch kommt von der Angst direkt in die Handlung, ohne den Umweg über den Verstand zu nehmen. Auch dieses Verhaltensmuster ist uns bis zum heutigen Tag eigen und das ist oft auch gut so, aber eben nicht immer. Und die paar zehntausend Jahre sind einfach viel zu kurz, um ein lebendiges System grundlegend zu ändern bzw. den aktuellen Bedürfnissen adäquat anzupassen.

Wir funktionieren also nicht anders als seinerzeit die Mammutjäger. Nur ist unsere heutige (Über-)Lebenssituation eine andere als damals. Unser Biotop hat sich jetzt unter dem Einfluss des Menschen und seiner Errungenschaften ziemlich rasch verändert; daher und von den damit verbundenen Auswirkungen rühren heute unsere größten Lebensgefahren, weniger, weil ein Raubtier im Gebüsch sitzt und auf uns lauert. Und die Entscheidungen, die heute diesbezüglich zeitnah zu treffen sind, beziehen sich anders als damals meist auf eher komplexe Herausforderungen/Probleme, was eine differenzierte Betrachtungsweise der Situation nötig macht. Schwarz-Weiß-Denken hilft hier wenig weiter, genauso wenig wie Kurzschlussreaktionen aus Angst und Panik zielführend sind; beides verhindert eher, mit Urteils- und Entscheidungskraft zu sinnvollen Lösungen zu kommen. Angst und Vorsicht haben aber dennoch als Emotionen ihre Funktion und sind wichtig für die Urteils- und Entscheidungsfindung – sie machen etwa die Dringlichkeit von schnellen Entscheidungen deutlich und sorgen dafür, unmittelbar Sicherheitsvorkehrungen zu treffen, wenn Gefahr in Verzug ist. Dennoch sollten wir lernen, heute mit unseren Ängsten anders umzugehen, denn bei nackter Angst und Panik treffen wir «blind» für die komplexe Situation ad hoc eine vielleicht ungute Bauch-Entscheidung, laufen der Gruppe hinterher, nach dem Motto «rette sich wer kann», oder reagieren aggressiv gegenüber dem anderen, dem Fremden, dem vermeintlich Bedrohlichen, ohne abzuwägen, was wir da eigentlich tun. Wir können aber lernen (Basiskompetenz), unsere Emotionen weitestgehend zu kontrollieren oder zu modifizieren.

Oft sagen Patienten zu mir, sie wollen ihre Ängste überwinden. Ich korrigiere sie dann sogleich und zeige ihnen auf, dass dies der falsche Weg ist. Besser sei es, mit seinen Ängsten umgehen zu können, wahrzunehmen, was da eigentlich Angst macht und warum, um somit nicht die kurze Strecke abseits des Verstandes zu nehmen, sondern diesen geradezu einzubeziehen, so gut es geht. Das zu erlernen, ist zwar nicht so einfach, aber wir können es trainieren und sicher besser hinbekommen, als unsere Vorfahren dies vermochten. Wenn wir beginnen, uns und unsere Emotionen genauer wahrzunehmen und den Verstand einzuschalten, sind wir in der Lage, bei einer komplexeren Gefahrenlage, selbst mit etwas Angst, innezuhalten, unsere Erfahrungsschätze und all unser Wissen hervorzukramen, unserer eigenen Wahrnehmungs-, Urteils- und Entscheidungskraft zu trauen und ggf. im Austausch mit anderen, wenn die Zeit dies zulässt, eine wohl überlegtere Entscheidung zu treffen oder Lösung zu finden, die auf einer genaueren Betrachtung der Ausgangslage basiert.

Viele Menschen heutiger Zeit haben es bereits gelernt, innezuhalten, achtsam mit sich und ihrer Umwelt umzugehen, durch kognitive und emotionale Modulation den längeren Entscheidungsweg über den Einbezug der Vernunft einzuschlagen als den kurzen, unüberlegten, andere können es noch lernen. Diesen Weg zu beschreiben, ist eine Basiskompetenz und gehört zum Anpassungsprozess an einen rasanten komplexen Biotopwandel dazu. Meine Großmutter und auch noch meine Mutter haben blind der Zeitung oder dem Fernseher geglaubt. Wenn ich äußerte, dass dies oder jenes so nicht sein könne, wie es dort dargestellt wurde, erwiderten sie absolut überzeugt: «Aber das stand doch so in der Zeitung» oder: «Das haben die doch im Fernseher so gesagt». Damit war es für sie richtig und wahr. Dass dem nicht so ist, wissen wir, einige andere auch, aber viele andere auch nicht und wollen eben glauben, was da berichtet wird; schließlich ist dies oft ihre einzige Informationsquelle. Leider wird diese Schwachstelle in unserem System oft schamlos ausgenutzt: Gefahren werden in den Medien hervorgehoben/dramatisiert und Ängste geschürt, was machtstrategisch gerne ausgenutzt wird, denn nichts ist leichter zu beherrschen und zu steuern als eine verängstigte Gruppe, die «denen da oben» blind vertraut und darauf hofft, dass «die da oben» es schon richten werden. Doch die Reaktion kann auch ins Gegenteil umschwenken, etwa wenn das Vertrauen in «die da oben» weg und Gefahr in Verzug ist. Dann neigt der Einzelne oder die Gruppe eher zu unvorhergesehenen Kurzschlusshandlungen.[20]

Nun können (und wollen) wir unsere Denk-, Fühl-, Verhaltens- und Handlungsmuster – unsere Systemkonzeption – nicht grundlegend ändern. So ticken wir nun einmal. Wozu wir aber in der Lage sind, ist, uns selbst samt Systemkonzeption genau kennenzulernen, wahrzunehmen und zu verstehen, wie wir funktionieren. Wenn wir darüber dann dank unserer ausgeprägten Großhirnrinde, unserer Kognition, Erfahrungs- und Lernfähigkeit Bescheid wissen, können wir auf unser inneres und äußeres System, die Umwelt, bewusst positiv Einfluss nehmen: innehalten, nachdenken, abwägen, was die bessere Lösung ist, uns mit anderen darüber austauschen und unter Berücksichtigung unterschiedlicher Perspektiven, der Vor- und Nachteile, über den längeren Weg mit Vernunft eine Entscheidung treffen, wie etwas zum Förderlichen hin verändert werden könnte. Wenn wir wissen, wie wir ticken, versetzt uns das auch in die Lage, uns besser an das Jetzt-Biotop anzupassen, unmittelbar eine kollektive Verhaltens-Kehrtwende zu vollziehen und sinnvolle Maßnahmen zum Schutz und Erhalt unseres Lebensraums zu ergreifen.

Dies wird auch der beste und einzige Weg sein, mit einer positiven Einflussnahme im Kleinen anzufangen, bei uns selbst und der sozialen Gruppe, der wir angehören, und eben gerade keinen großen Plan zu entwerfen, um gleich die gesamte Erde und Welt zu retten. Systeme ändern sich im besten Fall *bottom up*, in kleinen oder auch größeren Schritten; *top down* geht das meistens schief, wie die Geschichte zeigt. Und da sind wir wieder: *Wir müssen die Menschen mitnehmen und jeden da abholen, wo er steht.* Hierfür gibt es Bereiche mit kleinerer und größerer Hebelwirkung. Die wichtigsten sind zweifellos Bildung und Abbau von absoluter Armut und Not. Denn hier kämpft das Individuum oder die Gruppe ums nackte Überleben und da ist kein Platz für sukzessive Schritte positiver Veränderungen und Entscheidungen, die erst einige Jahre später Früchte tragen. Ohne Wissen und Bildung – Basiskompetenztraining eingeschlossen – geht da gar nichts: Denn da wür-

---

20 Vgl. dazu im folgenden Unterkapitel «Wie weit können wir fühlen?» die Ausführungen über Niccolò Machiavellis Werk *Il Principe* (1513) und die Ausführungen dort zum Thema Machtgewinn und -erhalt.

den fehlen: die innere Eichung, die Urteils- und Entscheidungskraft, über die Wissensbildung hinausgehend die Persönlichkeits-/Charakterbildung und das Entwickeln eigener Werte/Maßstäbe. Mit einem solchen Bildungsprogramm sollte weltweit begonnen werden, auch um noch mehr wirtschaftliche Not zu verhindern.

Wir haben also hiermit weitere Mechanismen unserer Systemkonzeption kennengelernt, die uns daran hindern zu tun, was wir aufgrund unserer Kognitionsfähigkeit eigentlich («besser») wissen. Viele Mechanismen aus «Mammutjägerzeiten» scheinen nicht ganz kompatibel mit der Komplexität der heutigen existenziellen Wirklichkeit samt ihrer Herausforderungen zu sein. Hierauf zu antworten, verlangt von uns ein differenzierteres Herangehen, was uns aber erstmal schwerfällt, denn da ist unser «archaisches» Bestreben, die Welt schnell zu begreifen, Verstehbarkeit und ein Kohärenzgefühl zu erzeugen und damit direkte Handlungsoptionen zu haben. Das Einteilen in einfache Kategorien, wie gut oder böse, arm oder reich, positiv oder negativ, eben schwarz oder weiß, greift heute aber zu kurz. Dennoch können wir uns das Wissen um die «archaischen» Funktionsweisen für eine passendere, zielführendere Handlungsstrategie zunutze machen; fachsprachlich nennen wir das «kognitive Modulation»: Wenn wir wissen, wie wir ticken, wie unsere Systemkonzeption funktioniert, können wir damit kognitive korrigierende Erfahrungen als wichtige Voraussetzung auch korrigierender emotionaler Erfahrungen machen. Eine solche kognitiv-emotionale Systemkorrektur befähigt uns zu adäquater, besserer Anpassungsleistung persönlich und in der Gruppe. Zunächst gilt es dann aber, die Menschen dazu zu motivieren, bereits gefundene gute Maßnahmen zur Bewältigung der großen Herausforderungen unserer Jetztzeit in ihrem Leben, im Alltag und in der Gesellschaft sukzessive zu etablieren und im Austausch mit anderen weitere kreative Lösungsstrategien zu entwickeln. Dies gelingt, wenn sie in all dem für sich einen unmittelbaren Nutzen und Sinn entdecken und einen emotionalen Bezug herstellen können. Das ist sehr wichtig. Dieser Wirkzusammenhang gehört auch zur Systemkonzeption Mensch, den wir näher betrachten wollen. Wo aber fängt bei uns das Gefühl für die eigene Betroffenheit an und wann kommen wir ins Handeln, gar für das große Ganze? – Nehmen wir einen weiteren Aspekt unter die Lupe, der für unser Verhalten und Handeln eine Rolle spielt.

Wie weit können wir fühlen?

Von «emotional begrenzter Reichweite» hatten wir es schon des Öfteren. Wir wissen bereits, dass dieses Phänomen mit unserem Betroffenheitsgrad zusammenhängt und inwieweit ein Geschehnis in unserem unmittelbaren Lebensumfeld stattfindet: So stimmt uns etwa der Tod eines nahen Verwandten sehr traurig, wir sind betroffen, emotionale Reichweite ist vorhanden. Wir haben ihn persönlich gekannt, Gemeinsames erlebt, miteinander gelacht und geweint. Wir hatten eine nahe Beziehung zueinander und waren tief verbunden. Würde in der entfernteren Nachbarschaft ein Mensch ähnlichen Alters sterben, würde uns dies möglicherweise auch betroffen machen, weil er immerhin zu unserer sozialen Gruppe «Nachbarschaft» gehörte, aber etwas weniger, denn wir hatten zu ihm, bis auf einige Smalltalks über die Mängel der Müllabfuhr, die beste Rosenpflege oder einige gemeinsam erlebte Sommertage keinen großen Kontakt und unsere Bindung war nicht sonderlich stark. Stirbt ein Mensch ähnlichen Alters irgendwo auf der Welt in irgendeiner Stadt, ist es uns mehr oder weniger egal. Wir sind nicht betroffen, wir konnten weder eine Bindung noch eine Beziehung aufbauen.

Dass wir unsere emotionale Reichweite und Betroffenheit sowie deren Begrenztheit nicht nur in zwischenmenschlichen Beziehungen erleben, sondern auch im Hinblick auf größere Ereignisse, ist uns auch bewusst: Die Probleme der Klimaerwärmung machen uns erst emotional betroffen, wenn unser Haus von Regenmassen davongespült wurde; den 20-Liter-Benziner verkaufen wir erst dann, wenn der Smog in der Stadt uns die Luft zum Atmen nimmt, und für die Gefahren von Atomkraftwerken sind wir erst durch Fukushima sensibilisiert worden, weil uns die Folgen der Katastrophe gezeigt haben, was auch bei uns passieren könnte. Wir waren betroffen, bekamen Angst und die Politik auch! Unverzüglich wurden Pläne entwickelt, Atommeiler zeitnah abzustellen.

Unsere *emotionale Reichweite* meint also das Mitgefühl, das aus unserer Emotion heraus durch positive, aber auch negative Konnotation entsteht. Je weniger wir über ein Ereignis oder eine Person erfahren haben, umso weniger betrifft uns das und umso weniger

> sind wir auch emotional betroffen. Unsere emotionale Reichweite nimmt also gleichermaßen wie unsere *Betroffenheit* zu oder ab.

Warum ist der Betroffenheitsaspekt so wichtig? Weil er unser individuelles, aber auch unser soziales und kollektives Denken, Fühlen, Verhalten und Handeln maßgeblich beeinflusst. Diesen Wirkmechanismus zu kennen und als Motivator zu nutzen, hilft uns am Ende auch, das zu tun, was nötig ist, um die großen Herausforderungen im Hier und Jetzt zu bewältigen.

Nun führt Betroffenheit nicht immer zur besten Lösung, aber immerhin kommt «Bewegung ins Spiel». Bei dem einstigen schnellen Betroffenheitsentschluss, Atommeiler abzuschalten, wurde zwischen «gefährlicher, aber sauberer Energie» und noch gefährlicherer Erwärmung der Erde abgewogen; Anfang 2022 erlebten wir dann wieder eine Rückbesinnung und Atomenergie wurde EU-weit als *green energy* betitelt. Inhaltlich wollen wir das hier nicht diskutieren. Es sind Überlegungen der Schadensminimierung. Gleiche Verhaltensweisen erlebten wir bzgl. des Corona-Managements. Zunächst dachten wir, das passiert irgendwo und betrifft uns nicht. Dann betraf es uns doch und wir verfielen in beispiellosen Aktionismus. Dann gingen die Inzidenzzahlen runter und es betraf uns wieder weniger. Wir legten die Vorsicht ab, handhabten auferlegte Regeln laxer und freuten uns über die «alte Normalität», bis sich das kleine Virus dann doch wieder durch eine Hintertür, der Situation angepasst und mutiert anschlich und wir erneut in Aktionismus verfielen. Das wiederholte sich von einem Winter auf den anderen und im Jahr 2022 erwarteten wir im Herbst/Winter eine neue Welle, waren aber zusätzlich noch mit ganz anderen Herausforderungen konfrontiert, die sich auch im Jahr 2023 noch auswirken und darüber hinaus.

Sicher ist es schwierig, egal welcher Herausforderung wir gegenüberstehen, mit unvollständigen Informationen umzugehen und in «Ja, aber»-Situationen das Richtige zu tun bzw. erstmal getroffene Entscheidungen, weil man ja handeln muss, im Kollektiv umzusetzen. Noch schwieriger wird es aber, wenn die Menschen sich gar nicht erst betroffen fühlen, es am Ende jedoch sind. Das angeblich/scheinbar Richtige wird also zwangsläufig mit apodiktischen Grundaussagen oder einer narrativen Ideologie unterlegt. So wird der

Betroffenheitsgrad gesteigert und das Durchsetzen von Vorhaben erleichtert. Wenn die meisten sich kein richtiges Bild machen können, weil ihnen der Background fehlt, sie aber wenigstens betroffen sind, entwickeln sie Unsicherheit, Angst, natürlich auch Spendenbereitschaft und sie sind damit bekanntlich eine leicht zu führende Masse, was An- und Wortführer bestimmter Gruppierungen, aber auch der Staat und die Medien bewusst für ihre Zwecke ausnutzen.

Betroffenheit ist ein uns Menschen eigener emotionaler Zustand und zum Teil sehr starker Wirkmechanismus, der unser Verhalten und Handeln lenkt (emotionale Bewertung und Verhaltensverstärkung als Systemkonzeption). Leider wird dieser von manipulativen Menschen nicht selten auch für die Durchsetzung eigener Interessen missbraucht.

Darüber, wie am besten über andere Macht gewonnen, ausgeübt und erhalten werden kann, denken die Menschen schon lange nach. Auch der italienische Philosoph Niccolò Machiavelli (1469–1529) setzt sich damit in seinem Werk *Il Principe* von 1513, auf Deutsch *Der Fürst*, auseinander.[21] Im Grunde müsse man Macht, so schreibt er, ohne Rücksicht auf moralische, ethische oder religiöse Prinzipien durchsetzen. Damit lag er aber falsch. Geschickter ist es, die Menschen emotional betroffen zu machen, sodass sie ängstlich werden und sich fügen, in Wut geraten und zum Angriff rüsten oder aber auch friedlich und kooperativ werden, weil sie gegenüber demjenigen «ein gutes Gefühl» entwickelt haben, dem sie die Macht verliehen haben, ihr Kollektiv anzuführen. Wir wissen aus kleineren, ursprünglichen Gesellschaften, dass deren Anführer freundlich, empathisch und allgemein akzeptiert sein mussten. Sie mussten zeigen, dass sie sorgsam und umsichtig mit der ihnen anvertrauten Gruppe umgehen konnten, sonst waren sie ihre Macht schnell

---

21 *Il Principe* gilt mit dem zeitgleich entstandenen Werk *Discorsi* als das Hauptwerk Machiavellis; es wird als erste Abhandlung zur politischen Philosophie der Moderne betrachtet.

wieder los. Unzählige Studien belegen dies mittlerweile. Egoistische, impulsive, rücksichtslose oder narzisstische Anführer werden früher oder später, was evolutionsbiologisch auch sinnvoll für das Kollektiv ist, ausgemerzt. Auch in der Arbeitswelt ist es so, dass soziopathischen Unternehmensführern in vielen Fällen ihr Machterhalt genau deshalb glückt, weil sie ihre Mitarbeiter in Angst und Schrecken versetzen und diese so leichter zu führen sind. Dabei vergessen sie jedoch, dass sie keinen wirklichen Halt in der Belegschaft haben. Infolgedessen sinkt die Arbeitsmotivation, die Krankheitsrate erhöht sich, was sich wiederum negativ auf den Erfolg, den Gewinn und den Ruf des Unternehmens auswirkt. Langfristig scheitert eine solche Strategie meist und führt dazu, dass auch solche Chefs abgesetzt werden.[22] Das trifft ebenso auf politische Leader von größeren Gruppen zu, wenn wir uns die Menschheitsgeschichte anschauen; das «Machiavelli'sche», «Schimpansige» führt früher oder später fast immer zu Misserfolgen, wohingegen natürliche positive Autoritäten, die charismatisch, großzügig, nett, tapfer, unparteiisch, offen, zuverlässig, mit ruhiger Hand ihren Job machen, meist länger durchhalten.

Verhalten resultiert meist aus Denk-, aber auch Fühlmustern. *Betroffenheit* ist ein Gefühl und hat so einen entscheidenden Einfluss auf unsere aus Denk- und Fühlmustern resultierenden Verhaltens- und Handlungsmuster.

Wenn wir uns nun angesichts unseres Wissens über emotionale Reichweite und der Aussage von Anthropologen – Menschen lebten anfänglich maximal in Gruppen von 150 Personen – fragen, ob unser gesellschaftspolitisches System mit seinen Führungsbedingungen der Systemkonzeption Mensch entsprechend organisiert ist, so fällt die Antwort eher negativ aus. Wir haben

---

22   Von vorneherein sinnvoller für den nachhaltigen Erfolg eines Unternehmens und das Wohl der Mitarbeiter ist es natürlich, Führungspersönlichkeiten möglichst nach in hohem Maße vorhandenen basiskompetenten Persönlichkeitsmerkmalen auszusuchen und diese weiter zu fördern. Vgl. dazu in Kap. 3 das Unterkapitel «Das Biotop und die ‹Gärtner›» und Mehl 2020, Kap. 11.3.

mehr und mehr mit großen anonymen Gesellschaften zu tun, in denen es schwierig bis unmöglich geworden ist, Beziehung herzustellen, ein funktionierendes emotionales und soziales Netz aufzubauen und die unterschiedlichen Bedürfnisse der Menschen zu überschauen. Darum überrascht es auch nicht, dass diejenigen, welche wir als Volksvertreter gewählt haben, angesichts der Menschenmenge, für die sie verantwortlich sind, und der damit einhergehenden Bedürfnisvielfalt bestimmte Gruppen aus den Augen und somit aus ihrer emotionalen Reichweite verlieren oder bereits verloren haben. Je größer und anonymer das Kollektiv, desto schwieriger wird es, das zu verhindern. Viele gemeinschaftliche Herausforderungen (natürlich nicht alle) sind darum besser föderalistisch, in kleineren überschaubareren Gruppen, zu bewältigen, insbesondere, wenn die Beteiligten direkt und emotional betroffen sind.

Je unüberschaubarer und willkürlicher Gesellschafts- und Verwaltungskonstrukte werden, desto weniger kann der Einzelne einen Bezug dazu herstellen, deren Handhabe als sinnvoll erkennen und sich im Administrationsdschungel zurechtfinden. Das ist in juristischen Belangen auch nicht anders, nur weil wir Justitia die Augenbinde anlegen, damit sie jeden «vorurteilsfrei», «vernunftgeleitet» nach formalen Paragrafen beurteilt. Hier fehlt auch oft der Blick auf den speziellen Fall, das einzelne Schicksal und das entsprechende Sich-Einfühlen. Justitia ist nicht selten übermäßig formalisiert, strukturiert, ja digitalisiert, und mehr oder weniger empathielos geworden. Mit dieser Beziehungslosigkeit kommt unser neuronales Verarbeitungssystem, also unsere Denk-, Fühl-, Verhaltens- und Handlungsmuster, jedoch nicht klar, uns fehlen einfach die Anknüpfungspunkte an unser eigenes Leben.

Es gab einmal eine beliebte deutsche Fernsehserie: *Königlich Bayerisches Amtsgericht*. Dort waren Gerichtsszenen aus dem frühen 20. Jahrhundert zu sehen, in denen ein «väterlich» empathischer Richter mit erfahrenem Blick auf die im Rechtsstreit Beteiligten seine salomonischen Urteile fällte. Wer diese Prozesse verfolgte, war in der Lage, die Urteile und Beweggründe des Richters für seine Entscheidungen nachzuvollziehen; sie wirkten auf die meisten Anwesenden schlüssig und gerecht. Das Gericht, besser gesagt der Richter, war in seiner Urteilsfindung und -begründung transparent und schien dafür die volle Verantwortung zu tragen. – Heutzutage ist das anders: Da bekommen wir es als Betroffene seitens der Entscheidungsträger oft mit einer Aneinanderreihung merkwürdiger Paragrafen zu tun, mit Verfahrensfehlern oder formalen Begründungen, das sei schon immer so gehandhabt worden, so vorgeschrieben oder uns betreffe eben aufgrund eines Kriteriums ein besonderer Paragraf XY und daran sei nichts zu ändern, weil im «System» so eingetragen – und das wird uns dann als «gerechte» Entscheidung präsentiert.

In unseren modernen Bürokratien haben wir diese unpersönliche «Unkultur», Entscheidungen ausschließlich nach Vorgaben von Paragrafen, Regeln, Vorschriften und Empfehlungen Dritter, ohne Rücksicht auf Einzelschicksale Betroffener, zu treffen, auf die Spitze getrieben. Wir haben eine fesselnde, gesichtslose Bürokratie entwickelt, in der keiner mehr selbst beurteilt, abwägt, Ungutes verhindert, Wichtiges vorantreibt, Verantwortung trägt, Rede und Antwort steht. Somit passiert nichts Neues und keine Entwicklung mehr, aber immerhin werden alle Fälle vom Prinzip her gleich abgehandelt. Erschwerend hinzu kommt, dass sich ein negatives Menschenbild à la Machiavelli in unserem Rechtsstaat und in der Wirtschaft verfestigt hat: Der Mensch sei dem Wesen nach schlecht, hintertrieben, unsolidarisch und müsse deshalb kontrolliert, «in Schach» gehalten werden, auch damit gängige Machtstrukturen erhalten bleiben. Was aber, wenn wir stattdessen annähmen, in jedem von uns stecke das Potenzial, sich verantwortungsbewusst, motiviert und konstruktiv an der Gestaltung kollektiven (Über-)Lebens zu beteiligen und für den Erhalt, für den Schutz des Biotops einzusetzen? Was, wenn wir davon überzeugt wären, dass nicht der Egozentrismus, sondern die Gruppensolidarität das stärkere, positivere und weiterbringendere Moment und die wertvollere und förderungswürdigere Eigenschaft des Menschen ist?

Die Schwierigkeit, klar denken zu können, oder wie unsere Narrative entstehen

Wir haben nun einiges beschrieben, was Einfluss auf unsere Entscheidungen, unser Verhalten und Handeln hat: unsere individuellen und kollektiven Erfahrungen, den Mangel an Basiskompetenzen, den Fokus auf das Negative, unseren Hang zum Schwarz-Weiß-Sehen/-Denken und unsere eingeschränkte Betroffenheit und emotionale Reichweite. Zweifellos bringt das eine oder andere manchmal auch Chancen mit sich, aber oft hindert es uns daran, das zu tun, was wir eigentlich mit unserer sprachbegabten Großhirnrinde kognitiv prüfen könn(t)en und vermutlich als stimmig und richtig empfinden (würden). – Auf Basis dieses Wirkmechanismen-Mixes unserer menschlichen Systemkonzeption bilden wir dann unsere *Narrative* heraus, die nicht selten Bauplan unserer Entscheidungen und Handlungsmuster werden. Was sind aber Narrative, wie entstehen sie und was versetzt uns in die Lage, sie überhaupt zu bilden?

Im Laufe unserer Evolution lernten wir Menschen irgendwann zu denken, genauer gesagt, abstrakt zu denken. Einfach ausgedrückt: Wir können über unsere eigene Lebensgeschichte, über das, was war / uns passiert ist, nachdenken, aber auch über das, was wir in oder von der Zukunft erwarten. Dazu vermögen wir über Motive und Absichten anderer zu reflektieren, Vermutungen über unsere Mitmenschen in nächster Nähe anzustellen, etwa über das, was unser Nachbar in der Vergangenheit gemacht hat, zukünftig machen wird, woran er glaubt oder nicht und was ihn wozu warum veranlasst hat. Aber es geht noch weiter: Denn uns ist sogar bewusst und zugänglich, dass auf einem fernen Kontinent Wesen unserer Art leben. Wir können uns darüber Wissen aneignen und auch darüber reflektieren, z. B. wie diese Menschen leben, auf welche Geschichte sie zurückblicken, was sie beabsichtigen, zukünftig zu tun.[23] – Einem Bären aus Kamtschatka würde dies nicht einfallen bzw. er ist dazu gar nicht in der Lage. Er denkt nicht darüber nach, dass in Alaska auch Bären leben, und auch nicht darüber, was diese fressen. Nicht einmal über den vielleicht nur 100 Kilometer entfernten Artgenossen räsoniert er, schon gar nicht über die Emotion, die das Kaninchen empfindet, wenn er es fängt und auffrisst.

Ab dem Zeitpunkt, da der Mensch vermochte, über etwas nachzudenken, hatte er einen riesigen Vorteil: Wir sind in der Lage, im Hier und Jetzt über das, was wir wahrnehmen, zu reflektieren, sogar über von unserer Lebenswelt, unserer emotionalen Reichweite begrenzten Betroffenheit Entferntes, Abstraktes. Wir können uns Gedanken über uns und andere menschliche Gemeinschaften machen, ihre Geschichte, ihre Absichten und Zukunft. Wir können Hypothesen aufstellen, Forschung betreiben und wissenschaftliche Erkenntnisse durch Reflexion gewinnen. Für unser eigenes Leben Ziele

---

23 In der Psychologie wird dieses menschliche Vermögen als *Theory of Mind* bezeichnet (Boeckler-Raettig 2019).

formulieren, Vorstellungen entwickeln, über unser Ende oder die bevorstehende Geburt unserer Nachkommen nachdenken, aber auch über den Fortbestand unserer Spezies und den Schutz und die Erhaltung unseres Biotops, weil das unsere Lebensgrundlage ist. Wir sind also auch in der Lage, zu überlegen und Strategien zu entwickeln für das, was im Klimawandel zu tun ist usw. Aus all dem, dem Wahrgenommenen, Reflektierten und Bewerteten, entsteht eine subjektive Meinung und ein Vertrauen in vorgestellte Kräfte und erwartete Sachverhalte, ein Zustand, in dem wir uns selbst wohl- oder unwohl fühlen; wir können also nachempfinden, ob unser Selbstkonzept in abstrakten sozialen geistigen Gemeinschaften noch stimmt. Diesen inneren Gradmesser zu einer womöglich nötigen Kurskorrektur zu besitzen, ist zweifellos ein Anpassungsvorteil, mit dem wir Gegenwart und Zukunft gestalten können.

Noch einmal zurück: Wir bilden also für uns, in Gemeinschaften, auch größeren, einen Glauben an etwas bzw. an ein Narrativ heraus. Wir haben eine subjektive Vorstellung davon entwickelt, wer und wie wir selbst sind, unsere Gemeinschaft ist, ihre und unsere Geschichte und Zukunft. Die Krux an diesen Wirklichkeitskonstruktionen ist: Was ist, wenn das Narrativ nicht (mehr) stimmt, wenn unsere Erwartungen gar nicht zutreffen oder in sich widersprüchlich sind? Dann geraten wir in einen inneren Spannungszustand, der in der Psychologie/Psychotherapie als *kognitive Dissonanz* bezeichnet wird. Plötzlich gibt es dann Dinge, die in uns selbst eine Unvereinbarkeit offenlegen und uns damit in ein Dilemma, einen unangenehmen Spannungszustand bringen – einen sogenannten *intrapsychischen Konflikt*. Unser Narrativ ist nicht mehr schlüssig. In uns existieren zwei unterschiedliche Bewertungen derselben Sache, die zum inneren Konflikt führen. Einen solchen Zustand wollen wir überwinden, weil er sich unangenehm anfühlt. Wir geraten in ein Ungleichgewicht und wollen es ausgleichen, denn es gefährdet unser Selbstkonzept. Wir wollen es auflösen. In uns entsteht nicht nur ein unstimmiges Gefühl, sondern auch eine kognitive Dissonanz, ein kognitiver Widerspruch.

Unsere Auffassungen von der Richtigkeit oder Unrichtigkeit unseres Narrativs müssen nicht zwangsläufig auf objektiven Fakten basieren. Religiöse Glaubensvorstellungen sind dafür ein gutes Beispiel. Auch wenn wir unserem Kausalitätsbedürfnis entsprechend adäquat versuchen werden, den Glauben oder die betreffenden Inhalte mit scheinbar objektiven Fakten zu belegen, damit sie für uns greifbarer sind und so besser zur «Wahrheit» erklärt werden können, bleiben es nur Narrative, also Geschichten, von denen geglaubt wird, dass sie unumstößliche Axiome darstellen. – Narrativbildungsprozesse mit allem, was dazugehört, laufen erst einmal in uns selbst ab. Angenehmer, bestätigender und kraftvoller ist es aber, wenn dies kollektiv geschieht. Von der Gruppe als «objektive Wirklichkeitskonstrukte» empfundene Narrative stellen für das Miteinander eine Denk-, Fühl-, Verhaltens- und Handlungsnorm dar. Dieser Umstand wird nicht selten in größeren, etwa staatlichen Gemeinschaften oder aber auch durch machtbewusste Autokraten ausgenutzt, denn je weiter ein Narrativ verbreitet und je tiefer es im kollektiven Bewusstsein verankert ist, umso leichter lässt sich die jeweilige Gemeinschaft führen und ist für eigene Zwecke zu indoktrinieren. – Weit verbreitete Narrative sind beispielsweise der christliche Glaube, der so definierte Rechtsstaat, der Glaube an Grund- oder Menschenrechte, die Vorstellung von der «Gleichheit» aller Menschen oder die, dass der Mensch aus sich heraus niemals gewaltsam sei. Auch die Vorstellungen davon, was Glück, Freiheit o. Ä. wirklich bedeuten, unterliegen oft Narrativen, welche z. B. durch Medien, Werbung und andere Menschen geformt und beeinflusst werden.

Im Rückblick auf die Menschheitsgeschichte sehen wir, wie Narrative und Ideologien wie Seifenblasen zerplatzen können. Gesellschaften, die fest davon überzeugt waren, das Richtige für die Zukunft zu tun, gingen unter. Narrative sind auch oft der Grund dafür, dass wir eben nicht tun, was wir ziemlich sicher wissen, obwohl es gut, gesund und lebenserhaltend für uns wäre. Darüber hinaus bleiben sie immer subjektive Konstruktionen und beschreiben, was wir zu sein glauben, aber nicht unbedingt sind: gleich stark, gleich schlau, gleich freiheitsliebend usw. Narrative sind die Grundlage, auf der wir Normen erfinden, mit denen und in denen wir leben wollen, weil wir glauben, dass sie der absoluten Wahrheit, der «objektiven» Wirklichkeit entsprechen. Solche gültigen Narrative sind omnipräsent in Kultur- und Religionsgesellschaften, in den Medien, der Werbung und so in den Köpfen der Menschen. Sie leben danach und fühlen sich stark, wenn ihr Narrativ von vielen anderen Menschen in ihrer Gruppe oder Gesellschaft geteilt und auch gelebt wird. Nun kann es aber leider passieren, dass ein Narrativ für den Einzelnen oder aber für eine ganze Gruppe oder Gesellschaft nicht zielführend ist, sich als falsch herausstellt und Widersprüche auslöst (kurz sei daran erinnert: Widersprüche aushalten zu können, bezeichnen wir als Ambiguitätstoleranz). Tritt dieses Szenario ein, wäre die richtige, zielführende Reaktion, dass möglichst viele Menschen diesen Widerspruch erkennen, aushalten, sich anpassen und das Narrativ korrigieren. Das wäre optimal und auch möglich, denn Homo sapiens ist zu all dem von seiner Systemkonzeption her prinzipiell in der Lage. Die Realität ist derzeit oft eine andere (vielleicht auch vermehrt, weil bei vielen u. a. die o. g. Basiskompetenz verkümmert ist): Wir halten am Narrativ fest, weil wir es schon immer für richtig befunden haben, obwohl wir jetzt eigentlich tun könnten, was wir neu wissen. Und dann, ja klar, kann die Sache auch schiefgehen; Neues zu erproben, bedeutet eben auch oft erst einmal mittels *trial and error* herauszubekommen, welche Strategie momentan am besten sein könnte, und die Unsicherheit zuzulassen, dass nicht gleich eine passende Lösung gefunden wird und dies Zeit braucht. Das Alte, vermeintlich Sichere, ist unpassend geworden, das Neue aber noch nicht da oder etabliert in den Köpfen und Herzen der Menschen. Dafür gibt es genug Beispiele in Geschichte und Gegenwart.

Und was erkennen wir noch aus dem damals und jetzt Erfahrenen? Die Zukunft und auch die Evolution haben keinen Plan. Immer wieder werden wir überrascht von Wendungen und Ereignissen, die unsere Narrative und Vorstellungen erschüttern, denn Veränderung und Wandel sind das Prinzip des Lebendigen. Evolution und Zukunft sind nicht vorprogrammiert und noch nicht existent. Sie entstehen in jeder Sekunde neu und bilden komplexe, aber eben auch offene Systeme, die äußeren Einflüssen unterliegen. Überdies sind Evolution und Zukunft weder gut noch böse. Sie richten sich nach dem Zustand im Jetzt und fordern Anpassungsfähigkeit. Sie zielen auf Vorteil und Reproduktion für die jeweilige Art, um es einmal ganz einfach auszudrücken.

Mit gesellschaftlichen Ordnungen und Systemen ist es etwas anders. Wie gesagt, sie entstehen aus Narrativen, Visionen, Vorstellungen und Absichten und werden mit unseren neurobiologischen Organen, dem Gehirn, der Seele und auch dem Körper gemacht. Sie entwickeln eine Eigendynamik und können auch kognitive Dissonanzen entstehen lassen. Im Hier und Jetzt stimmt die Sache nicht mehr und nun ist die Anpassungsfähigkeit des Einzelnen und ein basiskompetentes Vorgehen gefragt.

Normen und Werte, die wir uns geben, sind Konstrukte unserer Gehirne und kollektivieren sich, da wir uns in Gruppen am wohlsten fühlen. So verhält es sich auch mit unserem unanfechtbaren Glauben an Rechtsstaatlichkeit und Demokratie (in einem Teil der Welt!), aber es bleibt zunächst nur eine Annahme, ein Narrativ, das wir für richtig, gut und wahr halten. Wir können uns aber auch überlegen, was wohl besser oder schlechter für uns ist und was wir eigentlich wollen und fragen: «Stimmen unsere Narrative noch?». Dass diese Frage aufkommt, erlebten wir besonders durch den «Corona-Katalysator». Wir erlebten unzählige neue Narrative auf der einen Seite – sei es bezüglich Corona und Impfung, über die Ordnung der Welt, geheime Strippenzieher oder die Macht des Bösen – und auf der anderen Seite den unbändigen Willen, das bestehende Narrativ unverändert beizubehalten: die «alte Normalität», das Gewohnte und «Bewährte».

Je mehr wir aber die Neurobiologie des Menschen zur Grundlage aller Narrativkonstruktionen machen und je mehr wir versuchen, den Menschen in seinem Sosein und das, was wir wissen, zu machbarem Planen und Handeln zu vereinbaren, umso besser könnten uns unsere Narrative bei der notwendigen Anpassung an unser sich wandelndes Biotop und einer sinnvollen Lebensgestaltung (Konstruktion von Wirklichkeit) unterstützen. Freilich, vielleicht ist auch diese Meinung nur das subjektive Narrativ des Autors, auch wenn ich nicht glaube, dass es so ist. Zumindest scheint dieser Ansatz nützlich: das, was wir über Homo sapiens wissen, und das, was wir tun sollten (die aktuellen Herausforderungen zu bewältigen), mehr in Einklang zu bringen und dadurch möglicherweise notwendige Anpassungsprozesse erfolgreicher zu gestalten. Eine Garantie dafür, dass dieser Plan verwirklicht werden kann, ist allerdings keineswegs gegeben. Wir wissen eben nicht, was morgen ist.

Unser neurobiologisch kognitives Bedürfnis, Wahrgenommenes von Anfang bis Ende in einer sinnstiftenden Geschichte, mit Ursachen und Wirkimpulsen, zu verstehen, ist Ursache von *Narrativbildung*.

Narrative sind subjektive Konstrukte, die als normierende Betriebsanleitung oder Gebrauchsanweisung für unsere Lebensgestaltung dienen. Ausreichende Basiskompetenzen erleichtern es uns, Narrative zu hinterfragen, zu modifizieren oder neu zu erfinden. Oder sagen wir es so: Als der Mensch zu denken anfing, konnte er über sich und sein ganzes Tun reflektieren. Da Homo sapiens ein ganzheitlich analoges Wesen ist, welches ein Kohärenzgefühl bezüglich Körper, Seele und Geist anstrebt, um seine neuronalen Netzwerke zu harmonisieren, konstruiert er individuell und kollektiv passende Narrative und Ideologien. Diese müssen keineswegs passende Abbildungen der Wirklichkeit sein, sondern eine stimmige Geschichte darstellen, in die wir unser Selbst und unsere Gruppe/n kohärent integrieren können. Das heißt: Wir tun nicht, was wir wissen, sondern, was wir fühlen und meinen. Das macht unser analytisches, reflektierendes Denken so schwer. Wenn wir die Systemkonzeption des Menschen aber mehr in unseren Narrativen und Ideologien berücksichtigten, könnten wir all das, was wir wissen, für uns deutlich besser nutzbar machen. Wenn wir das als «Wir» tun, gemeinsam und transparent über die Entstehung unserer Narrative nachdenken, ohne Tabus und ohne unsere Systemkonzeption und Ängste außen vor zu lassen, sind wir einen wesentlichen Schritt weiter. Aber warum als Wir?

Die Bedeutung des Wir

Ein griechischer Bekannter, mit dem ich jahrelang Kontakt hatte, gemeinsame Aktionen und Maßnahmen durchführte, sagte an einem Abend zu mir, er wolle mich nicht mehr nur bei meinem Namen, sondern mich «Bruder» nennen. Schließlich hätten wir viele Ansichten über das Leben und die Welt gemein und ähnelten uns auch darin, wie wir auf bestimmte Situationen reagierten – wir gehörten sozusagen zu ein und derselben «Familie». Bei einer sehr guten Bekannten, einer Ordensschwester, passierte nach Jahren gemeinsamer Gespräche dasselbe. Obwohl wir uns bis zum heutigen Tag eher wenig austauschen und weiterhin respektvoll siezen, eröffnete sie mir, dass sie mich «Bruder» nennen wolle und dies nicht, weil ich vollkommen konform die Anschauungen ihrer Glaubensgemeinschaft übernehme, sondern weil wir uns in Bezug auf Persönliches und weltanschauliche Dinge sehr gut verständigen können und verstehen. In keinem der beiden Fälle hatte sich dieser

Beziehungsstatus wegen eines gleichen gesellschaftlichen Standes, Bildungsgrads oder finanziellen Backgrounds entwickelt, sondern vielmehr aufgrund einer gleichen Art, zu denken, zu fühlen und zu handeln. Sicher kennen Sie das selbst auch aus anderen realen Kontexten – Nachbarschaften, Vereinen, Interessensgemeinschaften u. Ä. – und mittlerweile auch aus der virtuellen Welt, die sich aus diversen Social-Media-Optionen und Kontakt-Plattformen ergeben, wo sich Themengruppen auch nicht einfach «nur so» bilden. Auch hier fühlen sich die Mitglieder durch etwas Inhaltliches, was sie miteinander teilen, irgendwie verbunden. Grundlage hierfür ist wiederum die Systemkonzeption Mensch. Miteinander in Beziehung zu gehen – soziale Verbundenheit –, ist wohl eine unserer größten Fähigkeiten und ein Grundbedürfnis von Homo sapiens. Medizinische Studien, wie die umfassende *Grant-Studie* von George Vaillant,[24] belegen dies auch. In dieser Langzeitstudie kommen die Wissenschaftler zu dem Schluss, dass vor all den anderen Faktoren, die wir auch als wichtig für die Gesundheit erachten (gute Ernährung, Verzicht auf Rauchen und Alkoholkonsum sowie regelmäßige Bewegung), soziale Verbundenheit an erster Stelle steht. Soziale Kontakte/Beziehungen zu haben, hat demnach den größten positiven Einfluss auf unsere Gesundheit, darauf, wie lange wir leben, und damit automatisch auch einen höchst positiven, existenzsichernden Effekt auf das individuelle und kollektive/gesellschaftliche Leben.

Allerlei Studien ergeben, dass Homo sapiens sich – mindestens im Kleinkindalter – in vielen seelisch-geistigen Disziplinen nicht allzu sehr von den Primaten unterscheidet. Beispielsweise in der Fähigkeit, zu rechnen, im Raumverstehen oder beim Erkennen von Zusammenhängen. Doch in einem ist der Mensch ihnen signifikant überlegen, nämlich darin, voneinander über Nachahmung zu lernen. In der Folge resultieren daraus verschiedenste soziale Kompetenzen, in denen der Mensch «top» zu sein scheint, was sich nicht nur durch wissenschaftliche Forschungsergebnisse, sondern vielmehr auch anhand der Menschheitsgeschichte erkennen lässt: Stammesgeschichtlich gesehen verließ Homo sapiens irgendwann die gemeinsame Entwicklung mit späteren Schimpansen (auch bekannt für ihre grausamen Kriege untereinander) und Bonobos (auch bekannt für ihr überwiegend friedliebendes und kooperatives Verhalten) und ging dann seinen eigenen Weg. Dennoch hat die

---

24 Vgl. Vaillant 2012, S. 55, und Abb. 3 auf der nächsten Seite.

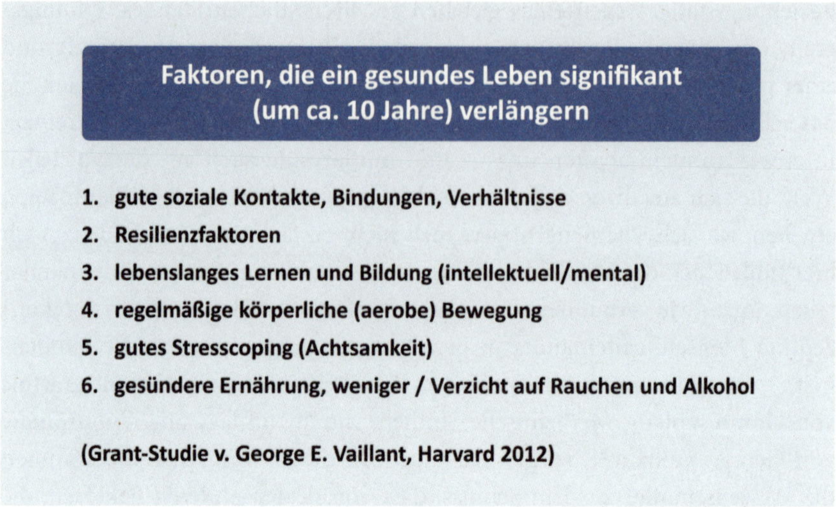

> **Faktoren, die ein gesundes Leben signifikant (um ca. 10 Jahre) verlängern**
>
> 1. gute soziale Kontakte, Bindungen, Verhältnisse
> 2. Resilienzfaktoren
> 3. lebenslanges Lernen und Bildung (intellektuell/mental)
> 4. regelmäßige körperliche (aerobe) Bewegung
> 5. gutes Stresscoping (Achtsamkeit)
> 6. gesündere Ernährung, weniger / Verzicht auf Rauchen und Alkohol
>
> (Grant-Studie v. George E. Vaillant, Harvard 2012)

Abb. 3: Vaillant-Studie – Faktoren für ein gelingendes Leben mit hohem Wirkungsgrad.

gemeinsame Entwicklungsgeschichte mit Bonobos und Schimpansen in einer Stammeslinie in uns genetisch Spuren hinterlassen.

In uns stecken also sowohl Schimpansen- als auch Bonobo-Eigenschaften. Wenn wir nach der Berichterstattung der Medien gehen, könnte man glauben, in der Welt herrsche nur Kriminalität, Mord und Totschlag (und viele von uns bevorzugen diese Art von Nachrichten auch, weil sie irgendwie betroffener stimmen). Bei ganzheitlicher Betrachtungsweise stellen wir aber fest, dass Milliarden von Menschen, also eine überwiegende Mehrheit, *friedlich und kooperativ miteinander leben*. Das lässt die Schlussfolgerung zu, dass dies evolutionär gesehen und auch *jetzt der erfolgversprechendere Weg für Homo sapiens* ist, seine Spezies zu erhalten.[25]

Wer es bevorzugt, diese These anhand von Zahlen belegt zu sehen, stellt fest, dass gewaltsame individuelle und kollektive Konflikte in Relation zur Zahl der Erdenbewohner innerhalb der von uns überschaubaren Geschichte des Menschen rückläufig sind. Auch für die Prähistorie von Homo sapiens scheinen nicht durchgängig gewaltsame Konflikte und Kriege das überragende Alleinstellungsmerkmal des Menschen gewesen zu sein, sondern vielmehr

---

25   Vgl. dazu auch weiter oben unter «Wie wir Erfahrung vererben – Genetik und Epigenetik» die Hypothese von dem immer pazifistischer werdenden Menschen.

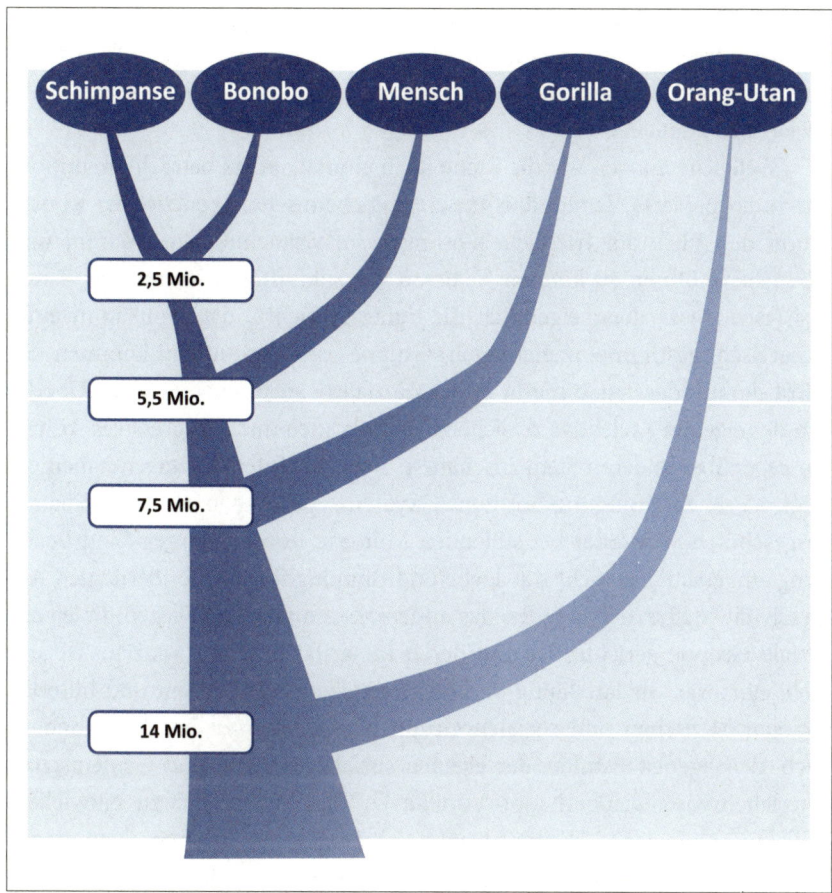

Abb. 4: Stammbaum: Homo sapiens und die anderen Primaten.

das Miteinander, das Kooperieren und Bilden von Netzwerken. Sicherlich gab und gibt es in der Geschichtsschreibung der Menschheit Momente, in denen gewaltsame Auseinandersetzungen und Kriege übermäßig vorhanden waren und sind, aber im Vergleich mit den Friedenszeiten haben/hatten sie eine weitaus geringere Dauer. Vielleicht hing und hängt das alles mit der Landnahme, dem Sesshaft-Werden und dem Ansammeln von Besitz zusammen. Wegen der übermäßigen Bedeutung, die der Mensch seinem Eigentum irgendwann beimaß, Besitz, den er nicht teilen wollte, entstanden und entstehen heute immer noch und wieder Konflikte. Und wenn wir Pech haben und nicht das soziale Miteinander mehr als den Eigenbesitz fördern, werden wir uns irgendwann in der Zukunft vielleicht wegen der restlichen Überlebensressourcen auf der Erde bekriegen, sodass am Ende vielleicht keiner mehr etwas davon hat.

Vielleicht müssen wir die Sache noch einmal anders betrachten, um uns durch ein besseres Verständnis unserer biochemischen, genetischen Konstitution den Blick auf friedliche Lösungen im vermeintlichen «Kampf ums Überleben» öffnen zu können – diesen gar zukünftig zu vermeiden – und uns fragen, was denn eigentlich die «gute Absicht», die Motivation einer kriegerisch gestimmten/agierenden Gruppe ist. Vermutlich kommen Sie selbst darauf, dass auch hierin etwas «Soziales» steckt, nämlich das Überleben des eigenen Kollektivs zu sichern, notfalls auch durch aggressives Auftreten gegenüber anderen Gemeinschaften. Neueste Untersuchungen haben gezeigt, dass das Bindungshormon Oxytocin, welches u. a. bei Sexualität ausgeschüttet wird oder bei stillenden Müttern, um die Mutter-Kind-Beziehung zu verstärken, nicht nur Liebe und Bindung fördert, sondern auch Aggressivität. Aggressivität gegen das andere, gegen alles, was gegen die eigene soziale Gruppe gerichtet ist und deren Integrität bedroht. «Sozial» ist also nicht nur, was wir landläufig darunter verstehen, nämlich gut und hilfreich anderen Menschen und sozialen Gruppen gegenüber zu handeln, sondern auch, der eigenen Familie, der eigenen sozialen Gruppe und Gemeinschaft Überlebensvorteile, überhaupt Vorteile zu verschaffen. Hierzu entwickeln Kollektive ein eigenes Identitätsbewusstsein, einen gemeinsamen «emotionalen Status», gemeinsame Ansichten, nach denen sich ihr kollektives Denken, Fühlen und Verhalten richtet – ein kollektives «Wir».[26] Dieses Phänomen kennen wir aus der Vergangenheit, aber auch aus der Gegenwart. Es hat Vor-, aber auch Nachteile: etwa bei *realen Gemeinschaften*, wenn diese nicht gelernt haben, adäquat ihre Differenzen/Konflikte mit anderen Gemeinschaften auszutragen / zu klären, und bei *scheinbaren zum Beispiel digitalen Gemeinschaften* auch, weil sie künstlich, fast gewaltsam, durch den Einfluss neuer Medien, Social Media, Massenmedien und Co. entstanden sind, auf diese Weise wenig reale, soziale Erfahrung teilen und sich an Polaritäten fest-

---

26 Ein Narrativ hierzu dient dem Wir als Handlungsanleitung, vgl. vorangehendes Unterkapitel.

beißen, statt in ihrer Wahrnehmung zwischen Schwarz und Weiß auch Grautöne und Spielräume zuzulassen.[27]

Mit einem Wissen über und Verständnis für all dies könnte im drohenden oder bereits stattfindenden Kampf um Territorium, Besitz und Überlebensvorteile nach friedlichen, kollektivübergreifenden Lösungen gesucht werden. Dem vielleicht polarisierenden und sich bedroht fühlenden (potenziellen) Aggressor müssten dazu Möglichkeiten/Spielräume aufgezeigt werden, wie er noch anders als durch kriegerische Auseinandersetzung das Überleben seiner Gemeinschaft und das Wahren ihrer kollektiven Identität und Integrität sichern könnte. Anders ausgedrückt: Dem «Bonobo-Gen» des aggressiv Verstimmten müsste vom noch im Konflikt Beteiligten, der aber vielleicht bewusster und klüger ist, erst einmal Raum verschafft werden. Das Frieden sichernde, Allianzen anbietende, Verständnis suggerierende, aufeinander zu gehende Soziale hat Homo sapiens immerhin bis heute als Spezies überlebenstechnisch Vorteile gebracht. Es damit als «Friedensangebot» zu versuchen, ist es wert, zumal wir diese soziale menschliche Ader transkollektiv für den Erhalt unseres Biotops brauchen und stärken sollten.

> Im Grunde deuten alle Zeichen – die Mehrheit der Erkenntnisse, menschlichen Erfahrungen und wissenschaftlichen Ergebnisse – darauf hin, dass *das Soziale*, das Schmieden von Allianzen und Kooperationen, mindestens aus jetziger Sicht, den erfolgreicheren Weg darstellt, um unsere Art zu erhalten und weiterzubringen.

Andere Arten, die bereits ausgestorben sind, sind durch schicksalhafte, nicht direkt selbst verschuldete äußere Ereignisse «über den Jordan gegangen», seien es geologische, kosmische Ereignisse oder Klimaveränderungen. Wir hingegen sind die erste Spezies, die wissentlich ihrem eigenen Biotop schadet, und wären auch die erste, es selbst zu vernichten, einen kollektiven biologischen Suizid oder Genozid herbeizuführen, hervorgebracht durch unsere

---

27 Vgl. zur Schwarz-Weiß-Einteilung der subjektiven Wirklichkeit die Ausführungen weiter oben unter «Mach ich mir die Welt, so wie es mir gefällt».

kognitiven Fähigkeiten und ein kollektives Verhalten, das wir nicht lebenserhaltend, «gesund» eingesetzt hätten. (Das könnte so kommen, wenn wir nicht das tun, was wir nun wissen.)

Hier stellt sich jetzt die Frage, wie wir das lebenserhaltende Wir fördern, verhaltensrelevant einsetzen und dafür eine günstige politische oder gesellschaftliche Struktur schaffen können. Wir sind ja mittlerweile viele, wenn nicht sogar zu viele, um uns, bildlich gesprochen, an einen Tisch setzen, miteinander diskutieren, abwägen und einen verhaltensrelevanten Plan entwickeln zu können. Da gibt es nun verschiedene Optionen, die sich zwischen zwei Polen auffächern. Das eine Extrem: Wir wählen jemanden, übertragen ihm die gesamte Verantwortung sowie die Aufgabe und Vollmacht, im richtigen Moment die richtigen Entscheidungen zu treffen. Aus den bisherigen Erläuterungen können wir aber schließen, dass das falsch, weil gar unmöglich ist, wissen wir doch mittlerweile, dass die Vielzahl der Erkenntnisse, Meinungen und Einschätzungen der Pool ist, aus dem wir mit unseren unterschiedlichen intellektuellen und sozialen Fähigkeiten im richtigen Moment die richtigen Entscheidungen für sinnvolles Verhalten und sinnvolle Maßnahmen treffen können. Das andere Extrem: Eine kleine Gruppe oder ein Einzelner ergreift selbst die Machtposition und gibt sich selbst die Vollmacht, um für sich oder seine kleine Gruppe oder in seiner Hybris für die ganze Menschheit im richtigen Moment die richtigen Entscheidungen zu treffen. Geht vermutlich ebenso schief wie im anderen Fall. Also sollten wir uns doch mehr oder weniger miteinander verständigen, was durch Internet und soziale Medien vielleicht auch immer mehr möglich wird. Nun wissen wir aber aus Erfahrung, dass Gruppenabstimmungen – und das ist auch nachvollziehbar, wir kennen dies aus Vereinssitzungen und anderen Gremien – recht zäh, langsam und meist nicht zielführend sind. Damit dies aber der Fall ist, müssten alle Mitentscheider ungefähr den gleichen Wissensstand, wenn nicht sogar ähnliche persönlichkeitsrelevante Führungsqualifikationen mitbringen. Die Frage ist, ob das realistisch ist. Wie also finden wir nun das «Dazwischen», also eine umsetzbare Alternative?

Wie haben das etwa unsere Vorfahren, die Jäger und Sammler, in ihren Gruppen gemacht? Wie sind sie zu ihren verhaltensrelevanten Entscheidungen und ins Handeln gekommen? Meist haben sie einen sozial kompetenten Häuptling oder Chef gewählt, der geschickt den Meinungen und Erkenntnissen der besten «Fachleute» aus der Gruppe Gehör verschaffte, um dann möglichst gemeinsam eine Entscheidung zu treffen. Also eine Art repräsentative Demokratie, wenn man so will. Nun sind wir ziemlich weit von solchen Modellen entfernt, wenn wir uns jetzige moderne Gesellschaften anschauen. Wir haben weder die sozial geschicktesten, integrativsten Häuptlinge, geschweige denn die besten Fachleute auf den entscheidenden Positionen sitzen und sind stattdessen mit einer jegliche sinnvolle Entwicklung lähmende und verhindernde, uferlosen Bürokratie konfrontiert, in der keiner mehr – weder Häuptlinge, Fachleute noch die Masse der Gesellschaftsmitglieder – Verantwortung tragen und entscheiden will und/oder kann. Die Entscheidungen trifft stattdessen ein sogenannter «Rechtsstaat», der sich im Formalismus, in einem regelrechten Paragrafen-Vorschriften-Regularien-Dschungel verstrickt und verloren hat, in dem der gesunde Menschenverstand so gut wie gar keine Chance mehr besitzt.

Wenn die Situation es nun, wie in Krisenzeiten, wie z. B. in Pandemien oder bei weltpolitischen Konflikten, und Herausforderungen, wie Friedens- oder Energieverhandlungen o. Ä., erfordert, zügig sinnvolle, verhaltensrelevante Entscheidungen zu treffen, danach zu handeln und dafür die Verantwortung zu tragen, kommen wir mit einem solch trägen, dem gesunden Menschenverstand entfernten, «verantwortungslosen» Konstrukt ins Schleudern. Aktuell zeigt sich dies. Gar zu schnell wird dieses unbrauchbare, von uns irgendwie doch geheiligte System über Seitenwege, durch Nebenverordnungen oder Manipulationen, etwa durch die Medien, korrumpiert. Das offenbart noch mehr, wie wenig es «funktioniert», besonders im Ernstfall nicht, wenn wir es mit einer unklaren Informations- und kollektiven Gefahrenlage zu tun haben, die sich überdies dadurch auszeichnet, dass vielen Menschen ausreichend Basiskompetenzen fehlen, um eine derartig von Unsicherheit geprägte (Über-)Lebenssituation zu bewältigen (Pandemien, Inflation, Energiekrise, weltpolitische Lage, Klimawandel usw.). Über Jahre haben die Masse und die Führer aufs falsche Pferd gesetzt: Konsum, Komfortzone, Abgleiten in die Passivität statt Kompetenz, Erfahrung und Verantwortung fürs Selbst und Kollektiv. Diesen Fehler gilt es, zu erkennen und zu berichtigen – die Art und Weise, wie wir unser Gesellschaftssystem organisieren, ist dafür wesentlich.

> *Soziales und kollektives Denken, Fühlen und Handeln* ist eine Fähigkeit des Menschen, die signifikant ausgeprägt vorhanden ist. Sie hat Homo sapiens letztlich im Sinne der Evolution am besten geholfen, seine Art quantitativ zu fördern, also sich zu vermehren und die Welt zu bevölkern, aber auch qualitativ sich mit einem *Variantenreichtum an Fähigkeiten und Kompetenzen* weiterzuentwickeln.

Was lernen wir aus all dem? Gesellschaftssysteme und Politik sollten an die Systemkonzeption Mensch angelehnt konstruiert werden. Das bietet sicherlich nicht die Lösung für alles, aber doch die besten Voraussetzungen dafür, Lösungen mithilfe aller vorhandenen Ressourcen zu finden. Betrachten wir heute die sogenannten «modernen» Gesellschaftssysteme samt ihren politischen Strukturen, scheint es, dass es an dieser sinnvollen Orientierung massiv hapert. Sobald für die Bevölkerung relevante Weichen gestellt oder Entscheidungen zügig getroffen werden müssen, versagen die Systeme. Wir sehen staatliches und gesellschaftliches Totalversagen, ohne den Einzelnen hierfür beschuldigen zu wollen oder zu können.

Was können wir aber tun? Wir sollten die großen individuellen und kollektiven Potenziale freilegen und nutzen:

1. die unterschiedlichen Fähigkeiten und Kompetenzen der Menschen in ihrer Vielfalt respektieren und fördern sowie dazu motivieren, diese auch gesellschaftlich einzubringen;
2. die Kraft des Wir nutzen: Gruppenzugehörigkeiten und soziale Verbundenheit sowie kollektives Erleben und gemeinsames Engagement respektieren und fördern.

Wenn wir diese Ausrichtung gesellschaftspolitischer Strukturen auf die Systemkonzeption Mensch etablieren, haben wir die Chance, das zu tun, was wir wissen und nötig wäre, um eine persönliche und gesellschaftliche Kursänderung vorzunehmen, mit dem Ziel, uns und unser Biotop zu retten. Es wäre zumindest eine Ausgangsbasis für ein zielgerichtetes, dem Wesen des Menschen entsprechendes Vorgehen versus eines planlosen Hin und Her ohne

Vorstellung, was wir da eigentlich im Moment tun, unreflektiert am Alten festzuhalten und mutlos das Neue nicht zu wagen. Aus Bequemlichkeit, Angst, Egoismus oder warum auch immer da zu verharren, wäre ein folgenreicher, wenn nicht gar tödlicher Fehler.

Schalthebel zur persönlichen und kollektiven Meisterschaft

Wir haben einen Blick auf unsere Geschichte geworfen, die menschliche Systemkonzeption anhand wissenschaftlicher Erkenntnisse beleuchtet und kennen nun die unterschiedlichen Basiskompetenzen, die sich aus all diesem herleiten. Uns ist bewusst, dass unsere emotionale Reichweite schon aus evolutionsbiologischen Gründen beschränkt ist und uns deshalb nicht jedes Schicksal oder Problem betroffen macht, es sei denn, es tangiert unsere eigene Lebenswirklichkeit. Dennoch liegen unsere größten Potenziale darin begründet, dass wir soziale Wesen und keine Einzelkämpfer sind.

Angesichts all dessen, was wir jetzt über die Potenziale und Überlebensvorteile des Homo sapiens wissen, stellt sich die Frage, wie es eigentlich dazu kommen konnte, dass wir «moderne» Gesellschaften konstruierten, die größtenteils genau das Gegenteil davon bewirk(t)en, was sie eigentlich tun sollten: unser Überleben zu sichern und unsere persönliche und kollektive Entwicklung in Verantwortung für unser Biotop zu stärken. Wieso musste da erst ein kleines Virus kommen und uns die Augen für die existenzielle Gefahr öffnen, in der wir stecken? Und damit ist jetzt nicht vordergründig die gemeint, die von einer Pandemie ausgeht, sondern die, welche damit zusammenhängt, dass wir immer noch dabei sind, uns unserer eigenen Lebensgrundlage zu berauben. Ohne Biotop kein menschliches Dasein. Wir müssen also dringend Wege finden, unsere Potenziale und Ressourcen sinnvoll zu nutzen, um die Probleme und Herausforderungen des 21. Jahrhunderts erfolgreich bewältigen zu können.

Betrachten wir das anthropogene Zeitalter, so ist dies nur ein kurzer Abschnitt auf der Zeitachse des Lebendigen, noch weniger nimmt die neuere Geschichte des Menschen mit den letzten 2.000 bis 3.000 Jahren ein, noch geringer ist der Anteil der modernen Gesellschaften. Vielleicht angefangen mit dem Zeitalter der Aufklärung, eher aber mit Beginn der industriellen Revolutionen begann unser rasanter Biotopwandel und wir katapultierten uns ein wenig in eine gefährliche Sackgasse. Klar, der vorherige Mangel und das Bedürfnis, «zu haben» statt «zu sein», hatte uns angetrieben, so beschrieben von Erich Fromm und anderen Literaten,[28] aber es geht aus der Sackgasse auch wieder heraus. Nur reichen unsere jetzige Konstitution und unsere Kompetenzen nicht aus, so einen Werte- und Paradigmenwechsel von jetzt auf gleich zu implementieren, selbst wenn wir das wollten (schrittweise dürfte es aber gehen). Die Frage ist auch, *ob* wir es überhaupt wollen. *Dass* wir es eigentlich müssen, dürfte wohl den meisten mittlerweile klar sein, denn das egozentrierte Höher-schneller-weiter-Prinzip unserer modernen, auf Leistung, falsches Wachstum, Wohlstand und Konsum beruhenden Gesellschaften, das uns als etwas notwendiges Gutes verkauft, nahezu eingebläut wurde, führt nur tiefer in die Sackgasse hinein und irgendwann ans Ende unserer Existenz. Womöglich haben wir diese Sackgasse gar nicht erst erkannt, weil das Höher-schneller-weiter auch per se in uns und in unseren Genen steckt, und so nicht oder erst viel später bemerkt, dass wir uns in eine ausweglose, unsere Existenz vernichtende Lage begeben haben.

Wir sind also in die Irre gelaufen, haben falsche Ziele und Strategien definiert, eine Falschentwicklung in Turbogeschwindigkeit genommen: Wohlstand um jeden Preis, Materialismus, Jeder-gegen-jeden-Wettkampf. Die Kinder sollten schneller in die Schule, die Schüler schneller ihren Abschluss bekommen, die Jugendlichen früher in den Beruf oder ins Studium, um Karriere zu machen und Wohlstand zu erwerben. Die höchsten Gebäude, früher Kirchen und Moscheen, sind heute Banken- und Versicherungstürme. Nicht mehr das Leben selbst, sondern zur Gruppe der Gewinner und Sieger zu gehören, wurde zur Maxime. Und dass wir vergänglich sind, das hatten wir sowieso längst verdrängt (die Pandemie erinnerte viele von uns erst wieder daran).

Wie nun weiter? «Modernes Leben», wie hier beschrieben, gehört zu modernen Gesellschaften; so schnell kommen wir aus diesem Teufelskreis vermutlich nicht wieder heraus. Auch nicht, wenn wir jetzt erkennen, was alles schon lange falsch, wider die Systemkonzeption Mensch, unsere Natur, Existenz und den Erhalt unseres Biotops läuft. Es ist nicht einfach, mit scheinbar grenzenlosen Möglichkeiten zurechtzukommen, auch und schon

---

[28] Vgl. Fromm 2005/1976.

gerade nicht, wenn es um die Bewältigung von komplexen Herausforderungen geht. Auch nicht, wenn die einen oder anderen von uns doch noch einen gewissen Grad an Urteils- und Entscheidungskraft besitzen, wo es so vielen schon daran und überhaupt an der Bereitschaft mangelt, zu handeln. Wenn sich dann noch Mut-, Perspektiv- und Hilflosigkeit breitmachen, wie wir es jetzt zum Teil in unseren modernen Gesellschaften angesichts der Auswirkungen der jüngsten Herausforderungen erleb(t)en, wird es erst recht schwierig. – Haben wir es denn wirklich verlernt, kollektiv Verantwortung zu übernehmen und zu kooperieren, Konflikt- und Konsensfähigkeit an den Nagel gehängt? Und was ist mit unseren Beziehungs- und Bindungserfahrungen, unseren Sozialkontakten, die uns Selbstsicherheit, Freude, Austausch und Glücksgefühle bescheren sollten? Sind wir vielleicht zu sehr versingelt und leben nur noch in einer Scheinwirklichkeit, wo das Einzelkämpfertum das Nonplusultra ist, klagen aber über Einsamkeit und darüber, gar nicht wirklich glücklich zu sein? Mangelt es uns vielleicht an sozialer Kompetenz und Solidarität in Bezug auf andere, aber auch gegenüber uns selbst? Kann es sein, dass wir einfach nicht mehr in der Lage sind, das zu tun, was wir eigentlich wissen und was gut für uns und die anderen ist? Nicht dass der Eindruck entsteht, dass Wohlstand und Fortschritt per se schlecht sind. Natürlich sind das erstrebenswerte und notwendige Ziele, insbesondere in Gebieten, in denen noch Mangel und Armut herrschen. In unseren modernen Gesellschaften sind dies jedoch längst nicht mehr die dringlichsten Probleme: Wir haben uns um die Kehrtwende einer Entwicklung – ausgehend von der Aufklärung über die Industrialisierung, Technisierung bis hin zur Digitalisierung – zu kümmern, die uns in die Basiskompetenzlosigkeit und selbstverschuldete Unmündigkeit gebracht hat, uns geradezu «überrollt» und eine Gefahr für die gesamte Erde darstellt. Das kleine Virus – weitaus weniger gefährlich – hat uns das im Kleinen verdeutlicht: Wenn wir das nicht in den Griff bekommen, erwarten uns zukünftig weitaus größere Probleme. Wir wissen längst, dass uns die neu erwachte Selbstverantwortung und Selbstwirksamkeit aus einer gesichtslosen, uns fesselnden Bürokratie befreit und das Einrichten überschaubarer Strukturen in der Gesellschaft eine individuelle, gesellschaftliche und politische Aufgabe mit großer Hebelwirkung ist.

Was sagt uns all das?

Der Mensch ist ein Erfahrungsreaktor. Er schlüpft auf die Welt und schreibt seine persönliche Geschichte. Mit all seinen Sinnen fängt er sofort an, sich mit Hören, Sehen, Tasten, Fühlen, Riechen und Schmecken einen Reim auf die Welt und später auch auf sich selbst zu machen, und zwar so lange, bis er die Welt wieder verlässt. Sein Dasein besteht aus Erleben, Erfahren, Ausprobieren, Lernen, Trainieren, Behalten von subjektiv Nützlichem sowie Verwerfen und Vergessen von Unnützlichem. Das alles geschieht durch körperliche, seelische und geistige Prozesse, die sehr komplex miteinander interagieren. Dieses Körper-Seele-Geist-System macht die Systemkonzeption Mensch aus, es versetzt uns auch in die Lage, uns an innere wie an äußere Systemveränderungen (Umwelt) anzupassen, und das tun wir auch oder wir versuchen es zumindest.

Gemäß dem Prinzip des Lebendigen, das stetige Veränderung bedeutet, sind wir ständig aufgefordert, zu reagieren und hohe Anpassungsleistungen zu erbringen. Anpassungsleistungen sind nichts «Mystisch-seelisch-Geistiges», sondern finden auf der biochemisch-hormonellen Ebene ihr Korrelat. Diese Vorgänge sind noch nicht so gut erforscht, aber ziemlich weit und so verwendet die moderne psychosomatische Medizin etwa Daten aus dem persönlichen Stresslabor oder der Untersuchung autonomer Regelsysteme, wie der Herzratenvariabilität, um solche somatischen Marker in eine ganzheitliche Behandlung einzubeziehen.[29] Das heißt, geistig-seelische Verarbeitungsvorgänge sind auf Basis neuromodulatorischer und hormoneller Regelkreise (psychoneuronale Grundsysteme) organisiert, die u. a. zuständig sind für Stressverarbeitung, Beruhigung oder Impulshemmung; diese werden wesentlich durch unsere Erfahrungen geprägt. In der Folge haben sie letztlich Einfluss auf unser Epigenom und damit möglicherweise auch auf unseren genetischen Bauplan. Das bedeutet zum einen, dass sie unser individuelles und soziales Leben beeinflussen, zum anderen aber auch, dass wir unser Wissen, unsere Erfahrungen, alles Gelernte an die uns nachfolgenden Generationen nicht nur durch kulturelle Übertragung weitergeben, sondern eben auch biochemisch.

---

[29] Vgl. Joos 2017.

Insgesamt gesehen verfügen wir, dank der hohen Plastizität unserer Gehirne, also über ein hochsensibles Anpassungssystem, das in unserem Denken, Fühlen, Verhalten und Handeln in all seinen Schattierungen über die Hardware (unseren Körper) und die Software (das, was wir als unsere Seele und unseren Geist bezeichnen) zum Ausdruck kommt. Natürlich kann sich dieses Anpassungssystem sowohl positiv als auch negativ, bis zur Entstehung von Krankheiten, verändern – so geschehen bei vielen im Zuge des Turbobiotopwandels bei nicht ausreichenden Basiskompetenzen und fehlender Resilienz. Förderliche Denk-, Fühl-, Verhaltens- und Handlungsmuster sowie Basiskompetenzen zu trainieren, um das Anpassungssystem «gesund» und «funktionstüchtig» zu erhalten, kommt in unseren Gesellschaften demnach eine hohe Bedeutung, zu, denn dies hat enormen Einfluss auf die Entwicklung von Gesellschaften, auf Gesundheit und Krankheit sowie auf unsere Umwelt. Bei gesellschaftlicher Förderung entsprechender Trainingsmaßnahmen kann dies eine große Hebelwirkung auf die Anpassungsfähigkeit des Menschen bzw. auf seinen Anpassungswillen haben – beides Grundvoraussetzungen, um die nötigen großen Transformationsprozesse in unseren Gesellschaften zum Erhalt unserer Spezies und unseres Biotops überhaupt durchführen zu können.

Wenn der Einzelne durch die Förderung und den Einsatz seiner Basiskompetenzen etwas für sich selbst, das Kollektiv und das Biotop tun kann, von der Gesellschaft in die Verantwortung genommen, von ihr und der Politik als Einzelner in dem, was er tut, ernstgenommen wird, fühlt er sich systemkonzeptionell und emotional respektiert und kann sich über diese Sinngebung viel leichter als mündiger, basiskompetenter Bürger verhalten und weiterentwickeln. Bislang haben wir dieser Tatsache viel zu wenig Bedeutung beigemessen, was zur Folge hat, dass es uns auch in vielen anderen Bereichen schwerfällt, das zu tun, was wir eigentlich wissen.

Die dafür notwendigen Basiskompetenzen zu erlangen, erfordert einiges an Wissen. In Bezug auf Wissen sind wir in unseren modernen Gesellschaften recht gut aufgestellt und bemühen uns, zumindest in Teilen der Gesellschaft, mit unseren kognitiven Fähigkeiten Sinnzusammenhänge herzustellen. Unsere Bildungssysteme sind schwerpunktmäßig hierauf ausgerichtet, viele andere kulturelle Bereiche auch. Das ist aber nur eine Voraussetzung neben anderen, um sich gewisse Basiskompetenzen aneignen zu können, bei anderen funktioniert das möglicherweise auch ohne Wissen. Entscheidend aber für das Erlernen aller ist es, *Erfahrungen* zu machen.

Erfahrung ist ein Zusammenspiel von miteinander interagierenden Körperregungen, Gedanken und Gefühlen, die während des Erlebens einer konkreten Situation vom Selbst eine bestimmte Bedeutung erhalten und entsprechend als Detail oder auch im Zusammenhang im Gehirn abgespeichert werden. Hieraus entsteht unsere subjektive, aber auch kollektive Wirklichkeit, die wir selbst kreieren, wenn wir das, was ist, erfahren. Es beschäftigt uns innerlich, berührt uns, macht uns betroffen und dann bauen wir das Erlebte als Erfahrung in unser Selbst- und Weltbild ein. Es beeinflusst unsere Denk-, Fühl-, Verhaltens- und Handlungsmuster sowohl auf individueller als auch auf kollektiver Ebene.

Nun machen wir mehr oder weniger ständig Erfahrungen und unser Bewusstseinsvermögen ist zu gering, all dies explizit und in Form von Erinnerungen abzurufen. Erfahrung ist auch nicht gleich Wissen, sondern das, was wir umgangssprachlich «Bauchgefühl» nennen. Es ist ein Mix aus Emotionen, Gefühlen, Befindlichkeiten, Intuition und Ahnung. Erfahrungen sind also nicht nur über bewusste Erinnerungen präsent, sondern auch durch dem Bewusstsein nicht präsente vor- und unbewusste Teile unseres Gehirns. Auf beiderlei Weise, bewusst und unbewusst, beeinflussen sie also unser Denken, Fühlen, Verhalten und Handeln. Sie machen unsere Persönlichkeit, unseren Charakter, unser Selbst, unsere Identität aus und bestimmen durch ihr Vermögen unsere individuelle und kollektive Anpassungsfähigkeit – alles zusammen bildet dann unsere Systemkonzeption Mensch. Auf gesellschaftlicher Ebene bietet die kollektive Anpassungsfähigkeit mit der daraus resultierenden möglichen Anpassungsleistung die Chance, die Gegenwart und Zukunft positiv und lebenserhaltend auch für kommende Generationen zu beeinflussen.

Nun sind wir evolutionsbiologisch leider nicht so gut ausgestattet. Die Biologie des Lebendigen richtet sich nach der Maxime, mit möglichst wenig Aufwand und Energie den größtmöglichen Nutzen zu erzielen. Das heißt beispielsweise, dass es uns egal sein könnte, was auf der anderen Seite der Erde passiert, weil es uns nicht betrifft. So war das vielleicht noch vor nicht allzu langer Zeit. Die Jäger- und Sammlergruppe hatte keine Veranlassung dazu, darüber nachzudenken, was etwa die hundert Kilometer entfernte Jäger- und Sammlergruppe betraf oder wie diese zurechtkam. Entscheidend war, die eigene Sippe gut durchzubringen. Aus diesem Grunde sind wir heute (noch) mit einer relativ geringen (emotionalen) Reichweite ausgestattet. Was bedeutet schon die Erderwärmung, wenn ich doch im Winter einen Pullover anziehen muss. Was heißt schon «Ressourcenverbrauch», wo doch alles, was ich brauche, im Supermarktregal steht. Was heißt schon Hunger in Afrika für mich, wenn ich doch selbst genug zu essen habe. Was bedeutet brutaler Krieg irgendwo, wenn ich doch friedlich durch die Straßen schlendern kann, usw. Selbst wenn wir alle wüssten, dass uns diese Probleme, die uns nicht direkt betroffen machen, irgendwann auf die Butterseite fallen könnten, veranlasst uns dies nicht, direkt unser Verhalten und Handeln anzupassen, schon gar nicht, wenn wir selbst dadurch zunächst Anstrengung, Verzicht, Veränderung und Nachteile in Kauf nehmen müssten. Ich bin mir selbst am nächsten, dann kommt meine soziale Gruppe, maximal kommt zuerst die soziale Gruppe und dann ich, aber was außerhalb dieses Kreises passiert, macht mich erstmal nicht so schnell betroffen und ist mir mehr oder weniger egal.

Zu verstehen, wer wir sind und was uns ausmacht, ergibt sich auch in der Betrachtung unserer Evolutions- und der Zeitgeschichte. Unsere über Jahrtausende sich entwickelnde Prägung findet sich entsprechend in unserer Systemkonzeption als neurobiologisches Korrelat wieder. In uns steckt sowohl das bonobohaft Soziale, Allianzen Schließende als auch das schimpansige Aggressive, Sippen verteidigende Kriegerische, und uns ist bewusst, dass selbst in Letzterem etwas «Soziales» steckt, wird hier doch das Ziel verfolgt, die eigene Gruppe, mit der wir uns emotional identifizieren, zu schützen bzw. ihr Überlebensvorteile zu verschaffen. Aus der Menschheitsgeschichte ist zu erkennen, dass das Allianzen-Schmieden und das sozial-kollektiv gemeinsame Handeln das meist erfolgversprechendere Verhalten ist.

Dies macht Hoffnung, dass wir diese soziale Kompetenz auch für die erfolgreiche Bewältigung der großen Herausforderungen der Jetzt-Zeit kollektiv nutzen können. Sicher wird es immer wieder kriegerische, destruktive Ausbrüche bei unterschiedlichen Gruppierungen zur Verteidigung des Lebensraums und der Überlebensvorteile – bedingt durch das Schimpansige im Menschen – geben, insbesondere wenn sich im Außen für den jeweiligen Aggressor keine Optionen gezeigt haben, dem Bonobo-Gen mehr Spielraum zu gewähren. Dem können wir aber, am besten im Vorhinein oder auch, wenn wir schon in einen Konflikt involviert sind, durch ein Innehalten, den

Einbezug der Vernunft und dadurch begegnen, dass wir versuchen, nicht direkt in Angst, Panik und Gegenaggression zu verfallen, um gemeinsam mit dem Gegenüber eine Lösung oder einen Kompromiss für den Konflikt auszuhandeln. Das wird nicht immer gelingen, aber wenn wir über die entsprechenden Basiskompetenzen dafür verfügen und wissen, wie wir als Menschen «ticken», ist die Chance hoch, dass es gelingt. Systemkonzeptionell sind wir schnell durch unser Schwarz-Weiß-Denken dabei, in Freund oder Feind, gut oder böse zu unterscheiden, oder nur einen uns emotional sehr betreffenden Teil des Problems zu fokussieren. Sind wir in Basiskompetenzen geschult und uns der Funktionsmechanismen der menschlichen Systemkonzeption bewusst, vermögen wir es, eine weitere, vielleicht Metaperspektive, auf den Konflikt einzunehmen, ihn von verschiedenen Seiten zu betrachten, uns in andere Positionen einzufühlen, Verknüpfungen und Auswirkungen auf das Ganze wahrzunehmen, nicht vorschnell zu handeln und wohlüberlegte Mittelweglösungen anzustreben.

Wir wissen also nun viel über die Systemkonzeption Mensch, über die Nützlichkeit hoher Basiskompetenzen, über Erfahrung als wichtigsten Impuls für unsere Anpassungsfähigkeit und -leistung, über unsere begrenzte emotionale Reichweite mit allen Folgen und unsere Ausprägung als starke soziale Wesen. Wir wissen, dass jede Pflanze, jedes Tier, alles Lebendige ein passendes oder artgerechtes Biotop benötigt, um förderlich zu gedeihen und sich individuell und kollektiv gut zu entwickeln. Auf unseren Fensterbänken, in unseren Gärten und Naturreservaten versuchen wir, für andere Lebewesen förderliche künstliche und natürliche Biotope anzulegen. Gibt es einen Grund, uns aus den Prinzipien des Lebendigen/Natürlichen auszuschließen und hier nicht dasselbe auch für uns zu tun? Schaffen wir doch, mindestens was die Entsprechung unserer Systemkonzeption betrifft, auch artgerechte Biotope für die Spezies Mensch, solche, die dem Einzelnen, aber auch den Gesellschaften, in denen er lebt, gerecht werden, etwa durch Förderung von Basiskompetenzen in eigens dafür angelegten Erfahrungs- und Trainingsräumen (in Natur, Schulen, Freizeiteinrichtungen, Vereinen und im Berufsleben), und zwar unter Berücksichtigung unserer begrenzten emotionalen Reichweite und unserer sozialen Kompetenzen. Damit dieses Vorhaben im Einzelnen, in der Gruppe und in der Gesellschaft aber überhaupt Gestalt annehmen und bestmöglich umgesetzt werden kann, muss für jedermann ver-

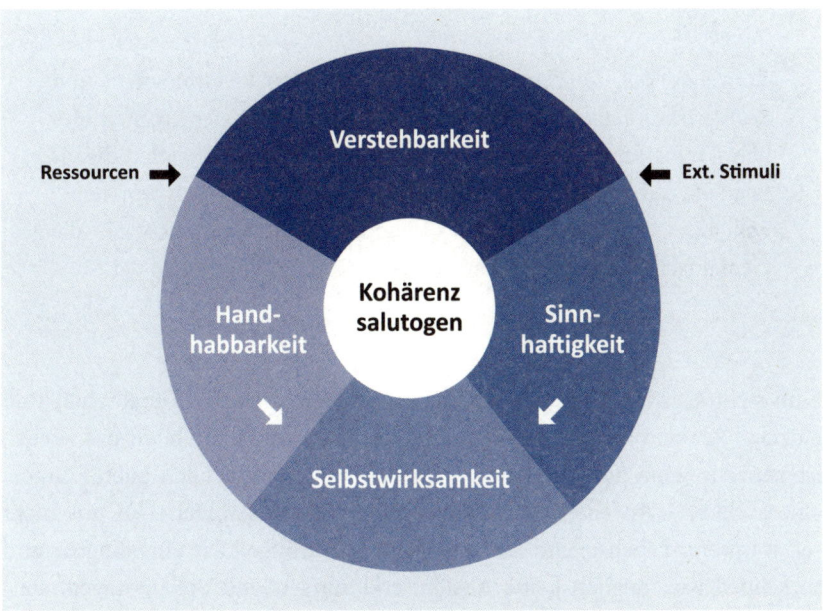

Abb. 5: Kohärenzmodell nach Antonovsky inkl. Selbstwirksamkeit (Bandura).

ständlich sein, warum das so wichtig ist (*Verstehbarkeit*).[30] Dazu bedarf es Möglichkeiten der Beteiligung und Mitverantwortung, sodass *Selbstwirksamkeit*[31] erfahren werden kann. Das fördert wiederum das Gefühl der *Handhabbarkeit* und durch die emotionale Bindung an das Projekt die *Sinnhaftigkeit* und Motivation.

---

30 Der Medizinsoziologe Aaron Antonovsky (1923–1994) präsentiert in *Salutogenese. Zur Entmystifizierung der Gesundheit* (1997) ein Modell, das beschreibt, wie Gesundheit begünstigt und erhalten werden und ein «Kohärenzgefühl» im Leben entstehen kann. Als wesentliche miteinander interagierende Komponenten sieht er: *Verstehbarkeit* («Ich bin in der Lage, die großen und kleinen Zusammenhänge zu verstehen»), *Handhabbarkeit* («Ich kann mein Leben gestalten») und *Sinnhaftigkeit* («Was ich mache, ist wichtig, sodass sich Engagement und Anstrengung lohnen»).

31 Der Psychologe Albert Bandura (1925–2021) hat den Begriff *self-efficacy* (dtsch. «Selbstwirksamkeitserwartung») geprägt, was so viel bedeutet wie, dass eine Person darauf vertraut, selbst in schwierigen, herausfordernden Situationen mittels eigener Kompetenzen und Fähigkeiten selbstständig handeln und persönliche Ziele umsetzen zu können. Vgl. Bandura 1997.

> *Verstehbarkeit, Sinnhaftigkeit, Handhabbarkeit* (Antonovsky) und *Selbstwirksamkeit* (Bandura) sind die Punkte mit der größten Hebelwirkung für gedeihende Gesellschaften, denn sie betreffen die vitalen Pole des Menschen und befähigen ihn, sich verantwortungsvoll um sich selbst (seine Gesundheit und sein Leben), die Gemeinschaft und den Erhalt seines Biotops zu kümmern.

Nun stellt sich die Frage, ob wir diese Transformation als Gesellschaft und einzelne Person überhaupt wollen und umsetzen können. Ob wir das wollen, ist zunächst eine politische Frage, und ob wir es tatsächlich auch können, eine andere. – An einer Sache gibt es aber keinen Zweifel: Um uns nicht selbst unserer Lebensgrundlage zu entziehen, benötigen wir unabdingbar und so schnell wie möglich keine Absichtserklärungen und Beteuerungen, sondern wirklich eine Kehrtwende. Eine solche Veränderung kann aber nicht von heute auf morgen durchgeführt werden, nur sukzessive, in kleinen Schritten, damit sie wirksam und nachhaltig ist. Dies können wir gemeinsam angehen und auch umsetzen, indem wir wesentliche Bedingungen für die Entwicklung und Förderung unserer Anpassungsfähigkeit (= Basiskompetenzen) in unseren Gesellschaften schaffen, sodass jeder in seiner Selbstwirksamkeit und seinem verantwortungsvollen Handeln für sich selbst, für andere und den Erhalt des Biotops maximal gefördert wird. Das Bewusstsein um die menschliche Systemkonzeption, die eigenen Kompetenzen, Fähigkeiten und Talente kann in Verbindung mit den vielen verschiedenen weiteren anderer Individuen einen Pool an Möglichkeiten bieten, kreative Lösungen für die Bewältigung gegenwärtiger globaler Herausforderungen und Probleme zu finden.

Machen wir uns also bewusst, welchen Einfluss wir mit unserer Systemkonzeption auf unsere Welt und unser Erleben haben, aber auch, wie sehr wir dadurch geprägt sind.[32]

---

[32] Vgl. hierzu die Tab. 1 zur Systemkonzeption Mensch und den bis heute wirksamen Denk-, Fühl-, Verhaltens- und Handlungsmustern (DFVH-M) von Homo sapiens am Ende von Kap. 3.

3 Wissen, wie wir ticken

Damit wir mehr tun können, was wir eigentlich schon wissen, sollten wir besser verstehen, wie wir von unserer Systemkonzeption her ticken, also wie wir veranlagt sind, was uns lenkt und leitet. «Nichts ist so beständig wie der Wandel», stellte der antike Philosoph Heraklit fest. Was könnte die augenblickliche Welt und ihre Gesellschaften besser beschreiben als das. Die Welt und alle (!) ihre mehr oder weniger modernen Gesellschaften befinden sich in einem rasanten Wandel. Und wenn nicht jetzt, wann dann sollte der Mensch, der maßgeblich mit seinen anthropogenen Einflüssen an den Turboveränderungen beteiligt ist, die Herausforderung annehmen, um die damit einhergehenden globalen Probleme bewältigen und der massiven Biotopgefährdung mit kreativ-konstruktiven Lösungen begegnen zu können? Derzeit hätte er zumindest noch einen großen Handlungsspielraum und eine Vielfalt an Optionen, um durch Veränderungen – im Außen wie im Innen! – zum Schutz und Erhalt nicht nur seines Biotops beizutragen.

Die große Hebelwirkung:

→ *im Außen*: Reformen menschlicher Systeme bzw. die Neugestaltung der Biotop-Faktoren (Abschaffen der Verwaltungsdiktatur, mehr persönliche Entscheidungen und Verantwortung, Mitnehmen und Einbinden der Bürger bei wichtigen Themen, Einrichten von Erfahrungsräumen im öffentlichen Raum zum Training von Basiskompetenzen usw.)

→ *im Innen*: die positive individuelle und kollektive Beeinflussung und Förderung des menschlichen Systems (soziale Kompetenzen, Basiskompetenzen, Lern- und Entwicklungsfähigkeit, An-

> passungsfähigkeit, Kreativität, Vielseitigkeit der Potenziale, «Allroundertum» von Homo sapiens usw.)

Die großen globalen Herausforderungen, denen wir im Biotop – *im Außen* – begegnen, haben wir mehrfach genannt: das Bevölkerungswachstum, der Raubbau an den natürlichen Ressourcen der Erde, die Digitalisierung, der anthropogene Einfluss auf den Klimawandel, wie die verheerende Wegwerf- und Konsumgesellschaft, die adäquate Verteilung der Güter und zuletzt die gesellschaftliche Gestaltung eines, dem Wesen des Menschen entsprechenden, artgerechten Biotops. Um sich in die Lage zu versetzen, Wege und Lösungen mit größtmöglicher Hebelwirkung zu finden, und zwar so schnell wie möglich, weil die Zeit drängt, muss der Mensch auch die Herausforderungen an sich selbst – *im Innen* – wahrnehmen und sich gemäß seiner Möglichkeiten und seiner Systemkonzeption fit machen. Entscheidungs- und Handlungssysteme in der Gesellschaft funktional passender, flexibler und unkomplizierter zu gestalten, um unmittelbar förderliche Strategien und Veränderungen umsetzen zu können, das gehört natürlich dazu.

Um es einmal so zu sagen: Damit ein Lehrling sein Gesellenstück meisterhaft vollenden kann, muss er mit den vorhandenen Werkzeugen gut umgehen können und in grundlegenden handwerklichen Fertigkeiten gut ausgebildet und geübt sein. Das heißt für die Menschen als Gestalter von Gesellschaften: Ohne Kenntnis ihrer «Werkzeuge», das Wissen um ihre Systemkonzeption (genetische und epigenetische Grundlagen), mehr oder minder vorhandene, zu trainierende Basiskompetenzen, die Optimierung ihrer Anpassungsfähigkeit, ihrer Denk-, Fühl-, Verhaltens- und Handlungsmuster, ihre Bereitschaft, durch neue Erfahrungen dazuzulernen sowie kollektiv die Vielfalt und Allianzen innerhalb der Gemeinschaft zu nutzen, wird Homo sapiens keine Meisterleistung vollbringen und die anstehenden Herausforderungen bewältigen können. Überdies muss er sein Sosein berücksichtigen, also «wie er tickt»: seine begrenzte emotionale Reichweite, seine ungemein sozialen Bedürfnisse, aber auch Fähigkeiten. Es wird um nicht weniger als einen *grundlegenden Systemwechsel* gehen, wenn Homo sapiens überleben will.

Um den notwendigen grundlegenden *Systemwechsel* gestalten zu können, benötigen wir gut ausgebildete, teamfähige Handwerker, die ihre Werkzeuge für sich und die Gesellschaft zu nutzen wissen, genauso wie die im Kollektiv vorhandenen vielfältigen Fertigkeiten.

Das eine geht nicht ohne das andere – die *äußeren* wie die *inneren Faktoren* müssen für die Bewältigung der Herausforderungen angepasst und optimiert werden: Die Förderung individueller und sozialer Kompetenzen und das Streben nach lebenslangem Erfahren und Lernen auf dem Weg zur persönlichen Meisterschaft ist für das (Über-)Leben von Homo sapiens essenziell. Raum dafür gibt es aber nur, wenn hierfür in der Gesellschaft die passenden Voraussetzungen existieren: also ein der Systemkonzeption Mensch entsprechend gestaltetes Biotop. Dies herbeizuführen, ist sehr anspruchsvoll, denn inneres persönliches Wachstum und äußere Gestaltung gehen Hand in Hand: Allein schon der Gestaltungswille, also die Einsicht in die Notwendigkeit der gesellschaftlichen Veränderungen, ist Voraussetzung, damit die Menschen zur größtmöglichen individuellen und sozialen Meisterschaft heranreifen und ihre Lebensgrundlagen erhalten können.

Das Biotop und die «Gärtner»

Evolutionsbiologen nennen es «Mismatch», wenn eine Art sich schlecht oder gar nicht an ihre Umweltbedingungen anpasst. Beim Menschen kommt noch hinzu, dass er die derzeitigen Biotop-Bedingungen durch eigenes Zutun (kulturelle Evolution) maßgeblich hervorgerufen hat und die Umwelt / seine Lebenswelt fortdauernd vorwiegend negativ beeinflusst. Das ist in fast allen Bereichen zu beobachten: im gesellschaftlich-sozialen Miteinander, am unvernünftigen Ressourcenverbrauch, darin, wie zaghaft die Politik versucht, einen positiven Einfluss auf den Klimawandel zu nehmen, und daran, wie wenig der Einzelne bereit ist, auf umweltschädliche Verhaltensweisen zu verzichten oder diese auch nur zu minimieren. – Wir handeln wie Gärtner, die ihr Beet weder pflegen noch wässern, immerzu Gift in die Erde streuen und sich dann wundern, dass da gar nichts wachsen will. Dabei besitzt unsere Spezies doch große Anpassungsmöglichkeiten, denn neben unseren überragenden sozialen Fähigkeiten, unserem Denkvermögen verfügen wir über eines, in dem wir besonders gut sind: nämlich *Allrounder* zu sein – und das ist auch unser größtes Potenzial, was uns befähigt, uns als Spezies erfolgreich großen Veränderungen anzupassen, mit unseren sozialen und kulturellen Eigenschaften *on the top*.

Wenn sich ein Biotop rasch und grundlegend verändert, ohne dass sich die darin lebenden Wesen anpassen, sterben die jeweiligen Arten aus. Das ist ein biologisches Gesetz, das wir in der Vergangenheit schon an vielen tausenden Tier- und Pflanzenarten beobachten konnten, und es trifft immer noch zu: heute vor allem für das Lebewesen Mensch! Wir sollten nicht denken, dass wir nicht zur Natur gehörten und keinen biologischen Gesetzen unterlägen. – Wir sind zwar nicht so gut sozial organisiert wie manche Ameisenart («Du bist nichts, dein Volk ist alles»), aber wir sind auch keine Einzelkämpfer. Wir benötigen Nähe zu anderen Menschen, das Aufgehoben-Sein in einer Gruppe, Geben und Nehmen, Hilfe und Fürsorge durch andere. Für unsere Sippe, unsere Gruppe, unser Kollektiv, unsere Gesellschaft stehen wir ein, was auch dazu führt, dass wir gegenüber sehr fremden, anderen Kulturen Unsicherheit und Fremdenfeindlichkeit entwickeln, in dem Glauben, das Eigene beschützen zu müssen – es sei denn, wir nehmen Kontakt auf und machen uns das Fremde zu eigen und solidarisieren uns damit. Sind wir selbst in der Fremde oder durch äußere Umstände von anderen Menschen isoliert, bedeutet diese Einsamkeit für uns Stress.

Nicht nur soziale Isolation, sondern auch andere körperlich-seelisch stressende Umweltfaktoren wirken sich direkt auf unsere Gesundheit aus, was den unmittelbaren Zusammenhang zwischen einem guten, Homo sapiens förderlichen Biotop und unserem Wohlergehen verdeutlicht. Alles ist miteinander verbunden und steht in unabdingbarer Wechselbeziehung miteinander. Wir sind Teil der Natur, gehören zu all dem dazu, und bleiben in diesem System entweder gesund oder werden krank, je nach Auswirkung äußerer Biotop- und innerer individueller Faktoren. Schon im Genetik-/Epigenetik-Kapitel haben wir erfahren, dass akuter Stress auf unsere Epigenetik und Genetik (wie negative vorgeburtliche Erfahrungen im Mutterleib oder später sozioökonomische Faktoren wie Arbeitslosigkeit oder andere soziale Missstände) toxisch auf unser Leben, Verhalten und die Funktionalität unserer Systemkonzeption wirken kann. Das bedeutet Dysstress: also nicht bewältigbare Umstände im Biotop und die sind von großer Tragweite für unser Wohlbefinden, unsere Gesundheit und letztlich für das Schicksal unserer Spezies.

Belastungen jedweder Art gab es schon immer und wird es mit Sicherheit weiterhin geben. Nur scheint es, als ob ihrer augenblicklich ein wenig zu viele da sind und uns in naher Zukunft noch größerer Stress bevorsteht, sodass es, schaffen wir keine Abhilfe, schnell ein Viel-zu-viel für uns werden könnte. Und ändert sich das Biotop rasend schnell in eine nicht zu bewältigende Richtung, ist Geschwindigkeit angesagt. Sind die Veränderungen langsam und überschaubar, haben wir dagegen etwas mehr Zeit. Vermutlich trifft zurzeit aber Ersteres zu, und das auch noch in vielen Bereichen. Ein massiver Anstieg der Geburten verbunden mit dem Älterwerden der Menschen, sprich eine Bevölkerungsexplosion, hat zunächst zu Hunger, Armut oder Bildungsmangel geführt. Dem müssen wir mehr entgegensetzen, auch wenn uns das wegen unserer begrenzten emotionalen Reichweite in unseren wohlhabenden Gesellschaften nicht direkt zu tangieren scheint. Aber es liegt auf der Hand, dass sich das auch auf uns auswirken wird, schließlich leben wir alle auf dem auf die Erde begrenzten Biotop!

Als ich Anfang der 2000er-Jahre bei einem Vortrag über die Notwendigkeit von Trinkwassergewinnung und -aufbereitung sprach und ein entsprechendes Forschungsprojekt in Deutschland befürwortete, entgegnete mir ein Wissenschafts- und Forschungsminister, dass es in Deutschland doch genügend Wasser gebe und wir wirklich andere Probleme haben. Ich entgegne ihm, dass dann sicher die Notleidenden, Durstigen und Hungrigen irgendwann in Scharen zu uns kommen würden und wir damit noch ein ganz anderes, zusätzliches Problem bekämen. Der Minister lächelte und meinte, dass dies die typische Ansicht eines verkopften Wissenschaftstheoretikers sei, und wies mich stattdessen auf das Problem der zukünftigen Rentenfinanzierung hin. Sich darum zu kümmern, sei doch viel naheliegender; die Menschen würden schließlich immer älter und es seien immer mehr «Nichtproduktive» zu versorgen. Ich störte mich an dieser Bezeichnung, pflichtete ihm zwar bei, dass dies durchaus eine wirtschaftliche Herausforderung darstelle, bemerkte aber zugleich, wie wichtig und produktiv es doch sei, von den Lebens- und Berufserfahrungen der Alten zu lernen und dass das Älterwerden bei Homo sapiens evolutionsbiologisch durchaus als Vorteil für die Sippe gedacht sei.

Letztlich sei es doch nur ein gesellschaftliches Gestaltungs- und Verteilungsproblem. Er warf mit kurzsichtigen Zahlen und Gesetzen um sich und ließ keine ganzheitliche Sicht auf das Problem zu. Das veranlasste mich zu der Äußerung: «Nun, wenn Sie Ihr Rentenproblem so nicht lösen können, weil Ihr Produktivbegriff ziemlich engstirnig ist, können Sie es ja vielleicht später mit den durstigen und hungrigen Migranten gemeinsam bewältigen, die mit Sicherheit kommen werden.» Mit dieser Provokation wollte ich mein Gegenüber dazu bringen, weiter und globaler über die Sache sowie über langfristige Auswirkungen, aber auch Lösungen nachzudenken. Doch der Minister konnte damit nichts anfangen und schüttelte verständnislos den Kopf.

> Das ist die *Pointe bzgl. des Wirkungszusammenhangs von inneren und äußeren Faktoren und Herausforderungen:* Fehlen neben dem Wissen um die Systemkonzeption Mensch auch noch das vernetzte Denken, die ganzheitliche Sicht und die emotionale Reichweite, so ist es ungeheuer kompliziert, Herausforderungen konstruktiv und zügig zu bewältigen.

Ich war dem Mann nicht böse, auch wenn er mich für einen «Spinner» hielt. Er schimpfte sich Wissenschafts- und Forschungsminister, auch wenn er weder ein Wissenschaftler noch ein Forscher noch eine charismatische Persönlichkeit war. Vermutlich war ihm das Amt aus Proporzgründen zuteilgeworden, kein Einzelfall in unserer Gesellschaft. Ich habe viele solcher Politiker, aber auch Führungspersönlichkeiten aus Wirtschaft und Industrie kennengelernt, die nicht wegen ihres Wissens, ihrer Eignung oder hohen Motivation für die Sache auf ihren Posten gekommen sind, sondern weil sie ungut narzisstisch, überaus redegewandt, schamlos egoistisch und machtbesessen sind (als Arzt habe ich natürlich auch deren «Opfer» kennengelernt). Ihnen fehlt meist das Empathische, fachlich Unparteiische, Offene, Zuverlässige, Ruhige, Bescheidene und Überlegte, was einer guten Führungskraft eigen sein sollte. Fachlich muss sie nicht unbedingt zu den Besten auf ihrem Gebiet gehören, dafür aber integrativ Menschen führen, Konflikte moderieren, ihren Mitarbeitern zuhören und für ihre Gruppe da sein können. Sie unterstützt ihr Team, damit kollektiv das bestmögliche Arbeitsergebnis erzielt werden kann, und benutzt ihre Untergebenen und deren Leistungen nicht, um sich damit zu profilieren oder individuelle Ziele durchzusetzen.[33] – Führung, so das Ergebnis einer anthropologischen Studie, funktionierte schon bei unseren Vorfahren so, dass Jäger- und Sammlergruppen ihre Anführer aufgrund o. g. positiver Eigenschaften wählten, und deshalb auch als Gruppe erfolgreich waren. Natürlich gibt es auch gute Führungskräfte und Politiker, aber die Diskussion mit dem Wissenschafts- und Forschungsminister hatte meine Aufmerksamkeit nun auf aktuelle Problemstellungen und Veränderungsnotwendigkeiten in unserem gesellschaftspolitischen System gelenkt, die ich fortan intensiver betrachten wollte.

«Wo sind wir heute gesellschaftspolitisch hingelangt?», fragte ich mich. Unser System ist mehr oder minder bestimmt durch einen oft grotesken Formalismus, jenseits jeder Vernunft, Empathie und individueller Abwägung. Führungsgestalten zumeist ohne adäquate Eigenschaften, Charisma und Verantwortungsbewusstsein für ihr «Team» verschwinden wie Schatten hinter einer aufgeblähten Verhinderungsbürokratie, wo es keine eigene Meinung, keinen «persönlichen Spielraum» oder Entscheidungen aus einem gesunden Menschenverstand heraus mehr gibt. Womöglich ist dies nicht nur fehlenden Basiskompetenzen, sondern auch den mittlerweile sehr unpersönlichen Gesellschaftsstrukturen geschuldet, dachte ich. Vielleicht war das aber auch ein Ergebnis der überall so vehement eingeforderten, aber falschen Gleichheit unter allen Menschen. Und die unverhältnismäßig gewachsene Verwaltungsstruktur mit tausenderlei Regeln und Gesetzen die Antwort auf die überbordenden Ängste, unsere in all den Jahren der Komfortgesellschaft erlernten Hilflosigkeit, in der wir auf Konsum gesetzt haben, statt selbst aktiv zu werden, auf Bequemlichkeit, statt selbst in Bewegung zu kommen. Wir haben den Bezug zu unseren eigenen Fähigkeiten verloren, dämmerte es mir, trauen uns selbst und unserem Gegenüber nicht mehr und unterwerfen uns deshalb lieber einem unübersichtlich gewordenen Sammelsurium von Regularien im Außen, statt, wie es viel naheliegender und vernünftiger wäre, in vielen Fällen einfach miteinander zu reden, uns auseinanderzusetzen und im Konsens

---

33 Vgl. Mehl 2023, Kap. 13: «Krank oder gesund am Arbeitsplatz – der Chef hat großen Einfluss», S. 301–315.

mit allen Beteiligten, etwa bei einem Konflikt, direkte, empathische, unkonventionelle und schnelle Lösungen zu finden.

Da sind wir also nun: All dies entspricht nicht mehr der Systemkonzeption Mensch – Homo sapiens, der gerne Verantwortung übernimmt, sozialen, empathischen Kontakt und Nähe, soziale Bindungsgefüge und kollektives Miteinander braucht, Selbstorganisation und Selbstwirksamkeit bevorzugt, begreifen will, was vor sich geht, nach sinnvollem Handeln und innerem Wachstum strebt. Das Schlimme an dieser, unserem Wesen zuwiderlaufenden Entwicklung ist, dass wir uns, wenn wir so weitermachen, immer mehr davon entfernen, die anstehenden Herausforderungen im Innen wie im Außen überhaupt bewältigen zu können: Wir entfernen uns von uns selbst, von unseren Ressourcen, der Möglichkeit, unsere Basiskompetenzen durch eigenes Erfahren und selbsttätiges Handeln zu trainieren. Wir verlieren das Gefühl, mit anderen, in der Gruppe, ein Projekt stemmen zu können, missachten unser soziales Bedürfnis, auch kollektiv wirksam zu sein, und gehen stattdessen lieber in eine Trotzhaltung oder in den Widerstand mit dem Vorwurf, dass für uns nicht von der Gesellschaft oder von «denen da oben» gesorgt wird.

Wahrscheinlich entstanden/entstehen diese politischen und gesellschaftlichen komplizierten, lähmenden und bremsenden Systeme auch aus unserer Angst, irgendeine Vorherrschaft könnte entstehen: Das hat sicher etwas mit unserer Geschichte zu tun, haben doch viele Gesellschaften mit Vorherrschaft, Dominanz und damit, dass Verantwortung und Entscheidungsbefugnis missbraucht wurden, negative Erfahrungen gemacht. Getragen von dieser Angst, dem Vorsatz «Das darf nicht mehr passieren» und einem Sicherheitsbedürfnis werden wir lieber von einem unübersichtlichen Bürokratiedschungel dominiert statt von einer möglicherweise unmenschlichen Führung. Damit entmündigen wir uns selbst.

Blicken wir in die Natur, so sind Dominanz und Vorherrschaft bei vielen Arten vorgesehen, wenn das jeweilige Lebewesen eines Kollektivs mit entsprechenden «Führungsqualitäten» dazu befähigt ist. Durch seine Entscheidung im richtigen Moment vermindern sich die Konflikte in der Gruppe. Hat jedes Mitglied in der Gruppe seinen Platz und seine Aufgabe gefunden, entfällt überdies der teilweise zähe, kräfteraubende Kampf um einen bestimmten Platz in der Rangordnung. Diese Energie kann dann nützlicher für konstruktives Handeln verwendet werden. Sicher ist es schwierig, aus diesen Erkenntnissen ein geeignetes und passendes Miteinander für den Menschen zu finden. Wie so oft gibt es nicht *die* Ideallösung, ständig gilt es, hier nivellierend, in Anpassung an die sich verändernden Umstände die Balance zu halten. Doch gerade scheint uns dieses Ausbalancieren aus dem Ruder zu laufen. Wir beschäftigen uns lieber aus falsch verstandenem Gleichheitswunsch mit dem richtigen Gender-Wording oder der Bereitstellung von Toiletten für jede sexuelle Identität statt mit förderlichen Kompetenzhierarchien und sinnvoller Verantwortungsverteilung.

Vielleicht können wir von Ameisenvölkern lernen? Natürlich sind wir keine Ameisen und eher mit Schimpansen und Bonobos verwandt, aber Ameisenvölker sind Weltmeister in gemeinschaftsbildenden und sozialen Konstrukten. In ihren riesigen Völkern gibt es eine feste Rangordnung, jeder hat seinen Platz und klar definierte Aufgaben. Ein Gemeinschaftssystem, wo jeder einen seiner Persönlichkeit und seinen Fähigkeiten entsprechenden Posten hat, ist weitaus identitätsstiftender und geeigneter, ein Wir-Gefühl entstehen zu lassen, als ein solches, wo krampfhaft darum gestritten wird, dass jeder dieselben Rechte oder Verantwortlichkeiten haben sollte. Zu einer Gruppe gehören zu wollen, entspricht unserer Systemkonzeption. Gruppenidentität zu fördern, nicht nur Gemeinschaftliches zu verwalten, ist deshalb auch eine politische Aufgabe. Eine persönlichkeits- und fähigkeitsorientierte gesellschaftliche Aufgaben- und Rollenverteilung würde uns auch dabei unterstützen, die großen Herausforderungen im Innen wie im Außen zu bewältigen – gleich einem Perpetuum mobile: *Das gemeinsame Bewältigen von Herausforderungen stärkt wiederum die Gruppenidentität.*

Homo sapiens empfindet die größte Zufriedenheit, wenn er zwischen optimaler Verwirklichung seiner Individualität und dem Zugehörigkeitsgefühl zu einer Gemeinschaft die Balance finden kann, wenigstens annähernd. Es scheint aber, als ob wir dieses *Ausbalancieren* als wichtigste Aufgabe von allen, besonders der Politik, aus den Augen verloren haben.

Doch wenn wir genau hinschauen, bieten sich uns gerade heute, in unseren demokratischen Systemen, vielfältige Möglichkeiten, unseren menschlichen Bedürfnissen nach sinnvoller individueller Entwicklung/Verwirklichung und zugleich sozialer Zugehörigkeit zu unterschiedlichen Gruppen – Stichwort: «kollektiver Identität» – nachzukommen und hier ein gesundes Mittelmaß zu fördern. Zunächst stellt sich angesichts unserer begrenzten emotionalen Reichweite auch die Frage, wie groß die Gruppe mit sinnstiftender Identität sein kann. Das – die Größe der Gruppe, zu der wir uns zugehörig fühlen –, kann höchst unterschiedlich sein: von der Familie, über irgendeine Art von Arbeitsgemeinschaft oder Verein, ein Dorf- oder Bezirkskollektiv, das Heimatland bis hin zur Weltengemeinschaft. Aber auch global gültige Werte, wie die von Religionsgemeinschaften, bilden sinnstiftende Identitäten. Die emotionale Verbundenheit, aber auch die Betroffenheit sind der «Kitt» und die Stärke solidarischer Gemeinschaften. Bereits in seiner Sammler- und Jägerzeit hat Homo sapiens es vermocht, mit anderen Gruppen vernünftige Allianzen zu schmieden. Wenn auch nicht immer! Sonst hätte es keine Kriege gegeben.

Machen wir uns erneut bewusst, dass auf der Erde Milliarden Menschen leben, die in der Mehrzahl recht gut miteinander auskommen. Sich zugleich den Bewohnern im Dorf und der Spezies Homo sapiens zugehörig zu fühlen, stellt also keinen Widerspruch dar. Die Grenzen der Kollektivzugehörigkeiten dürfen und können sich also überschneiden. Zum Glück haben wir systembedingt für das Schmieden von Allianzen einige hilfreiche Bonobo-Eigenschaften in petto: den Hang und auch die Methoden, Frieden und Harmonie herzustellen, Konfliktbewältigungsstrategien, Kompromissbereitschaft und Konsensfähigkeit – alles neben unserer auch vorhandenen aggressiven Schimpansen-Energie, die durchkommt, wenn wir glauben, nur durch kriegerische Auseinandersetzungen unser eigenes Kollektiv schützen zu können, besonders vor Gruppen, die anscheinend oder wirklich drohen, uns die eigenen Überlebensvorteile oder Gruppenidentität streitig zu machen. Beides ist in uns: ein bisschen Bonobo und ein bisschen Schimpanse – zwei Seiten einer Medaille. Und doch scheint es vorteilhafter, unsere Bonobo-Eigenschaften zu kultivieren und nicht in ein auch den Medien genehmes Schwarz-Weiß-Malen – Freund oder Feind, gut oder schlecht, die Reichen oder die Armen, gesund oder krank usw. – zu verfallen.

Das Leben ist viel komplexer, facettenreicher, als wir es uns vorzustellen vermögen. Es gibt ein breites Farbspektrum, ineinanderfließende Töne – *Synthese*, nicht nur konträre Pole.

Wie wichtig und sinnvoll es ist, bei der Organisation von Gruppen- und Gesellschaftsdynamiken das Wissen um die Systemkonzeption Mensch zugrunde zu legen, beweist der Blick in unsere heutige Gesellschaft sowie Politik und auf ihren Umgang mit der Pandemie: Bei aller Sorge um den kleinen Virus-Feind, der durch Infektion unsere Gesundheit und unser Leben bedroht hat, haben wir bei der Suche nach geeigneten Schutz- und Bekämpfungsmaßnahmen nicht die gesamte Bandbreite von Nutzen und Schaden beachtet und menschliche Grundbedürfnisse aus dem Blick verloren. Kollektives Miteinander und Sozialkontakte sind für die eigene Entwicklung, das Erlernen von Basiskompetenzen und den Weg zur persönlichen Meisterschaft wichtig, gesundheiterhaltend, wenn nicht gar überlebenswichtig.

Für Kinder und Jugendliche und deren Entwicklung hat die «Einzelhaft» bei Quarantäne oder lange währendes Home-Schooling (keine sozialen Kontakte in der Peergroup) besonders gravierende Auswirkungen gehabt. Aber nicht nur bei den Jungen, sondern auch bei den Alten hatte diese kurzsichtige/einseitige Vorgehensweise tiefgreifende Folgen, die bis zum Ausscheiden aus dem Leben reichten. Natürlich gab es im Kampf gegen das Virus auch nicht den Königsweg, aber zumindest öffnen sollten wir uns fortan für ein weitsichtigeres Denken und Handeln, um mögliche, vielleicht schwerwiegende Kollateralschäden in unsere Überlegungen einzubeziehen und zukünftig bestenfalls zu vermeiden. Für unsere Kurzschlussreaktionen in der Vergangenheit werden wir vermutlich noch einen entsprechend hohen Preis zahlen müssen.

Das Virus hat den Missstand im sozialen Zusammenleben nicht verursacht, lediglich den schon bestehenden verdeutlicht. Der mit der Pandemie einhergehende rasante Aufschwung der digitalen Medien hat uns vor Augen geführt, wie sehr wir zugleich auch das Analog-Soziale benötigen und dass dieses Bedürfnis nicht vollständig durch digital Sozial-Mediales, Follower,

Likes, Sprach- und Videonachrichten per WhatsApp, Telegram oder Signal, Konferenzen per Facetime, Teams, Zoom oder Skype usw. ersetzbar ist. Das Digitale bleibt ein Surrogat und verhindert sogar direkt Soziales, das Erleben des Augenblicks: etwa, wenn wir mit nach unten gerichtetem Blick auf das Smartphone, die Umwelt ausblendend, durch die Stadt marschieren, uns zu einem Drink oder Essen mit jemandem treffen, aber nur auf das Display und die ankommenden Nachrichten fixiert sind, statt in realen Körper-Seele-Geist-Kontakt mit unserem Gegenüber zu gehen, oder ein Erlebnis als Filmchen oder per Foto unbedingt festhalten müssen, was wir sogleich um die Welt schicken wollen, statt den Moment mit allen Sinnen zu genießen. Dabei sind es die Augenblicke, das Erlebte, Erfahrene, Empfundene, die das Leben ausmachen und bereichern. Intuitiv spüren wir das, denn paradoxerweise klagen vermehrt die Menschen aus den sogenannten modernen Gesellschaften über Alleinsein und Vereinsamung und das, obwohl wir diese kleinen Geräte für den «sozialen Kontakt» haben.

Natürlich hat das nicht allein etwas mit der Überbeanspruchung von digitalen Medien zu tun, sondern auch mit der Sparpolitik der Regierungen, der soziale Erfahrungsräume wie Begegnungszentren, Bezirksbüchereien und Jugendclubs als Erstes zum Opfer fielen. Dies sind aber gerade die Orte, wo soziales Verhalten und Handeln eingeübt werden kann, wir Gemeinschaft kennenlernen und auch lernen, uns «anständig» gegenüber anderen zu verhalten. «Sparmaßnahmen» wie diese begünstigen strukturell die Versingelung der Gesellschaft, den Verlust von sozialen Gemeinschaften und Gruppen, sie verhindern Gruppenzugehörigkeit aufgrund von gemeinsamen Interessen, nehmen uns Lernfelder für soziale Integration, die Möglichkeit, Basiskompetenzen, vernetztes Denken, kollektiv sinnvolles Handeln und zuletzt Gesellschaftsfähigkeit zu trainieren. Die Ideologie, dass Geld und materieller Wohlstand der einzige Maßstab sei (Neoliberalismus), fördert stattdessen immer weiter den «Jeder gegen jeden»-Egoismus und falschen Individualismus. Der Tanz um das goldene Kalb hat noch kein Ende, vielleicht dann aber infolge der Auswirkungen, wenn wir darüber den Blick für das wesentlich Menschliche, unser Grundbedürfnis nach sozialem Leben und Solidarität nahezu verloren haben.[34]

---

34 Durch die *Grant-Studie* – vgl. Kap. 2 unter «Die Schwierigkeit, klar denken zu können, oder wie unsere Narrative entstehen», Abb. 3 – ist belegt, dass vor allem anderen

Wir benötigen das Geben wie das Nehmen – das Miteinander. Nur die Fürsorge anderer einzufordern, macht nicht glücklich. Die identitätsstiftende Wirkung sozialer Aktivität darf hier aber nicht mit «sozialer Gerechtigkeit» verwechselt werden, mit dem, worunter heute landläufig eine bessere (gerechtere) Verteilung wirtschaftlicher Güter, von Besitztum und Geld, verstanden wird – das hat weniger mit Gruppenzugehörigkeiten zu tun, die kollektiv identitätsfördernd sind. Der Ruf nach «sozialer Gerechtigkeit» dividiert die Gesellschaft eher auseinander, in die sogenannten «Besserverdienenden» und «Armen». Und da haben wir sie wieder: die nicht förderliche Polarisierung, welche die Bandbreite an Möglichkeiten ignoriert, solidarisches Engagement, soziales Miteinander und potenzielle Mittelwege ausblendet.

Politiker, Führungspersönlichkeiten, Verantwortliche oder die, welche sich dazu berufen fühlen, werden zu all dem Lösungen finden müssen, wenn es nicht zu einer größeren Entsolidarisierung in unserer Gesellschaft kommen soll. Doch nicht nur «die da oben» sind hier angesprochen, denn Gemeinsinn, Solidarität und das Bewältigen von globalen Problemen, inneren und äußeren Herausforderungen, lassen sich nicht ausschließlich *top down* initiieren. Es braucht dafür eine breite Basis in der Bevölkerung, das Engagement jedes Einzelnen, vorab aber den Ansatz, alle Menschen in wichtige gesellschaftssystemische Prozesse einzubeziehen. Das ist die Grundlage, auf der eine ausbalancierte, friedliche, demokratische Gesellschaft wachsen kann.

Demokratie zu leben, ist nicht einfach. Damit dies gelingen kann, benötigt jedes Gesellschaftsmitglied ausreichend Basiskompetenzen. Dazu müssen in der Gesellschaft die strukturellen Gegebenheiten in Form von *Lern- und Erfahrungsräumen* geschaffen werden.[35]

---

soziales Eingebundensein und soziale Integrität ausschlaggebend für ein gesundes, zufriedenes und glückliches Leben sind. Die in der Abbildung angegebenen Faktoren verlängern gesundes Leben um etwa 10 Jahre!
35 Näheres dazu findet sich in diesem Kapitel weiter unten unter «Entfesselung unserer Gesellschaft».

All dies sind keine romantisierenden Ideen mit verklärtem Blick und Sehnsucht nach den guten, alten Zeiten, den früheren, noch funktionierenden Dorfgemeinschaften, nach dem Motto «*früher* war alles besser». Nein, im Gegenteil: Es ist vielmehr das Bewusstwerden, dass wir es *heute* viel besser haben als damals, da sich durch den Fortschritt und den damit einhergehenden Wohlstand auch unser Spektrum an Optionen erweitert hat – und das sollten wir auch nutzen. Gerade in unserer globalisierten, von der Digitalisierung geprägten Welt brauchen wir wieder mehr analoge soziale Interaktion und kollektives Miteinander. Wir brauchen das Kennenlernen von uns fremden Menschen und anderen Lebenskonzepten, um dazuzulernen, im Fremden das Eigene zu entdecken, und zugleich die Förderung friedlichen Zusammenlebens stark verwurzelter Gruppen. In diesen Erfahrungsräumen, im direkten, nicht zeitverzögerten Kontakt und Umgang mit unseren Mitmenschen, in Gruppen, Gemeinschaften und gesellschaftlichen Zusammenhängen, vor allem auch in der Begegnung mit dem Unbekannten, mit fremden Kulturen und Kollektiven und in den Erfahrungen, die wir miteinander teilen – Mimik, Gestik, Kommunikation, Reaktion, Geruch, Körperkontakt usw. – gedeihen Basiskompetenzen und reift unsere Persönlichkeit. Ohne diese Erfahrungen kommen wir in der globalisierten, digital stark vernetzten Welt nicht klar, bei all den Menschen, auf die wir da treffen. Da sind Empathie, Impulskontrolle, Emotionsregulation, Urteils- und Entscheidungskraft durch Wissens- und Charakterbildung usw. dringend vonnöten. – All dies brauchen wir zum (Über-)Leben, weil wir nicht anders können, unsere über Jahrtausende sich formende Systemkonzeption genau so funktioniert. Das heißt: Spätestens im Corona-Management sind uns die gravierenden Folgen von Social Distancing vor Augen geführt worden, aber schon davor haben wir die Bedeutung des Sozialen unterschätzt. In der Pandemie fiel uns plötzlich auf, wie viel in bestimmten Berufen geleistet wird, wie wichtig etwa die soziale Arbeit ist und wie wenig angemessen der Lohn. Allein die abgestufte Wertschätzung und Bezahlung unterschiedlicher menschlicher Arbeit in unseren neoliberal-kapitalistischen Gesellschaften kam uns einem Skandal gleich (Investmentbanker → Lehrer → Pflegekraft → Müllmann → Straßenkehrer).

Dass das Soziale, das Menschliche, nie überflüssig und durch Technisierung und Automatisierung nie ganz zu ersetzen sein wird, das hat 2018 Jack Ma, Gründer und damals noch CEO von Alibaba, bei seiner Rede in Davos auf dem *World Economic Forum* festgehalten. Auch wenn nach seiner Prognose durch die Digitalisierung bis 2030 fast 800 Millionen Arbeitsplätze wegfallen könnten, so Ma, müssten wir dennoch nicht befürchten, dass Maschinen komplett unseren Platz einnehmen würden. Schon heute seien schließlich viele Berufe durch den technischen Fortschritt obsolet geworden. Wir sollten uns lieber auf das konzentrieren, wozu Maschinen nicht fähig seien, auf die analogen Eigenschaften sozialer, kreativer und emotionaler Kompetenzen und danach auch das Bildungssystem inhaltlich neu ausrichten.[36]

Entscheidend wird sein, wie wir diese zwangsläufig notwendige gesellschaftliche Transformation gemeinsam bewältigen. Auch der Gefahr einer merkantilen Ausnutzung des menschlichen Bedürfnisses nach Sozialleben durch Vermarktung des Wir-Gefühls, wie wir es heute schon sehen, müssen wir entschieden entgegentreten und unsere Werte überdenken. Wirkliches Gemeinschaftsgefühl und kollektive Identität lässt sich nicht mit Geld erwerben – Gemeinschaft wird gelebt und erfahren, beruht auf gegenseitiger Unterstützung, gemeinsamem Bewältigen/Erleiden von schwierigen Situationen oder Problemen, Geben und Nehmen aller Beteiligten. Das finden wir nicht in einem teuren Cluburlaub mit jeder nur erdenklichen Animation und spektakulären Gruppenevents, nicht beim gemeinsamen Verzehr von kostspieligen Sterne-Menüs und auch nicht in einem von Dritten zur Vermarktung konstruierten exklusiven Service-Wohnprojekt mit Gemeinschaftsraum, Fitnessstudio, Spielzimmer, inkludierter Vollversorgung und vororganisiertem bequemen Abendprogrammangebot.

Wir werden insgesamt gesehen einen schlauen Mittelweg finden müssen zwischen dem konservativen Weg, möglichst wenig verändern zu wollen, und dem anderen Extrem, vehement eine sozial gerechtere Umverteilung einzufordern, bei dem der Bürger per se zum Opfer des neoliberal-kapitalistischen Systems erklärt wird. Doch aufgepasst: Der Ruf nach «so wenig Staat wie möglich» ist genauso kurzsichtig wie der nach «mehr Staat und noch mehr Kontrolle». Was wir stattdessen brauchen, ist ein Staat, der seinem politischen Handeln und der Organisation der Gesellschaft die menschliche Systemkonzeption zugrunde legt, den einzelnen Menschen, aber auch die

---

36   Vgl. dazu die Ausführungen in diesem Kapitel unter «Fangen wir bei den Kindern und Jugendlichen an».

Gemeinschaft mit ihren Bedürfnissen im Fokus hat, Wirtschaft und Soziales klug miteinander verbindet und zugleich die Selbstermächtigung des Einzelnen. Der Staat sollte dafür sorgen, dass jeder die «Betriebsanleitung» für sein Körper-Seele-Geist-System kennt, um sein Leben bestmöglich, auch in Verantwortung für die Kollektive, in denen er lebt, und das Biotop Erde gestalten zu können. Das ist der richtige Weg, den es zu ebnen gilt, und die große Herausforderung im Hier und Jetzt für uns alle, die Gesellschaft und das Individuum, aber eben auch für Politik, Staat und Verwaltungsapparate.

Die Überfluss- und Konsumgesellschaft, das goldene Kalb, um das wir immer noch herumtanzen, bringt uns genauso wenig weiter wie die sich einstellende Angst, dass «unser Wohlstand» gefährdet sein könnte und daran festzuhalten, das alles nicht verlieren zu wollen. Wir machen uns etwas vor, wenn wir uns an der unrealistischen Vorstellung festklammern, endlos so weitermachen zu können, unverhältnismäßig weiterkonsumieren zu können, ruhiggestellt und übersättigt von Ablenkungsreizen, ohne zu bemerken, dass diese Rechnung nicht aufgeht. Es wird uns am Ende nicht zufrieden und glücklich machen und schon gar nicht unser Überleben sichern. Diese unrealistische Vorstellung trifft gerade auf eine physikalische bzw. demographische Wirklichkeit, die durch Fakten belegbar ist, vor der wir nicht die Augen verschließen können: den Klimawandel, das exponentielle Bevölkerungswachstum und die voraussagbare Ressourcenknappheit. Ein sich anbahnender, gefährlicher und dynamischer Konfrontationskurs mit vermutlich schlimmsten Folgen.

Zu wissen, wie wir ticken, ist also nur der erste Schritt. Das in unserem Leben – in unserem Fühlen, Denken, Verhalten, Handeln – zu berücksichtigen und dieses Wissen für uns nutzbar zu machen, der zweite. Je mehr Menschen diesem Weg folgen, desto weniger Widerstand wird es gegenüber nötigen, die Spezies Homo sapiens und sein Biotop erhaltenden Veränderungen geben, und desto eher und rascher sind wir in der Lage, konstruktive Lösungen für die globalen Probleme zu finden. Realitätsferne Philosophien helfen uns da weniger weiter, die kennen wir zur Genüge: dicke Wälzer in schönen Regalen, gleich neben der Bibel. *Das* Rezept für die perfekte Lösung und Bewältigung unserer Herausforderungen gibt es aber nicht. Und wenn die Politik unlogisch, widersprüchlich, irrational und nicht mehr transparent ist, brauchen wir uns nicht zu wundern, wenn die Menschen sich auch so verhalten (werden).

Die erfolgversprechendste Vorgehensweise, Menschen auf den *Weg eines förderlichen Systemwandels* zu führen, ist:

a) das Wissen um die Systemkonzeption Mensch zu vermitteln (Theorie)
b) Basiskompetenztraining anzubieten/durchzuführen (Anwendung/Praxis)
c) Menschen gesellschaftlich für kollektive Aufgaben, Maßnahmen zum Erhalt unserer Art, unseres Biotops verantwortlich einzubinden sowie die Selbstermächtigung jedes Einzelnen für den Weg zur persönlichen Meisterschaft voranzutreiben (mit einem Transfer des Wissens im Alltag durch Erfahrungslernen)

Das klingt recht anspruchsvoll und Sie fragen sich vielleicht, wie wir hier von der Theorie in die Praxis kommen und einen Anfang machen können. Vielleicht müssen Sie sich ja selbst erstmal ins Visier zu nehmen. Wie ticke ich eigentlich? Welche Erfahrungen habe ich im Laufe meines Lebens gemacht? Was prägte mich damals und was heute? Wie sehen meine Denk-, Fühl-, Verhaltens- und Handlungsmuster aus? Welche Werte vertrete ich? Was sind meine Lebensziele und Visionen? Vielleicht gehen Sie auch immer wieder die Basiskompetenzliste selbstkritisch durch, sich fragend: Wo liegen meine Stärken, wo meine Schwächen? Was sind meine Bedürfnisse, Sehnsüchte, Wünsche, aber auch Ängste und Befürchtungen? Wie sieht meine persönliche Haltung im Leben/Zusammenleben mit anderen aus? Wo handele ich und wo nicht? Was von all dem konnte ich bislang für meinen Weg fruchtbar machen und was ist in die Tonne gewandert? Was sind meine Erkenntnisse aus dem Erfahrenen? Was habe ich gelernt? Wo befinde ich mich auf dem Weg zu meiner persönlichen Meisterschaft und vielleicht auch nach der Lektüre dieses Buchs: Was kann ich eigentlich zur nötigen Transformation in der Gesellschaft beitragen?

Psychotherapeuten reden hier von *Selbsterfahrung* und *Introspektion*. Jeder Psychotherapeut muss/sollte in seiner Ausbildung, aber auch danach immer mal wieder Rückschau halten, seine Innenwelt betrachten und sich in der Gegenwart neu ausrichten – und natürlich ist das nicht nur für diesen Berufszweig, sondern für jedermann hilfreich. Ich möchte es an dieser Stelle selbst tun, ein Beispiel geben und ein wenig aus dem Nähkästchen plaudern.

Ich bin ein Erfahrungsreaktor

Der Mensch kommt weder genetisch noch epigenetisch perfekt auf die Welt. Er ist ein Erfahrungsreaktor, ich auch, und ich habe Basiskompetenzen auch nicht «mit Löffeln gefressen», wie man so schön sagt. Ganz sicher bin ich auch nicht vollkommen, weiß nicht alles und habe auch Wissens- und Erfahrungslücken. Ich habe eine genetische/epigenetische Basis, ein gewisses Maß an Wissen erlangt und Erfahrungen gesammelt. Ich mache weiter Erfahrungen, versuche, das Erfahrene zu verstehen, es einzuordnen, zu reflektieren, dazuzulernen, weil mich das weiterbringt. Und genau dies wünsche ich Ihnen auch: *Lust auf lebenslanges Erfahren und Lernen.*

Wie alle anderen auch habe ich keinen perfekten Lebenslauf: Ich bin Mediziner, Psychotherapeut, Unternehmer, Mensch, Familienvater mit allem Drum und Dran und kann einige Dinge gut, andere weniger, einiges fällt mir leicht, anderes wiederum unheimlich schwer. Einiges in meinem Leben habe ich falsch gemacht, geradezu «versemmelt», anderes hingegen ist mir recht gut gelungen. Kurzum: Ich habe Erfahrungen gemacht, gute, schlechte, mittelmäßige, etwas daraus gelernt, aber auch falsche Schlüsse gezogen, bin in unangenehme Gefühlszustände geraten, habe aber auch richtige Entscheidungen getroffen, Zufriedenheit und Glück erlebt.

> Unser Gehirn, unser zentrales, autonomes Nervensystem ist zur Struktur gewordene Erfahrung und weil ich ein *Erfahrungsreaktor* bin und der Spezies *Mensch* angehöre, kann ich einen Blick auf mich und meine Zeitgenossen werfen und diese Eindrücke reflektieren.

Ich mache mir ein Bild von meinem Leben und das meiner Zeitgenossen – nicht perfekt und ganz nach meiner Fasson. Sich einmal Gedanken zu den o. g. Fragen zu machen, ist durchaus empfehlenswert. Sie werden überrascht sein, welche Erkenntnisse Sie daraus gewinnen können. Wenn ich mein Leben anschaue, werde ich mir wohl an einigen Punkten wünschen, dass ich anders gehandelt hätte. Aber das geht ja nicht – Geschehenes ändern kann keiner. Doch ich kann aus dem Erfahrenen lernen und versuchen, es beim nächsten Mal in einer ähnlichen Situation besser zu machen, auf dem Weg zur persönlichen Meisterschaft einen Schritt weiterzukommen. Das können Sie auch. Ich weiß, ich werde das Ziel – die Meisterschaft – nie ganz erreichen, nicht immer gut und richtig handeln können, aber ich kann mich bemühen. Ganz nach dem Motto: «Der Weg ist das Ziel». Jeden einzelnen Schritt auf diesem Weg kann ich verstehen als eine Anpassungsleistung an das sich stetig wandelnde Biotop, jeden Schritt als einen Vorteil für mich verbuchen, aber auch als einen «Schwarmvorteil» für die Gesellschaften von Homo sapiens auf dem Weg zu einem möglichst artgerechten, nachhaltigen Biotop.

Nun habe ich nicht die Hybris, Sie mit meiner recht durchschnittlichen Biografie zu belästigen, möchte mit Ihnen aber dennoch einige persönliche Erfahrungen teilen, um zu verdeutlichen, wie es anhand von falschen, richtigen und widerrufenen Schlussfolgerungen in meinem Leben zu kognitiven und emotionalen Veränderungen in meinem eigenen System gekommen ist und was mich möglicherweise geprägt hat:

Ich sollte neu in einer kleinen oberschwäbischen Stadt zur «Volksschule» gehen. Meine Herkunftsfamilie war umgezogen, mein Vater war Arzt, meine Mutter Hausfrau. Ich fand mich nicht zurecht und verlief mich anfangs auf dem Weg zur Schule. «Wenn du etwas lernen und weiterkommen willst, musst du den Weg zur Schule finden», riet mein Vater, und ich bemühte mich, bis es endlich klappte (Zielstrebigkeit, Durchhaltevermögen, Autonomie). Über diesen Erfolg freute ich mich.

Ansonsten war das Leben über weite Strecken behaglich und gleichförmig. Unangenehm für uns Kinder – ich habe einen Bruder – war jedoch der ewige Streit zwischen meinen Eltern bei den gemeinsamen Mahlzeiten. Meistens ging es ums Geld oder um unsere Schulleistungen. Ständig herrschte zu Tisch eine unerträgliche Anspannung. Wir vesperten von Holzbrettern und auf meinem

Brettchen gab es eine lange Furche, die ich beim Essen mit einer Zinke meiner Gabel immer wieder nachzog und vertiefte. Ich habe das Brettchen Jahre später im Schrank wiedergefunden und es lange betrachtet. Es war eine Furche, die über lange Zeit entstanden, immer tiefer und länger geworden war. Sie war Ausdruck einer langen, prägenden Erfahrung. Später kam mir diese Furche immer wieder in den Sinn. So könnte es aussehen, wenn unser Selbst und unser Gehirn durch Erfahrungen geprägt werden, dachte ich mir. Lange tiefe Spuren im Gehirn, die nicht mehr weggehen, außer es gelingt einem, die Perspektive zu wechseln und andere Erfahrungen zu machen (Primärerfahrung, Frustrations- und Leidensfähigkeit, Spannungsabbau, Perspektivwechsel).

An unserem neuen Lebensort tat ich mich in der Schule anfangs etwas schwer. Alles war etwas ungewohnt, auch die Lehrer, v. a., da sie auf Prügelstrafe setzten. Das kannte ich nicht, körperliche Gewalt gab es bei uns zuhause nicht. Natürlich erwischte es mich das ein oder andere Mal. Ich kann gar nicht mehr sagen warum oder ich habe es vergessen. Ich entwickelte jedenfalls ein Geschick, der Peinigung auszuweichen. Der Lehrer bestrafte durch Schläge mit einem Bambusstock auf die ausgestreckten Handinnenflächen. Die Hand wegzuziehen, war streng verboten und erhöhte das Strafmaß. Aber es tat ziemlich weh und deshalb blieb ich doch bei meinen Wegziehversuchen. Als ich wieder einmal dem Schlag meines Lehrers auswich, traf er meinen Füllfederhalter, der präzise in zwei Teile zerbrach. Aus seiner Aggression wurde Angst. Angst, dass nunmehr der Zorn meines Vaters ihn wegen des zerlegten Füllfederhalters treffen würde. Das war für den Lehrer eine andere Nummer. Ich war ein kleiner Junge und mein Vater ein stattlicher Mann, der in der Stadt bekannt war. Nervös lief er auf und ab (wenigstens wiederholte er seine Schlagversuche nicht) und machte mir schließlich ein Angebot. Er gebe mir zwei Mark, wenn ich meinen Eltern sagen würde, ich selbst hätte den Füllfederhalter kaputtgemacht. Ich beruhigte ihn und versicherte ihm, meinen Eltern von dem Vorfall nichts zu erzählen. Die zwei Mark wollte ich nicht, Bestechungsversuch und Vorteilsnahme Vorschub leisten auch nicht, dazu war ich zu klein. Es war für mich einfach Ehrensache, nichts zu sagen, wenn er mich in Frieden ließe – Wort gegen Wort. Dass ich diesen Deal einging, hatte aber noch andere Gründe: Ich fürchtete u. a. die zusätzlichen Repressionen meines Vaters, wenn er hören würde, was passiert war. Erstens würde er mich zusätzlich beschimpfen, nach dem Motto, die Schläge hätte ich dann ja wohl verdient, und zweitens würde Mutter Vater sicher anraten, «den Jungen doch mal zu lassen», was wieder zu Streit zwischen meinen Eltern führen würde. Davor hatte ich am meisten Angst. Trotz oder vielleicht gerade wegen der Unannehmlichkeiten und der Art und Weise, wie ich mich aus der Situation herauslaviert hatte, fiel mir die Geschichte später öfters ein, und zwar in Verbindung mit Überlegungen zu Aggression und Angst, Bestechlichkeit und Vorteilsnahme, Begriffspaaren, die inhaltlich nahe beieinander liegen. Es war das erste Mal, dass so etwas an mich herangetragen wurde, es sollte aber nicht das letzte Mal gewesen sein. – Übrigens versuchte der Lehrer nie wieder, mich zu schlagen. Im Nachhinein war ich stolz, wie ich als kleiner Junge diese Situation gemeistert hatte, ich hatte einen Vorteil errungen und eine gute Erfahrung gemacht, die meine innere Haltung und mein zukünftiges Handeln prägen sollte. Ich lernte zunehmend, mich anzupassen (Erfahrungslernen, soziales Verhalten).

Später hatte ich eine Lehrerin, die schon alt war und mühsam an einem Stock ging. Sie hatte einen langen Nachhauseweg und ich trug ihr öfter ihre Schultasche nach Hause. Nicht weil ich mittlerweile Erfahrungen in Bestechlichkeit und Vorteilsnahme, Angst und Aggression gemacht hatte, sondern weil sie mir aufrichtig leidtat. Sie wurde von vielen Schülern gehänselt und gefoppt. Ich fand sie aber nett und entwickelte ihr gegenüber Empathie und Mitgefühl. In meinem Zeugnis stand dann «Er ist ein fleißiges und bescheidenes Kind, welches ruhig und selbstständig arbeitet», und meine Noten fielen gut aus. – Das von mir hier Erfahrene lässt sich aus verschiedenen Perspektiven betrachten. Handelte es sich hier nur um Empathie und Mitgefühl oder doch eher um geschickte Vorteilsnahme und Bestechlichkeit? Es kommt auf den Fokus des Betrachters an, darauf, was ich selbst wahrnehme, wenn ich an die Situation denke (Wahrnehmungsfähigkeit, auch im Retrospektiven, Perspektivwechsel). Jedenfalls kam mir die Geschichte erst später wieder in den Sinn, als ich ein Lied von dem Ennepetaler linken Liedermacher Franz Josef Degenhardt hörte. «Armer Felix», hieß es da, als er über den angepassten Duckmäuser Felix sang, der schon früh anfing, sich unterzuordnen, «Du hast doch dem Lehrer die Tasche getragen». Eigentlich berührte mich das Lied, aber es waren mittlerweile andere Zeiten angebrochen, da trug man dem Lehrer nicht mehr die Tasche, sondern bekämpfte das alte Etablierte.

Als Jugendlicher zog ich mit meiner depressiven Mutter ins Sauerland. Mein Bruder hatte längst das Weite gesucht und verdiente seinen Unterhalt als Bänkelsänger in Hamburgs Straßen. Im Sauerland besuchte ich das Gymnasium. Wieder ereilte mich dasselbe Schicksal: Neues Umfeld, eine halbe

Stunde Schulweg durch eine größere Stadt, jetzt mit Ampeln! Ampeln hatte ich noch nie gesehen. Wieder – diesmal als Sextaner – fand ich nicht richtig den Weg zur Schule. Diesmal aber erarbeitete ich mir die Strecke sukzessive. Ich plante mehr Zeit ein, probierte verschiedene Wege aus, machte mir dazu Notizen und kleine Zeichnungen, bis ich den besten Weg fand. Meine Wegbeschreibung bewahrte ich noch eine Zeitlang versteckt in meiner Hosentasche auf, bis ich ohne Blick darauf zur Schule fand (Zielstrebigkeit, Durchhaltevermögen). In der Schule selbst kamen dann noch ganz andere Probleme auf mich zu: Ich sprach breites Oberschwäbisch und unterlag somit sofort den Schmähungen und Sanktionen seitens meiner Mitschüler und Lehrer. Bevor ich mich meldete, solle ich doch erstmal Deutsch lernen, meinten einige Lehrpersonen, schließlich wolle ich doch auf dem Gymnasium bleiben (Frustrationstoleranz, Leidensfähigkeit). Natürlich verließ mich der Mut und die zusätzlichen körperlichen Strafen taten ihr Übriges. Die Sexta musste ich erstmal wiederholen. Wut und Traurigkeit kamen in mir hoch. «Ach wäre doch mein starker Vater da. Der würde den Lehrern jetzt schon einschenken», dachte ich. Aber er war nicht da. Meine Mutter war depressiv und beteuerte, nur noch meinetwegen am Leben zu bleiben. Die Hilflosigkeit und der Wunsch nach Stärke führten dazu, dass ich mit der Zeitung der damaligen NPD sympathisierte. Gewaltige Schlagworte zierten die Titelseite. Ich glaube, Thielen und Thadden hießen damals die maßgeblichen Leute der Partei. Hart, unerbittlich, klar und deutlich waren ihre Parolen. Wenn schon kein starker Vater, so stärkten mich doch wenigstens die markigen Sprüche. Es gab die Guten und die Bösen, es gab das Falsche und das Richtige und herrliche Schwarz-Weiß-Lösungen. Immer wieder kaufte ich mir die Zeitung am Kiosk. Meinem Onkel gefiel das. Er war ein alter Nazi und schlussfolgerte, dass nunmehr «aus dem Jungen mal was wird». Damit meinte er mich. Das war in den ersten – zwei oder drei – Gymnasialjahren (Schwarz-Weiß, Verallgemeinerung, Pauschalisierung, die schnelle Lösung).

Bald erlebte ich dann den ein oder anderen «alten Nazi» in Form eines Lehrkörpers. Die Zeiten änderten sich, die Jugend wachte auf und mit ihr anscheinend auch ich. Ich begann, sie zu hassen, die schlüsselwerfenden faschistoiden Hilfslehrer und die Lehrer mit Blockwartmentalität. Und niemals wieder würde ich einem meiner Lehrer die Tasche tragen! Ich wendete mich ab von meinen heroischen Rettungsgedanken, durch starke Männer werde alles und auch mein Leben besser. Natürlich kaufte ich auch keine Parteiblättchen mehr. Es kamen die Zeiten Willi Brandts, der es verstand, die Jugend in ihrer Aufbruchsstimmung mitzunehmen. Auch in mir änderten sich die Ansichten. Wandel durch Annäherung, Verständnis durch Kennenlernen, Entscheidung finden in der Gruppe – all dies faszinierte mich jetzt mehr als die Sehnsucht nach dem starken Mann. Gleichwohl war ich integriert in eine Gruppe der katholisch studierenden Jugend, was für mich keinen Widerspruch ergab. Wir gingen auf «große Fahrt» mit Rucksack und Zeltplanen und durchwanderten die nahegelegenen Länder. Wir lernten, uns in der Gruppe gegenseitig zu unterstützen und diese kollektive Kraft zu nutzen, Kompromisse einzugehen und Konflikte zu schlichten, Lagerfeuer zu machen und Essen zuzubereiten, wir mussten spülen, schleppen, reinigen und organisieren. Wir erlebten das Gefühl von Gruppenstärke, welches mich sicherlich entscheidend prägte. Im «Pfingstlager» (so hieß die einwöchige Veranstaltung immer um Pfingsten herum) wurden wir in verschiedenen Fähigkeiten trainiert: Knoten machen, Feuer anzünden, Orientierungsmärsche u. Ä. (Erfahrung von Selbstwirksamkeit, Autonomie, Unterstützungssysteme in der Gruppe, Konflikt- und Konsensfähigkeit, soziale Kompetenzen). Heute kämen solche Gruppen in den Verdacht, paramilitärische Veranstaltungen zu sein – damals nicht oder noch nicht. Hatte man sich bewährt, wurde man ausgezeichnet. Bei nächtlichem Feuerschein segnete ein Geistlicher uns und versah unsere Uniformhemden mit einem Abzeichen, auf dem stand: «Christi Zeichen auf deiner Brust, Christi Geist in deinem Herzen». Vielleicht war es ein bisschen so, wie wir heute, aus unserer westlichen Perspektive, verächtlich radikal muslimische Gruppen und Volksstämme betrachten. Unser geistlicher Führer hatte mitunter etwas «Chomeinihaftes». – Man lehrte uns standhaft, wehrhaft und lebenstüchtig zu sein, aber nicht nur. Der Höhepunkt des Camps war jeweils der spielerische Überfall auf ein anderes Lager während der Nacht. Ziel war es, das Banner (die Fahne) über dem jeweils gegnerischen Lager zu erobern. Anschließend feierten «Freund» und «Feind» am Lagerfeuer gemeinsam, diskutierten die jeweiligen Strategien von Angriff und Verteidigung und schlossen Frieden. Wir lernten Zielstrebigkeit, Durchsetzungsbereitschaft, Wertschätzung des anderen, Kompromiss- und Konfliktfähigkeit und soziale Kompetenz. Es waren sehr hilfreiche Erfahrungen, ich würde sagen für das ganze Leben, mindestens aus jetziger Perspektive. Die parallel dazu aufkommende «Aufmüpfigkeit» der Jugend tat der Sache keinen Abbruch. Im Gegenteil, lange Zeit ergänzten sich die Erfahrungen. Es waren oft die gleichen Themen.

Es kam dann die Zeit, da passte das Zeltlagertum nicht mehr zum Mainstream und es verlor an Attraktivität (Schwarz-Weiß). Nunmehr brach die Jugend auf, die Gesellschaft zu reformieren oder besser zu revolutionieren. «Unter den Talaren, der Muff von tausend Jahren» war nun einer der Leitsprüche. Familien zerbrachen an ihren Gegensätzlichkeiten, schlimmer als zu Pandemiezeiten. Rechts gegen links, links gegen rechts, gut gegen böse, alt gegen jung lautete der gesellschaftliche Disput. In der Schule, in den höheren Klassen, kamen diese Mainstream-Themen natürlich genauso an, wie dies heute der Fall ist. Aus dem lieben, braven, bescheidenen, fleißigen Jungen von damals schien nun ein linker Rädelsführer geworden zu sein – zumindest aus Sicht der Lehrerschaft. Sie vermutete nicht nur bei mir, sondern auch bei meinen Freunden subversive Aktivitäten, genährt von der Macht des Bösen. Immer hatten wir Schuld, wenn etwas nicht so lief: Klar, «die Gruppe der Bösen» musste wieder dahinterstecken. «Die Bösen» stachelten nicht nur zum Schulschwänzen an, sondern auch die kaputten Toiletten wurden ihren terroristischen Machenschaften zugerechnet, was aber nicht so war. Zumindest kann ich mich nicht daran erinnern, auch nicht, dass es aus unserer Gruppe jemand hatte tun wollen, genauso wenig, dass irgendeiner einer extremen Vereinigung oder Partei angehört hatte. (Ach doch, einer war Mitglied der Deutschen Kommunistischen Partei, später aber Bürgermeister der Stadt und «geläutert».) Es war die Zeit, als wir in der großen Pause immer, gleich in der Nähe der Schule, bei Tchibo für 30 Pfennig einen Kaffee trinken gingen. Aus Sicht der Lehrer war die «Tasse Kaffee» aber nur Tarnung. Dort – man nannte uns den «Tchibo-Kreis» – würden die heimlichen Aktivitäten, wie die Zerstörung des Urinals, geplant und besprochen, meinten sie. Wir hatten aber ganz andere Ambitionen: Wir lasen Hermann Hesse, träumten von großen Reisen und dem ersten Auto, hörten Bob Dylan und Leonard Cohen, ersehnten Freiheit, Frieden und Gleichberechtigung. Das war alles. Doch gab es den ein oder anderen Lehrer, der mich und auch meine Freunde mit allen verfügbaren «Waffen» versuchte, einzuschüchtern, auch um den vermeintlichen Umtrieben ein Ende zu setzen. So etwa ein alkoholabhängiger Mathematiklehrer, der zu diesem Zweck als aktive Kampfmaßnahme gegen den «Umsturz der Republik» im Suff unsere Schultaschen aus dem Fenster schmiss. Eines Tages verkündete er mir, dass er alles tun werde, um mich daran zu hindern, die Schule mit dem Abitur zu verlassen. Jedes Mittel sei ihm da recht, auch sich mit einem Kollegen zu verbünden, sodass man mir zwei Fünfen oder eine Sechs (damaliges

Sitzenbleibkriterium) verpassen könne. Gott sei Dank hat er das nicht geschafft. Doch mein Numerus clausus war entsprechend und ich bekam erstmal keinen Studienplatz. Mediziner wollte ich werden, aber das ging nicht sofort. Also machte ich mit meinem Bruder erst einmal eine Kneipe auf, anderes folgte: Jugendlokale, eine Kleinkunstbühne (sehr zum Missfallen der etablierten städtischen Kulturszene) sowie ein altbürgerliches Hausmannskostlokal (sehr zum Erstaunen meiner ehemaligen Lehrer, die sich freuten, dass ich «nur Kneipier» wurde und nicht Akademiker).

In dieser Zeit, aber auch während meines Studiums, das ich parallel zu den o. g. Aktivitäten beginnen durfte, lernte ich die unterschiedlichsten Menschen kennen. Nachts an der Theke erzählten sie mir, wie es ihnen ging, von ihren Problemen, Gefühlen, ihren ersten Lieben, von guten und schlechten Tagen. In Kombination mit meinen Erfahrungen als Lernender im Medizinbetrieb waren dies wohl die ersten Impulse dafür, mich für Homo sapiens, sein Wesen und sein Schicksal zu interessieren – eine Passion, die bis heute anhält. Wie ticken wir? Was macht uns krank, was gesund? Wie passen wir uns an? Wie schmieden wir Allianzen? Wie weit geht unsere Reichweite? Essenzielle Wirklichkeiten versus Komforterleben in der reicher werdenden modernen Gesellschaft, die unglaubliche Komplexität, die Diversität der Menschen, die Gefühle und Gedanken – von allen Seiten wurden sie mir zugetragen, sowohl in den Kneipen als auch im städtischen Studentenbetrieb, von den Menschen, die aus Komplexitätsgründen versuchten, ihre Wahrnehmung auf einen kleinen Bereich zu reduzieren. Ich erkannte ihre begrenzte emotionale Reichweite, wenn sie über das, was in der Welt geschah, sprachen, eine Welt, die sie nicht ansatzweise kannten. Ich wurde ihrer Verallgemeinerungen und Pauschalisierungen gewahr, ihre Aufmerksamkeit hysterisch auf das Negative gerichtet und ihre emotionale Impulsivität auf all das, was nicht ihrer Sicht auf die Welt entsprach.

Später, als ich dann das Geld und mehr Zeit zu reisen am Stück hatte, wollte ich einiges «aus anderen Welten» sehen und ging zunächst als Jungmediziner nach Südafrika. Es war die Zeit des Umbruchs von der Apartheid in eine neue Ära. Doch war sie immer noch sehr präsent: In einem großen Hospital war meine erste Aufgabe, die Neuaufnahmen in «white», «black» oder «colored» einzuteilen. Danach kamen die Menschen auf unterschiedliche Stationen und wurden behandelt. Mein Vermieter, ein Bure, wohnhaft in einem Weißen-Viertel, warnte mich mit aus heutiger Sicht grotesken Verallgemeine-

rungen und Pauschalisierungen vor den Schwarzen. Wegen des «bösen schwarzen Mannes» sollte ich doch besser, «nur zu deiner eigenen Sicherheit», bestimmte Stadtviertel und Kontakte meiden. Sein Grundstück war abgeschottet mit Alarmanlagen und Stacheldrahtzäunen. Neben seinem Kamin stand eine Schrotflinte, und eine schwarze Maid räumte mein Zimmer auf. Ich hatte ein gutes Verhältnis zu ihr und so lud sie mich eines Tages zu sich nach Hause, zu ihrer Familie ein. Für mich stand außer Frage, die Einladung anzunehmen, und nach anfänglich skeptischem Abtasten wurde es ein gelungener Nachmittag. Als ich meinem Vermieter davon berichtete, war er heilfroh, dass ich das überlebt hatte. Das sei doch eine absolute Ausnahme. Ich hätte ausgeraubt und getötet werden können, meinte er.

Nun hatte ich als Arzt Kontakt zu vielerlei Menschen: zu Schwarzen, Indern, Malaien, Weißen, Chinesen, und durch die Erfahrungen, die ich mit ihnen machte, lernte ich sie besser kennen und erkannte, dass es unter allen, egal welcher Hautfarbe, Gruppierung, Religion sie angehörten, solche und solche gab. Natürlich gab es Unterschiede zur eigenen Kultur, etwa Bräuche oder Werte betreffend, aber die stellten sich für mich am Ende immer als schlüssig und passend für die jeweilige Menschengruppe dar. Meist gab es beim ersten Kontakt ein respektvolles und wertschätzendes Abtasten, und dann nach erster Annäherung kam die Neugierde durch, den anderen, doch noch etwas Fremden, besser kennenzulernen. Eine erfahrungsgeschwängerte Atmosphäre, in der wir uns gegenseitig erfuhren und voneinander lernten. Anderen zuzuhören, von und über sie etwas zu erfahren, mit ihnen respektvoll zu diskutieren, zu geben und zu nehmen, das alles empfand ich als sehr bereichernd und die anderen zumeist auch, so habe ich es jedenfalls wahrgenommen. Hier kam das Urmenschliche zum Tragen, das sich auch schon bei unseren Vorfahren, den Jäger- und Sammlergruppen gezeigt haben musste – das faszinierte mich (soziale Kompetenzen).

Ich will aber nicht verschweigen, dass ich auch die Bekanntschaft mit dem anderen machte: mit Vorurteilen der einen Gruppe gegenüber der anderen, meist verknüpft mit bitteren Vorerfahrungen (Verallgemeinerung und Pauschalisierung, soziale Probleme). Aber immerhin war dies selbst in sogenannten sozialen Brennpunkten eher selten der Fall. Einmal gingen wir (erkenntlich weiße Männer) in eine Kneipe mit ausschließlich schwarzen Männern, doch ehe wir unsere freundliche Absicht, nämlich ein Bier zu trinken, vermitteln konnten, waren wir umstellt und wurden grimmig und bedrohlich gemus-

tert. Wir seien unerwünscht, man kenne solche Typen wie uns (ebenfalls Verallgemeinerung und Pauschalisierung durch schlechte Vorerfahrungen), und wir waren froh, dass wir mit einem freundlichen Lächeln rückwärts in Richtung Tür das Weite suchen konnten. Wir fuhren aber auch nach Lesotho, um in den Minenschächten vor Ort mit den Arbeitern (ausschließlich Schwarzen) in freundlich-entspannter Atmosphäre Zulu-Bier zu trinken. Eine waghalsige Reise in die Hölle unter der Erde sei das gewesen (Meinung der weißen Männer, die nicht mit dabei waren), ein Spiel mit dem Leben, denn unter der Erde hätte es doch keine weißen Ordnungskräfte oder Polizisten gegeben, die uns hätten retten können. Wir selbst hatten aber niemals den Eindruck, in Gefahr zu sein. Wir spürten das schon gleich bei der entgegenkommenden Einladung, die Mine doch einmal anzuschauen. Vermutlich hatten die Menschen dort keine oder weniger schlechte Vorerfahrungen mit Weißen gemacht und gingen deshalb so vorurteilsfrei auf uns zu. So etwas spürten wir.

Wenn irgendwelche *Vorbehalte* oder *Vorurteile* gegenüber einer anderen Ethnie oder Gruppe bestehen, so hat dies meist mit sozialen Missständen oder «Vorgeschichten» zu tun, die für das jeweilige Kollektiv mit Leid oder einer Art inneren und/oder äußeren «Kriegszustand» verbunden sind. Vielleicht liegt das geschehene Unrecht schon eine oder mehrere Generationen zurück oder währt schon über Generationen und die Verantwortung und Schuld, der «Feind»-Stempel, werden dann pauschal auf die ganze Ethnie oder Gruppe übertragen, selbst wenn diese damit gar nichts (mehr) zu tun hat, vielleicht auch die Vorfahren nicht, weil es auch hier solche und solche gab. Da hilft dann meist nur selbst kennenlernen und erfahren.

Festgefahrene, verallgemeinernde Sichtweisen auf bestimmte Kollektive empfand ich sowohl in Südafrika als auch wieder daheim im modernen Europa als sehr ernüchternd. Wie heute war es auch zu jener Zeit angesagt, vorgefertigte Mainstream-Meinungen – damals natürlich anderen Inhalts als heute – ve-

hement zu verteidigen. Meine Erzählungen seien Beschwichtigungsversuche eines typisch kolonialistisch eingestellten Menschen. So einer sei ich wohl, hätte ich doch während der heißen Apartheiddiskussionen in Südafrika als weißer Doktor sicher das weiße Regime unterstützt, inklusive aller brutalen Ausbeutung der nichtweißen Bevölkerung vor Ort. Das sei genug Beweis, meine wahre Einstellung zu entlarven. (Im Fokus stand damals ausschließlich der gesellschaftlich-soziale Missstand, die Unterdrückung der schwarzen Bevölkerung und die persönliche Bereicherung der Weißen und Reichen.) Meine Berichte über die bunte Vielfalt und die kleinen und großen Unterschiede, die es zwischen den verschiedenen Gruppen und Gesellschaften gab, wollte keiner hören. Die «freundlichen Schwarzen», von denen ich berichtet hatte, so die einhellige Meinung, könnten nichts anderes als Kollaborateure gewesen sein, die sich am weißen Unterdrückungsregime beteiligten und davon irgendwie profitierten (Schwarz-Weiß-Denken).

Ich möchte hier auf keinen Fall politisch werden, sondern nur dazu motivieren, das Ganze einmal aus verschiedenen Perspektiven und die Realität in ihrer Vielfalt und Komplexität wahrzunehmen, vor allem sich selbst. Eine solche Betrachtung der Bandbreite gesellschaftlicher Zustände, menschlicher Eigenschaften und Geschichten kommt dem, was wirklich ist, viel näher als einseitige Bewertungen: Denn die «Wahrheit» ist weder bei den weißen Menschen zu finden, die angeblich den «schwarzen/farbigen Mann» ausschließlich als gefährlichen, aggressiven, bösartigen Menschen ansehen, den es in Schach zu halten gilt, noch bei denen, die glauben, ein weißer Mann, der sich in Afrika aufhält, sei per se böse, weil er kolonialistisch mit all seiner Gier und Grausamkeit dort die farbigen Menschen ausbeutet.

Bald schon reiste ich viel in der Weltgeschichte herum und wurde in meiner Erfahrung meist bestärkt, dass das Kennenlernen von fremden Kulturen und Anderslebenden sehr bereichernd ist. Der persönliche Kontakt und Austausch mit vollkommen anderen Gruppierungen, Ethnien, Kulturen, Denk-, Fühl-, Verhaltens- und Handlungsweisen oder einfach das Kennenlernen fremder Menschen waren für mich überaus nützlich, quasi unabdingbar, um zukünftig auf dieser Erfahrungsbasis viele wichtige, passende Entscheidungen treffen zu können (interkulturelle Kompetenz). Zum Beispiel in der Entwicklungshilfe: Hier begegnete ich soziokulturellen Problemen. Nachhaltige Entwicklungshilfe gelingt nicht, indem wir «anders tickenden» Gruppierungen, wenn auch vielleicht mit guter Absicht und aus der Motivation heraus, mild-

tätig sein zu wollen, unser Denken, Fühlen, Verhalten und Handeln «beibringen» wollen, weil wir der Auffassung sind, sie würden sowieso wie wir denken, fühlen, sich verhalten und handeln. Doch wenn die Hilfe nachhaltig sein soll, geht «top down» nicht, weder im Guten noch im Schlechten, schon gar nicht ohne interkulturelle Kompetenz und sich in die Welt der anderen einzufühlen, sondern nur durch Bottom-up-Prozesse. Die Menschen müssen vom Entwicklungshelfer in ihrem Sosein eingebunden werden, ihre Würde bewahren, stolz auf sich und ihre Leistung sein können und befriedigt werden im Verständnis ihrer eigenen Sinnhaftigkeit. Sie müssen verstehen, was passieren soll und warum, und an der Lösung eines Problems oder am Weg der Umsetzung einer Reform beteiligt sein, eben mitgestalten können. In der Entwicklungshilfe erlebte ich hautnah, was es braucht, um Menschen für Notwendiges zu motivieren, zu inspirieren, vor allem aber friedfertig zu halten: Sinnhaftigkeit, Verstehbarkeit und Handhabbarkeit – Sie erinnern sich sicher an das Antonovsky'sche Kohärenzprinzip. Mit alleinigem Spendenempfang ist es also nicht getan: Natürlich werden diese gerne angenommen, aber sie bleiben eben, was sie sind – Geschenke – und inspirieren erst einmal nicht zu eigener, nachhaltiger Handlungsweise. Dafür braucht es etwas anderes: Erfahrungen des Selbst und des anderen/Neuen in der Welt, um die eigene Urteils- und Entscheidungskraft zu prägen. Sie bildet dann für den Einzelnen, aber auch das jeweilige Kollektiv die Ausgangsbasis für das eigene Handeln, eine optimale Entwicklung und Anpassung. Selbsterfahrung ist also das A und O, wahrzunehmen, «wie ticke ich eigentlich?», und das kritisch zu reflektieren.

Einst durchstreifte ich mit einem Indianer für längere Zeit Teile der Aleuten (Inselkette zwischen Nordamerika und Asien am südlichen Rand des Beringmeers). Wir hatten ein kleines Zweimannzelt dabei und jeder einen Rucksack mit dem Notwendigsten. Dieser musste leicht sein und so bestand die Nahrung hauptsächlich aus müsliartigen Mischungen und Trockenfrüchten. Wasser aus Flüssen und Bächen gab es genug. Als es für einige Tage zu unwetterartigen Stürmen und dauerhaftem Regen kam, waren wir dazu gezwungen, einige Tage in unserem kleinen Zelt zu verbringen. So saßen wir nun nebeneinander auf unseren Isomatten. Wir hatten keinerlei Außenkontakt, kein Handy, kein Internet o. Ä. und natürlich hatte ich auch nicht das Buch dabei, welches ich immer schon einmal lesen wollte. Wir hatten nur uns selbst in unserem kleinen grünen Zelt während der langen Sturm- und Regenphase. Unsere Erfahrungen und Lebensgeschichten, unsere Meinungen und Befürch-

tungen hatten wir längst ausgetauscht. Auch ausgeschlafen waren wir zwangsläufig irgendwann. In den weiten grünen riesigen Wäldern gab es nichts außer grüne, gleichförmig große Büsche (das Zelt konnten wir wegen der Wetterlage sowieso nicht verlassen). Mein Begleiter saß auf seiner Matte, ganz so wie mir dies aus Indianerfilmen klischeehaft bekannt war: im Schneidersitz mit durchgestrecktem Kreuz, die Arme verschränkt und bewegungsloser, ernster Miene. (Nein, eine Feder auf dem Kopf hatte er nicht.) Ich wurde unruhig, weil ich jetzt irgendetwas machen wollte, aber es gab nichts zu machen. «Was machen wir jetzt?», fragte ich den Indianer in meiner Hilflosigkeit. «Wir warten, bis der Sturm aufhört», antwortete er. Ich fragte ihn, wie lange dies dauern könne. Er drehte seinen Kopf zu mir und sagte, er sei ja nicht der liebe Gott, aber erfahrungsgemäß einige Tage. Ich brauche aber gar nicht darüber nachzudenken, ergänzte er, denn wir würden einfach warten, bis er aufhöre. Die Situation war für mich unerträglich. Ich dachte an die Tage und Nächte, die wir warten würden, lediglich unterbrochen vom Zubereiten einer müslihaften Nahrung mit Regenwasser, welches wir in einem Topf vor dem Zelt auffingen, und dem Erledigen unserer menschlichen Bedürfnisse draußen. Ich war sicher, dass ich die Situation nicht aushalten würde. Irgendwann würde ich durchdrehen, war ich es doch gewohnt, Aufgaben zu erledigen, zu handeln, zu kontrollieren, vorauszuplanen, mich über digitale Medien zu informieren, mit anderen in Kontakt zu treten und ein klar definiertes Erledigungs- und Zeitmanagement zu haben. Jetzt saß ich dort Stunde um Stunde mit dem schweigenden Indianer, der sich damit begnügte, mit sich selbst zu sein und zu warten. Es machte ihm nichts aus, im Gegenteil schien es, als ob er zufrieden in sich ruhte. Stunde um Stunde verging und ich fing an, mich mit mir selbst und meinem Leben zu beschäftigen. Ich ging all meine Erfahrungen und Pläne durch und einige verloren an Bedeutung. Ich dachte über meine Fehler, Irrungen und Wirrungen nach, aber auch über die Dinge, die mich erfüllten oder stolz machten. Mir wurde meine eigene Begrenztheit klar, insbesondere die Endlichkeit des Lebens. Es war der Zeitpunkt, in dem ich unterschiedliche existenzielle Wirklichkeiten wahrnahm und betrachtete: von mir, dem kleinen Homo sapiens, der jetzt in einem Zelt im Busch saß, aber auch die sonst tagtägliche hektische Beschäftigung, der ich mich wie viele andere Menschen unterwarf, die Zeit, die ich sonst mit Nichtigkeiten und Bedeutungslosem verbrachte. Nicht, dass ich plötzlich zum einsiedelnden Mönch mutiert war, aber ich verspürte zunehmend in meinem Betrachtungsprozess eine innere Ruhe und Gelassenheit. Aufmerksam und achtsam (!) lauschte ich stundenlang dem prasselnden Regen auf der Zeltbahn, den unterschiedlichen Tönen und Stärken des Windes, um wieder mit mir selbst in Kontakt zu treten. Der Vorgang war ein Höllenritt für mich, der aber in einer sehr wertvollen persönlichen Erfahrung für mich endete. Ich glaubte und glaube, dass dies viel mit mir für mein späteres Leben gemacht hat. Nicht alles, aber vieles verbinde ich mit diesem Erlebnis: Selbsterfahrung, Mut, Perspektivwechsel, mein Bewusstwerden bestimmter Bedeutungen und Werte, aber eben anfänglich auch Durchhaltevermögen und Leidensfähigkeit. Der Indianer und ich, wir konnten uns hin und wieder anschauen und freundlich gegenseitig bestätigen: «Wir warten! Ja, wir warten, bis der Regen aufhört.» (Achtsamkeit und Basiskompetenzen, warten können, Belohnungsaufschub, Selbsterfahrung usw.)

Während all dieser Zeit des Wartens fielen mir unterschiedliche Menschen ein, die mein Leben prägten, auch aus meiner Schulzeit. Wir hatten nicht viel Geld und so verdiente ich mir in den Ferien mein eigenes Taschengeld. Meine ersten Jobs verrichtete ich im Gartenbau für 3,45 DM die Stunde. Soweit ich mich erinnere, ging es los mit Steinpflaster-Legen. Mein Vorarbeiter war ein gewaltiger Kerl, der nicht nur ca. zehn Flaschen Bier pro Arbeitsschicht wie nichts herunterkippte, sondern auch hart arbeiten konnte, und so war er nicht erfreut, ein «Studentenbübchen» wie mich (ich war 16) als Gehilfen zugeordnet zu bekommen, der ihn womöglich davon abhielt. Er traktierte mich, trieb mich an und beschimpfte mich als «faulen Studierten» – ich war Gymnasiast. Eine Schullaufbahn wie diese konnte er nicht vorweisen, aber Pflaster legen konnte er wie ein Weltmeister. Er strich mir die Pausen und ließ mich oft zehn Stunden am Stück Pflastersteine mit einer Schubkarre heranfahren, Sand bringen oder Wasser holen und schmiss mit Gegenständen nach mir. Einmal verfehlte seine Spitzhacke nur knapp meinen Kopf. Ich ließ mich nicht unterkriegen und zeigte ihm, dass ich die zehn Stunden durchhalten konnte, auch wenn ich abends halbtot ins Bett fiel. Ich versuchte sogar, ihm, so gut es ging, zu helfen, denn im Stillen bewunderte ich, wie geschickt, flink und akkurat er Pflaster legen konnte. Später ließ er mir meine Pausen und ich durfte bei ihm sitzen, anders als früher, als das nur mit ausreichendem Abstand gegangen war, damit er seine Ruhe hatte. In den Pausen war er entspannter und ich auch. Er fragte mich, was ich so lerne und später machen wolle, und auch ich fragte nach, was er so gemacht habe und zukünftig noch vorhabe. Wir öffneten uns einander und interessierten uns jeweils für die Ge-

schichten des anderen. Er erzählte mir von seinen Geheimnissen rund um die Kunst des Pflasterlegens, von seinen Tricks und worauf man achten müsse. Ich erzählte ihm von meinen Lehrern, Sorgen und Nöten, aber auch von lustigen und schönen Ereignissen aus meinem Leben. Mit der Zeit entstand Vertrauen zwischen uns. Einmal begann er zu weinen und erzählte mir von seiner behinderten Tochter und den Sorgen, die ihn und seine Frau plagten, aber auch von dem Stolz, den er hatte: Bis zu seinem Tod werde er dafür kämpfen, dass aus seinen Kindern «mal was wird», dass sie selbstständig würden, selbst Geld verdienten und ihre Familie durchbrächten. Er akzeptierte nun auch, dass es ebenso «Studierte» geben müsse und fragte mich über allerlei Dinge aus. Zog er mir auf dem Stundenzettel, den er zur Abrechnung gab, anfänglich ein, zwei Stunden «wegen Faulheit und Langsamkeit» ab, so fügte er später mit einem Augenzwinkern hin und wieder ein paar Stunden hinzu. Er brachte zu den Pausen «Spezialitäten» mit, die nur seine Frau zubereiten konnte, und auch ich teilte mein Pausenessen mit ihm. Abends nahm er mich mit in die Kneipe, wo er sich mit «richtigen Männern» zum Bier traf, und es machte ihn vor den anderen stolz, dass er im Gegensatz zu ihnen einen Gehilfen hatte. «Der steht unter mir», pflegte er seinen Kumpels zu verkünden. «Ich bin sein Chef, aber der ist schon in Ordnung.» – Dadurch, dass er mich beim Oberchef als zuverlässig und schlau lobte, verlor er mich wieder. Ich stieg auf zum Vorarbeiter der Rasenmäher-Kolonnen, die regelmäßig die schmalen Vorgärten der Reihenhäuser der Wohnungsbaugesellschaften mähten.

Später wurde ich dann Kulissenschieber. Einmal in der Woche kam eine Wanderbühne ins Theater. Oft mit prominenten Schauspielern, die ich nur aus Funk und Fernsehen kannte. Die wussten nach der Vorstellung abends oft nicht, was sie machen sollten, und so schleppte ich sie nicht selten in die Kneipe, die ich später mit meinem Bruder übernahm. Ich war «stolz wie Oskar», wenn ich nachts mit prominenter Begleitung in die Kneipe kam. Denn wer war schließlich schon einmal mit Götz George oder Dietmar Schönherr (so die Prominenten damals) zum Biertrinken in eine Kneipe ausgerückt? Auch vollkommen unbekannte Schauspieler und Kabarettisten lernte ich mit ihren Sorgen und Nöten, Träumen und Sehnsüchten kennen. Sie erzählten mir von ihren schwierigen Lebenslagen und ich erzählte ihnen von meinem Leben in der Stadt der tollsten Kleinindustriellen sowie von den mutigen Arbeitern. Von einigen Darstellern habe ich nie wieder etwas gehört, andere hingegen begegneten mir Jahre später als Berühmtheiten im Fernsehen.

Ich schreibe über all das, weil ich im Miteinander und Austausch mit den vielen unterschiedlichen Menschen, die ich kennenlernte, durch die guten und schlechten Erfahrungen, die ich machen konnte, viel gelernt habe. Im Traum hätte ich etwa nicht daran gedacht, mein Recht auf Pause einzufordern, ebenso nicht mein Recht auf anständige Bezahlung, auf Nachtzuschläge beim Abbau und Verladen der Kulissen und Requisiten, von Wochenendzuschlägen ganz zu schweigen. Es ist nicht so, dass ich es im Nahhinein für gut befinde, dass es das damals nicht gab und heute manchmal auch noch immer nicht gibt, aber es hat mich sicherlich anders geprägt, als wenn ich damals, wie andere dies heute oft tun, in einer Art Anspruchshaltung auf die Erfüllung meiner Rechte – mithilfe von Dritten oder vom Staat – gepocht hätte. Auch das ist mir später eingefallen und bewusst geworden, u. a. während der Behandlung einiger meiner Patienten, die in ihrer Opfermentalität verblieben und ihre vermeintliche Abhängigkeit von anderen und dem System beklagten. Durch die Fokussierung auf ihre vermeintliche Hilflosigkeit, ihre Vorwurfshaltung, zu wenig zu bekommen und ungerecht behandelt zu werden, eben ein Opfer zu sein, verloren sie viel Kraft.

Mit meiner wachsenden Menschenkenntnis wurden auch die zunächst unberechenbaren Banker, die ich für mein späteres Berufsleben brauchte, durchschaubar. Es gab die, welche eine falsche Freundlichkeit (um ein Geschäft abzuschließen) an den Tag legten, die, welche einen in schwierigen Situationen wie eine heiße Kartoffel fallen ließen, und die, welche an die vorgetragene Unternehmensidee glaubten und sich für ihre Entscheidung, mir/uns – also meinem Bruder und mir – einen Kredit zu geben, geradezu selbst verantwortlich fühlten. Es gab die unterschiedlichsten Persönlichkeiten unter den Bankern. «Den» Banker (Verallgemeinerung, Pauschalisierung) gab es damals nicht. Heute scheint es ihn jedoch zu geben, denn heute verschafft er sich meist keinen persönlichen Eindruck mehr und übernimmt für seine Entscheidung nur selten selbst die Verantwortung. Stattdessen kommt er an mit einem riesigen Wust an Papier, den es auszufüllen gilt. Sind die Daten stimmig, läuft das Geschäft, sind sie es nicht und liegen sie nicht im Referenzbereich, läuft es nicht. Der Banker braucht sein Gegenüber nicht zu kennen und muss es nicht einschätzen. Wichtig ist, dass die Formulare korrekt ausgefüllt sind. Natürlich, dies ist nicht immer so und nicht alle sind so, aber der allgemeine Trend geht dahin – nicht nur im Finanzwesen, sondern auch in anderen Bereichen –, der Trend zum leitliniengerechten, einheitsmäßig strukturierten, reglementierten und damit festgelegten rechtsstaatlichen, gesichtslosen Verwaltungsvorgang, wodurch alles Menschliche und jeder persönliche Umgang miteinander verschwindet. Diese Entwicklung ist nicht gut, glaube ich, entspricht weder der Wirklichkeit noch den Bedürfnissen von Homo sapiens, auch nicht seiner Systemkonzeption. Der Verwaltungsmanie mag ein Bestreben nach Gerechtigkeit zugrunde liegen («Gleiches Recht für alle!»), doch gibt es unter den Menschen ungleiche Voraussetzungen, und da wäre es doch mehr als fair, wenn bei wesentlichen Entscheidungen die individuelle Lage und persönliche Motivation, sich zu entwickeln, einbezogen würde.

Sowohl in langen Nächten an der Kneipentheke als auch später in den unzähligen Sitzungen und Unterhaltungen mit meinen Patienten habe ich viel über die Menschen gelernt. Ich bin der Überzeugung, dass sie alle etwas gemein haben, etwas Grundsätzliches, worin sie gleich «ticken»: Sie alle, wie auch ich, sind mehr oder weniger die Summe ihrer Erfahrungen, geprägt von ihren Mitmenschen, ihrer Gesellschaft, in der sie leben oder gelebt haben, ihrer Kultur, Geschichte und der Erfahrungen ihrer Vorfahren. All das und das erfahrungsgebende Biotop haben einen wichtigen Einfluss auf unser Leben, so meine Erkenntnis. Was aber, wenn das Biotop nicht mehr artgerecht ist? Was können wir selbst dazu beitragen, welchen Einfluss können wir geltend machen, dass sich dies wieder ändert?

Entfesselung unserer Gesellschaft

Durch meine Erfahrungen habe ich einiges über die Menschen, ihre Bedürfnisse und darüber gelernt, wie Homo sapiens tickt. Mir ist bewusst, wie wichtig es ist, dass jede Gesellschaft, aber auch jede Gruppe sich im besten Fall ehrlich mit eigenen Werten und Überzeugungen auseinandersetzt, eine offene Diskussionskultur mit anderen Gesellschaften und Gruppen pflegt, ohne Diskriminierung oder falsch verstandene «Political Correctness», und dafür die entsprechenden Erfahrungs- und Begegnungsräume bereitstellt. Eine solche Gesellschaftsgestaltung ist es, die Homo sapiens und seiner Systemkonzeption entspricht und ein lebendiges, artgerechtes Biotop fördert: «Begegnung und Austausch im Leben» statt «Verwaltung des Lebens». Die Erfahrungs- und Begegnungsräume sind auch der Nährboden für die Entwicklung der wichtigen Basiskompetenzen und für Veränderungs- und Lernprozesse an der Basis. Bei sich selbst – *bottom up* anzufangen – ist das A und O, und je vielfältiger die Erfahrungen sind, die wir machen, desto besser. Selbsterfahrung meint auch, sich selbst und sein System besser kennenzulernen, Rückschau zu halten und aus Erfahrenem zu lernen, Denk-, Fühl-, Verhaltens- und Handlungsmuster zu korrigieren, anzupassen, wenn sie nicht mehr der aktuellen Situation entsprechen. Basiskompetenzen erlernt und trainiert das Individuum auch durch Verantwortungsübernahme für sich selbst, im Kollektiv und bei der Bewältigung der globalen Herausforderungen. Allem voran brauchen wir also einen Veränderungsprozess *bottom up*, ausgehend von jedem Einzelnen über die Gruppe/n bis hin zur Gesellschaft / zu den Gesellschaften, in denen wir leben, jedoch unterstützt von flankierenden Top-down-Prozessen ausgewählter kompetenter Moderatoren, Kommunikatoren und Interpretatoren sowie fachlich geeigneter oder gut beratener Politiker.

Basierend auf der Systemkonzeption Mensch sind für eine förderliche gesellschaftliche Gestaltung und *Jetzt-Philosophie* drei Akteure auszumachen:
1. das Individuum mit seinem Wissen und seinen Erfahrungen
2. die kollektive soziale Kraft des Wir
3. von der Gemeinschaft gewählte fähige Moderatoren, Kommunikatoren und Interpretatoren sowie fachlich geeignete oder gut beratene Politiker

1. Das Individuum mit seinem Wissen und seiner Erfahrung

Unser persönliches Bewältigungspotenzial beruht auf drei Säulen: a) auf Wissen und Erfahrung, also auf dem Vertrauen in unsere eigenen Fähigkeiten, b) auf unseren persönlichen, von uns für «richtig» gehaltenen Werten, nach denen wir unsere Denk-, Fühl-, Verhaltens- und Handlungsweisen eichen, wozu auch Glaubenssätze gehören, und c) auf unseren Bindungen und Beziehungen zu den uns umgebenden Menschen und das Vertrauen in deren Fähigkeiten.

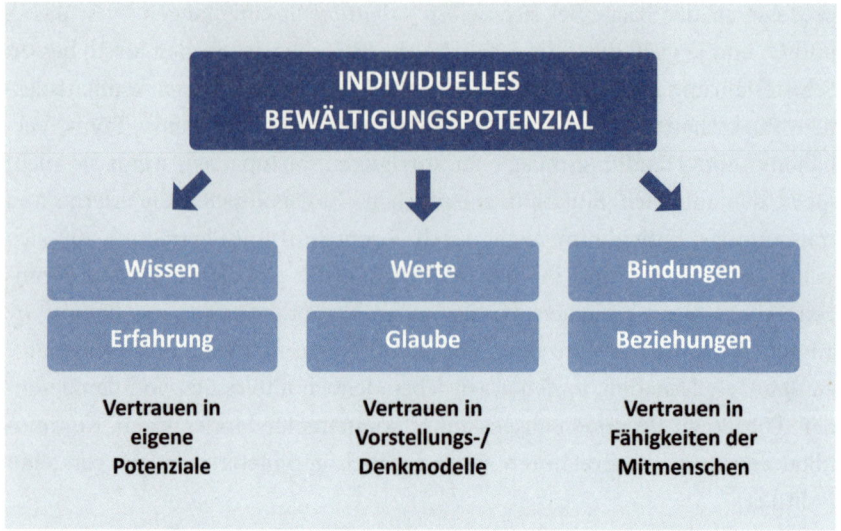

Abb. 6: Die drei Säulen des persönlichen Bewältigungspotenzials.

Diese drei Aspekte machen die Basis dafür aus, wie wir mit Herausforderungen und Problemen umgehen und inwieweit wir bei unseren Bewältigungsbemühungen und den damit verbundenen Belastungen Stress und Dysstress erleben. Eine positive Auswirkung auf das Erleben von Belastungen hat es, wenn wir über ausreichend ausgebildete Basiskompetenzen verfügen, denn das sind auch Bewältigungskompetenzen. – Es ist eben nicht die bequeme Anspruchshaltung «Die da oben werden das schon machen, die werden doch dafür bezahlt», ohne selbst Verantwortung übernehmen zu wollen, die uns unterstützt, unser Überleben zu sichern und unser Biotop zu erhalten. Und es ist auch nicht die passive Vollkasko-Mentalität, sich gegen alles versichert und das Recht auf Wohlstand gepachtet zu haben. Beides lässt uns nur weiter in Realitätsferne, Bewegungslosigkeit und in den Verlust unserer Selbstwirkungskräfte abgleiten.

2. Die kollektive soziale Kraft des Wir

Veränderungen und Anpassungen werden im Wesentlichen durch einen bzw. in einem Schwarm von Menschen angestoßen, die in etwa gleiche Ziele und Vorstellungen zum jeweiligen Bewältigungsthema vertreten. Eine solche Gruppe nimmt ihre Mitglieder mit und entwickelt dadurch die Dynamik und Kraft, gemeinsam Ziele zu erreichen. – *Es ist eben nicht die Gesellschaft, die aus Angst vor Selbstverantwortlichkeit und -engagement falschen Vorstellungen von Gleichheit, Gerechtigkeit und Verteilungsgerechtigkeit hinterherrennt und ängstlich oder bequem eine für das Biotop förderliche Gesellschaftsgestaltung vermeidet, die die nötigen Reformen zur Biotoperhaltung auf den Weg bringen könnte. Eine Gesellschaft, die lieber alles, das Leben im Biotop Organisierende, einer Verwaltungsarmee überlässt. Die selbst keinerlei persönliche Verantwortung mehr übernimmt und sich stattdessen hinter Formularen, Gesetzen, Verordnungen und Paragrafen versteckt oder sich darin verstrickt, wie ein Fluss, der – von der Quelle zum Ziel fließend – letztlich doch in einem weiten Delta versandet. Eine Gesellschaft, die grundsätzlich zu Entscheidendes an eine Garnison von Verwaltern, Bedenkenträgern und Verhinderern weitergibt, die ohne Ansicht von Person und konkreter Sachlage nach Vorgaben von oben nur ausführt, sodass am Ende ein vernünftiges Ziel kaum mehr zu erkennen, geschweige denn zu erreichen ist.*

3. *Von der Gemeinschaft gewählte fähige Moderatoren, Kommunikatoren und Interpretatoren sowie Politiker*

Für eine Biotop-förderliche Gesellschaftsgestaltung benötigen wir Menschen, die mit ausreichendem Sachverstand und Gefühl für die Bedürfnisse von Homo sapiens Prozesse moderieren, kommunizieren und interpretieren, auf der Grundlage der Systemkonzeption Mensch, realitäts- und lebensnah, für alle verstehbar, handhabbar und sinnvoll. – *Es sind eben nicht die Proporzfiguren, die die großen, Biotop-gestaltenden Veränderungen gesellschaftlich einführen und unterstützen können, die an falscher Stelle ohne ausreichendes Wissen, Erfahrung und Gefühl für existenzielle Wirklichkeiten den notwendigen Diskurs um und das Entscheiden von Biotop-gestaltenden Maßnahmen durch ihre persönliche Ideologie unterbinden.*

Wenn Sie meinen, dies sei durch unsere demokratische Grundordnung längst garantiert, dann schauen Sie sich bitte die im Außen, in der Gesellschaft vorherrschenden Systeme genauer an. Wie selbstverständlich haben wir die Prägung unserer Kinder «den anderen» oder «dem Staat» überlassen, ebenso die Versorgung der Alten. Und auch die Gestaltung unserer eigenen Lebensräume haben wir anderen übergeben, weil wir das vielleicht aus irgendwelchen «guten» Gründen «müssen». Der Rechtsstaat hat ja für uns vorgesorgt und alles mit entsprechenden Gesetzen und Paragrafen abgesichert. Wir sind also nicht selbst verantwortlich. Nicht für unseren Lebensunterhalt, denn wir haben ein Recht auf Teilhabe. Auch wählen müssen wir nicht oder uns irgendwo sonst beteiligen an dem, was wir der Gesellschaft oder dem Staat zugeschoben haben. Wir entziehen uns lieber!

Mit einem Feuerwerk an Gesetzen, Reglementierungen, Vorschriften, Normen, Geboten und Verboten glauben wir, dass wir es uns einfach machen, jemand für uns das Leben regelt und Lösungen für unsere Probleme findet. Vielleicht bemühen wir uns auch deshalb, diese Regularien so gut, wie es geht, zu befolgen. Irgendeinen Sinn wird es ja schon haben, was die sich «da oben» ausgedacht haben. Aber am Ende zählt nicht das Bemühen, sondern der Erfolg. Das betrifft die Bewältigung von globalen Herausforderungen, wie den anthropogenen Klimawandel, die Digitalisierung, den nötigen Gesellschaftsumbau, den Umbau und die Konsolidierung der Wirtschaft, notwendige Reformen in den Bereichen Mobilität und urbanes Zusammenleben oder was auch immer wir sonst noch zu tun haben. Und na klar, auch die eigenen privaten Herausforderungen: die Bewältigung von traumatischen Kindheitsepisoden, einer gescheiterten Beziehung, eines unglücklichen Berufsverlaufs, einer Krankheit o. Ä. Aber auch hier versuchen wir, uns aus der Selbstverantwortung, der es sich meist ohne Wenn und Aber zu stellen gilt, zu stehlen, und die Verantwortung dafür anderen, dem Staat oder der Gesellschaft aufs Auge zu drücken.

Wir haben uns auf die Teilhabe und einen «Leistungsanspruch» von anderen zurückgezogen, statt uns mitverantwortlich als Teil des Ganzen zu zeigen und uns für uns selbst und die Gemeinschaft stark zu machen. Nicht in die eigene Kraft zu kommen und gemeinschaftlich die großen Herausforderungen der Jetzt-Zeit bewältigen zu können, stellt für uns momentan das größte Handicap dar. Das müssen wir als Erstes betrachten. Um aus unserer hilflosen Lage herauszukommen, benötigen wir keine Anordnungen oder Reglements von oben, sondern die innere Haltung und Bereitschaft, Verantwortung zu übernehmen: für uns selbst, die Gesellschaft und die Gestaltung eines Homo sapiens förderlichen Biotops. Auf zweierlei Weise kann eine solche Haltung initiiert und gefördert werden: 1. von Handlungen der drei Akteure (Individuum, Kollektiv, gewählte Top-down-Leute) direkt ausgehend und 2. durch die Wirkung bereitgestellter Begegnungs- und Erfahrungsräume: in Schul- und Erwachsenenbildung, durch Vereine, soziales Engagement usw. Erste Veränderungen, Schritte in diese Richtung sind schon gemacht worden. Vor allem *bottom up* bringen sie die notwendige Dynamik und Bewegung ins Spiel. Im Folgenden wollen wir einige Beispiele betrachten.

Jeder kennt sie, die *Gemeinschaftsprojekte und Wohngruppen*, in denen Familien oder frei zusammengefundene Menschen sich als Lebensgemeinschaft weitestgehend selbst organisieren. Da gibt es jemanden, der kümmert sich um das hauseigene Gartengemüse, eine gemeinschaftlich organisierte Kinderbetreuung, einen oder mehrere Verantwortliche fürs Kochen und den Einkauf, Ruhe-, Wohn- und Arbeitsräume für alle zur gemeinsamen Benutzung und eine Werkstatt für handwerklich Begabte und Bastler sowie eine finanzielle Organisation für alle, vielleicht nach Solidarprinzip. Abwechselnd wird geputzt und saubergemacht, und die Autos und Räder, die im Fuhrpark des Kollektivs abgestellt sind, stehen auch zur gemeinsamen Verwendung bereit. Alles ist nach Zweckmäßigkeit zusammengestellt und steht allen zur Verfügung. Dass dies gewährleistet und geregelt ist, auch dafür ist jemand verantwortlich. – Diese fortschrittlichen Menschen, von denen ich hier spreche, werden von der Mehrheit der Bevölkerung als «Sonderlinge» oder «Aussteiger» bezeichnet, vielleicht auch als «Linke», «Rechte» oder «Kulturjünger». Am neutralsten ist es vielleicht hier, den Begriff «Aussteiger» zu gebrauchen.

Ja, sie sind ausgestiegen. Ausgestiegen aus einer Welt der Fremdbestimmung, der Reglementierung und fesselnden Bürokratie – soweit es eben geht. Aus einem entmündigenden, lähmenden, lebensfernen Verwaltungskonstrukt einer überorganisierten, Homo sapiens nicht adäquaten Gesellschaft. Richtiger und besser wäre aber, wir würden sie «Einsteiger» nennen, denn sie sind schon eingestiegen in eigene Sinnhaftigkeit, Selbstwirksamkeit, Selbstverantwortung, Handhabbarkeit und darin, sich als ein Teil des Ganzen mitverantwortlich fürs Kollektiv, den Schutz und Erhalt eines artgerechten Menschenbiotops zu sehen: Sie teilen sich ihre Ressourcen, innere wie äußere, setzen auf Selbstverwaltung, einen umweltbewussten Lebensstil und bauen meist ökologisch vieles selbst an, was sie für den Eigenbedarf brauchen. Organisieren zum Teil auch Seminare und Bildungsveranstaltungen oder Festivals für die außerhalb der Gemeinschaft lebenden Menschen, vernetzen sich so mit anderen, lernen Neues kennen, auch um aus einem größeren

Möglichkeitspool zu schöpfen und ihre Idee von verantwortungsvoller Gemeinschaft und positiv-kreativer Lebensgestaltung weiterzutragen.

Eigentlich sind sie eingestiegen in altbewährte Modelle selbstorganisierter Jäger- und Sammlergruppen, wie wir sie von unseren Vorfahren kennen, und haben sich zurückbesonnen auf das, was sie schon längst wussten. Was hat sie dazu motiviert? Politik- und «Bürokratieverdrossenheit» und dazu der Wunsch nach Selbstorganisation, Verstehbarkeit, Handhabbarkeit und Sinnhaftigkeit in der eigenen und kollektiven Lebensgestaltung, statt sich fremdbestimmt von staatlicher Unterstützung und Organisation (allein) abhängig zu machen. Die Zeit für langwierige Anträge – das Auswerten von Bescheiden, das endlose Studium von Fördermöglichkeiten, das Warten und die Erwartung auf die rettende Hilfe von außen – ist in ihren Augen effektiver für gemeinschaftliches Miteinander, im Sich-gegenseitig-Helfen und -Unterstützen eingesetzt. Solche Kollektive gibt es. Und mal ehrlich: Wie viele von uns verschwenden ihre kostbare Lebenszeit noch damit zu recherchieren, wie sie ein paar Gebühren oder Steuern entgehen können, die am Ende der Allgemeinheit und auch Biotop-gestaltenden Projekten fehlen. Dabei brauchen wir die komplizierten, langwierigen Wege einfach nicht mehr, sie hindern uns daran, zu tun, was wir längst wissen, selbstverantwortlich, art- und biotopgerecht zu leben. Und das ist es, was einen Teil der Menschen frustriert, weshalb sie «aus-» bzw. «einsteigen» in andere, alternative, zukunftsorientierte Lebenskonzepte und auf ihre Selbstwirksamkeit zu vertrauen: Sie haben das langwierige Warten auf Erlaubnisse und an zu viele Bedingungen geknüpfte Genehmigungen satt. Oft ist der Antragswahnsinn nur durch Einschalten von im Vorfeld zu finanzierenden Experten zu bewältigen, was dann auch nur selten zum Erfolg führt. Kein Wunder, dass die Menschen das Vertrauen in die Ämter, das Verwaltungssystem und in die Politik, die diesen Irrsinn (unter-)stützen, immer mehr verlieren.

Die aktuelle Dichte der Reglementierungen, Belehrungen und Aufforderungsbescheide bezeugt, dass die Ämter und Institutionen nicht mehr, wie es ursprünglich gedacht war, *für* das Volk / die Bürger da sind, sondern das Volk / die Bürger dafür, denen «da oben» das Misstrauen zu nehmen, sich ungerechtfertigter Weise etwas zu erschleichen, was ihnen nicht zusteht. Möglichst «lückenlos» und präzise soll in Zahlen und Fakten das eigene Leben dokumentiert werden, um kontrollierbar zu sein und sich verwalten zu lassen. Daten und Akten lassen sich verwalten, aber bei Menschen bleibt ein

Risiko! Ihnen ist nicht zu trauen. Und zu viele Freiräume für Leben und kreative Gestaltung bergen die Gefahr des Kontrollverlusts und schüren die Angst, etwas zu übersehen, was die Sache «aus dem Ruder» laufen lassen könnte und von Staatsseite so nicht gewollt ist. Also besser kein Vertrauen gegen Vertrauen? Dafür aber eine aufgeblähte «Verwaltungsdiktatur», die allein aus sich selbst heraus ihre Daseinsberechtigung bezieht, entkoppelt vom demokratischen Ursprungsziel unserer Gesellschaft – *für das Volk* da zu sein? – Nein, wir brauchen keine «saubere Aktenlage» und auch keine «Mitwirkungspflicht» zur Erfüllung bürokratischer Erfordernisse, dafür aber – und das dringend! – Mitwirkungs-, Entscheidungs- und Gestaltungsmöglichkeiten für das eigene und kollektive Leben im Biotop, zu dessen Erhalt, unserer Sinnfindung und um unser Überleben als Gattung Mensch zu sichern.

Was passiert, wenn wir das nicht verfolgen, stellt sich uns im gegenwärtigen Schulwesen so dar, dass Lehrer nicht mehr oder eben immer weniger unsere Kinder unterrichten, weil sie damit ausgelastet sind, Fragebögen des Qualitätsmanagements auszufüllen, den Rahmenlehrplan abzuarbeiten, Kontroll- und Tätigkeitsberichte zu schreiben usw. Und im Gesundheitswesen dadurch, dass Ärzte immer weniger Zeit für die Behandlung ihrer Patienten haben, weil sie damit überlastet sind, ihre Diagnosen in Zahlen, Codes und Ziffern in einem vorgeschriebenen Software-System einzugeben, Gutachten zu schreiben und für die Krankenkassen Behandlungsverläufe zu dokumentieren.[37]

Auch bei Bauvorhaben ist es nicht anders: Die Antragsstellungs- und Bewilligungsverfahren sind mit mehr Mühen und Zeitaufwand verbunden als der Bau selbst. Es ist sogar so weit gekommen, dass Polizisten weniger für Recht und Ordnung sorgen, weil sie intensiv darauf achten müssen, sich vorschriftsmäßig zu verhalten, kontrolliert durch Nummernschild und Kamera. Und auch die Politiker sind in ihrem Wirken eingeschränkt: Sie wollen oder dürfen nicht mehr sagen, was sie wirklich meinen, denn sie fühlen sich gezwungen, politisch korrekt, niemandem auf die Füße zu treten; Allgemeinplätze oder werbewirksame Slogans für die eigene Partei zu verkünden, ist da unverfänglicher. Doch gerade die Stellvertreter des Volkes sollten die hier angeklungenen Themen in ihrer Komplexität deutlich benennen und dem Volk

---

37 Einen Eindruck des zusätzlichen Vorschriftenwahnsinns im medizinischen Bereich geben im Folgenden Abb. 7 u. 8.

IN EINER ARZTPRAXIS AUSHANGPFLICHTIGE GESETZE

- Unfallverhütungsvorschriften [UVV]
- Betriebsverfassungsgesetz [BetrVG]: Betriebsvereinbarungen
- Heimarbeitsgesetz [HAG]
- Tarifvertragsgesetz [TVG]
- Arbeitsstättenverordnung [ArbStättV]
- Bundeserziehungsgeldgesetz [BErzGG]
- Bundeselterngeld- und Elternzeitgesetz [BEEG]
- Bundesurlaubsgesetz [BUrlG]
- Arbeitsschutzgesetz [ArbSchG]
- Kündigungsschutzgesetz [KSchG]
- Arbeitssicherheitsgesetz [ASiG]
- Betriebssicherheitsverordnung [BetrSichV]
- Entgeltfortzahlungsgesetz [EntgFG]
- Teilzeit- und Befristungsgesetz [TzBfG]

Zusätzlich verpflichtende Aushänge, sofern die Arztpraxis das jeweilige Tätigkeitsgebiet ausübt:

- Strahlenschutzverordnung [StrlSchV]
- Biostoffverordnung [BioStoffV]
- Gefahrstoffverordnung [GefStoffV]: Betriebsanweisungen (wenn mit Gefahrstoffen, z. B. solchen, die physikalische oder chemische Eigenschaften besitzen, gearbeitet wird)
- Röntgenverordnung [RöV] (wenn mit Röntgeneinrichtungen und Störstrahlern gearbeitet wird)

Branchenübergreifend verpflichtende Aushänge, die prinzipiell für alle Unternehmen gelten:

- Allgemeines Gleichbehandlungsgesetz [AGG]
- Arbeitsgerichtsgesetz [ArbGG]: Klage wegen Benachteiligung (wenn regelmäßig mehr als fünf Mitarbeiter beschäftigt werden)
- Arbeitszeitgesetz [ArbZG]
- Bürgerliches Gesetzbuch [BGB]: arbeitsrechtliche Vorschriften (§§ 611 bis 630), Auszug zum Dienstvertrag (wenn regelmäßig mehr als fünf Mitarbeiter beschäftigt werden)
- Jugendarbeitsschutzgesetz [JArbSchG] (wenn regelmäßig mindestens ein Jugendlicher beschäftigt wird)
- Mutterschutzgesetz [MuSchG] (wenn regelmäßig mehr als drei Frauen beschäftigt werden)
- Sozialgesetzbuch [SGB]: gesetzliche Unfallversicherung, Unfallverhütungsvorschriften, Bekanntgabe der Unfallversicherungsträger und deren Anschrift
- Kinderarbeitsschutzverordnung [KindArbSchV]
- Ladenschlussgesetz [LadSchlG] (wenn regelmäßig mindestens ein Arbeitnehmer beschäftigt wird)
- Verordnung über den Verkauf bestimmter Waren an Sonn- und Feiertagen [SonntVerkV]

Abb. 7: Aushangpflichtige Gesetze in einer Arztpraxis.

Weitere für Arztpraxen relevante Vorschriften, die aber nicht aushangpflichtig sind

- Medizinproduktegesetz [MPG]
- Arzneimittelgesetz [AMG]
- Verordnung über Berufsausbildung zur MFA [MedFAngAusbV]
- Transfusionsgesetz [TFG]
- Geräte- und Produktsicherheitsgesetz [GPSG]
- Infektionsschutzgesetz [IfSG]
- Coronavirus-Testverordnung [TestV]
- Mess- und Eichverordnung [MessEV]
- Gendiagnostikgesetz [GenDG]
- Medizinprodukte-Abgabeverordnung [MPAV]
- Medizinprodukte-Betreiberverordnung [MPBetreibV]
- Medizinprodukte-Sicherheitsplanverordnung [MPSV]
- Produktsicherheitsgesetz [ProdSG]
- Technische Regeln für biologische Arbeitsstoffe [TRBA]

Abb. 8: Weitere für Arztpraxen relevante, aber nicht aushangpflichtige Vorschriften (auch hiermit sollte sich ein Arzt in seiner Praxis beschäftigen).

verständlich darlegen, wie und warum diese oder jene Haltung dazu eingenommen wird. Das passiert aber nicht oder kaum noch, und wenn es jemand tut, wird er rasch wegen falschem Wording oder seiner nicht systemkonformen Meinung in die Gruppe derjenigen eingeordnet, mit denen man «nicht mehr spielen» will – Ausschluss vorprogrammiert. Das ist dann das Ende der menschlichen Lebendigkeit und führt zwangsläufig bei den Menschen zu Verdruss.

Schlimmstenfalls gewöhnt man sich als Gesellschaftsmitglied an diesen langen, grauen Fluss, der sich träge und mühsam durch das Land schlängelt, sich «blind» in der Sicherheit wiegend, dass es keine reißenden Stromschnellen oder Überschwemmungen mehr geben wird (weit gefehlt, wie wir wissen, denkt man an die Naturkatastrophen, die Corona-Epidemie und andere unerwartete Ereignisse, die sicher kommen werden). Dennoch sitzen da teilnahmslos immer noch viele, weiter am Rückschrittlichen festhaltend, die Nichtverantwortung und den lähmenden Stillstand gutheißend. – An einem alles Lebendige und jegliche Weiterentwicklung verhindernden Fluss gedeiht wenig. Vielleicht freuen sich gerade noch die, die einen Unterschlupf gefunden haben in einer diesen Fluss verwaltenden Institution, mit lebenslanger Beschäftigungsgarantie, ohne große/eigene Verantwortung, Erfolgs- und Bewältigungsdruck. Wenn nur nicht die, die das satthaben und etwas verändern wollen, die Überhand gewinnen. «Aber die lassen sich gewiss gut durch die überbordende Bürokratie in Schach halten», glauben die, die es noch bequem haben, *noch* ...

In diesem Zurückgenommen- und Eingeengt-Sein, dieser Angst vor Kontrollverlust verharren zu wollen, klingt unverständlich und ungemütlich. Anders gefragt: Kennen Sie jemanden, der etwas dagegen hat, dass das Leben lebenswerter und sinnvoller wird? Dass die Zukunft überlebensförderlich gestaltet und auf den Klimawandel adäquat reagiert wird? Dass unsere Kinder eine gute Ausbildung erfahren, die Wirtschaft nachhaltig gefördert wird und die Digitalisierung vorangetrieben? Vermutlich kaum. Auch Sie sind sicher mit all dem einverstanden. Die Frage ist nur: Wie weit sind wir bereit, uns hierfür auch selbst einzusetzen und Verantwortung zu übernehmen? Wie sehr wollen wir für uns, unsere direkten Nachkommen und folgenden Generationen ein lebenstaugliches Biotop und positive Erfahrungen der Bewältigung von Herausforderungen und Entwicklung hinterlassen? Wie sehr wollen wir in die eigene Kraft und Wirksamkeit kommen, unser Leben und die Gesellschaft mit anderen gestalten, Verantwortung für die Gemeinschaften übernehmen, in denen wir leben? Welchen Preis sind wir selbst bereit, dafür zu zahlen? Und wo fangen wir an? Wo haben wir vielleicht schon angefangen?

Wenn wir längst wissen, dass das Biotop so nicht mehr stimmt, weil mehr und mehr alles Lebendige und die kreative Gestaltungskraft von Homo sapiens unterdrückt werden, müssen wir das ändern. Und wenn immer wieder zu hören ist, dass noch mehr Angestellte und Beamte eingestellt werden müssten, da die Gesellschaft sonst nicht mehr ordentlich verwaltet werden kann, dann sollten wir dagegenhalten, dass dies genau der falsche Ansatz ist und wir fortan auf *Selbstverantwortung, Selbstwertförderung, Selbstorganisation, Selbstregulation*, eigene Gestaltung des individuellen und kollektiven Lebens setzen wollen – und eben nicht auf noch mehr Verwaltung. Vielleicht schlagkräftiges Argument: Die Verantwortung für das eigene Leben, dessen Planung und Gestaltung zu übernehmen, mehr Selbstorganisation und Mitverantwortung für die Gesellschaft kosten nichts (bzw. sollten nichts kosten), noch mehr Verwaltung hingegen schon.

Selbstverantwortung: Wenn wir mit etwas unzufrieden sind, fassen wir uns an die eigene Nase und suchen nicht gleich einen Schuldigen oder Zuständigen im Außen, sondern sind bereit, unser eigenes Handeln oder Unterlassen zu hinterfragen und uns für positive Veränderungen selbst in die Pflicht zu nehmen. («Wir sind unseres eigenen Glückes Schmied.»)

Selbstwertförderung: Wir können unser Glück selbst in die Hand nehmen und uns bewusst machen, worauf wir unsere Aufmerksamkeit lenken wollen, was in unser Leben kommen soll («Law of attraction» vs. das Negative fokussieren). Weniger «esoterisch»: Wir sind es uns wert, unsere Ziele umzusetzen und den Weg der persönlichen Meisterschaft zu gehen. Dafür haben wir starke persönliche Kompetenzen. Wir achten gut auf uns (Körper, Geist und Seele), schätzen unsere Erfahrungen, Erfolge und Niederlagen, wissend, dass wir immer Neues dazulernen. («Aus Fehlern werden wir klug.»)

Selbstorganisation: Unser Gehirn organisiert sich aufgrund der Sinneseindrücke, Wahrnehmung der äußeren Welt immer wieder neu und ist in der Lage, fortwährend unser Verhalten und Handeln passgenau zur aktuellen Situation auszurichten. (Evolutionär gesehen ist der Mensch das Wesen mit der besten Anpassungsfähigkeit.)

Selbstregulation: Wir können kognitive, emotionale sowie somatische Muster achtsam anschauen (Introspektion), sie neu bewerten sowie unseren Bedürfnissen und aktuellen Gegebenheiten anpassen. (Sich verändernd mit den sich stetig wandelnden Biotopbedingungen schwingen wir so mit dem Prinzip des Lebendigen.)

Die Richtung, in die es gesellschaftlich gehen muss, ist klar. Wir wissen von der Notwendigkeit, grundlegend etwas verändern zu müssen, schon seit Jahrzehnten. Lange ist nichts passiert – aus Akzeptanz, Gewöhnung oder Lethargie angesichts eines monströsen, lähmenden Bürokratiesystems, das allein aus Selbstzweck am Leben erhalten wird. Nun ist es höchste Zeit, den fatalen Irrweg zu verlassen und uns wieder selbst zu ermächtigen: in kleinen Schritten *bottom up*, mit Fachkompetenz unterstützt *top down* und einem bereits wachsenden Wir-Gefühl für Biotop-förderliche und unsere Spezies am Leben erhaltende Veränderungsprozesse. Wir brauchen dazu ein Ja von jedem, ein Ja für «Ich bin auch dabei und übernehme Verantwortung und zeige Engagement», ein Ja für die Verabschiedung von vermeintlichen Sicherheiten von außen und illusionären Komfortzonen, ein Ja für kollektives gemeinsames Wirken und Verantwortlichsein und den Willen, dazuzulernen, die eigenen Basiskompetenzen zu fördern und die eigenen Ressourcen, Fähigkeiten und Talente auch für die Gemeinschaft zur Verfügung zu stellen. Dazu brauchen wir Geduld, Zielstrebigkeit und einen langen Atem. Wir wissen, dass uns das gegeben ist, wenn wir das wollen.

Wir brauchen nicht noch ein Gesetz und noch eine Verordnung, die alles äquilibriert und uns zum braven Konsumbürger im Räderwerk eines falschverstandenen Wohlstands- und Gleichheitsnarrativs macht. Wir brauchen mehr geforderte (nicht versorgte!) Menschen mit Selbstverantwortung für ihr Lebenskonstrukt, mit allem Drum und Dran. Menschen, die dadurch ihre individuellen Potenziale entfalten wollen und können. Wir brauchen eine Politik, die uns wieder entfesselt, und ein gesellschaftliches Klima, das der Entfaltung unserer Selbstwirksamkeit wieder Raum gibt und diese zulässt, zu fördern.

Lassen wir den Staat erstmal beiseite

Alles hat einen Grund, eine Ursache, auch warum unser Staatswesen und unsere Gesellschaft so sind, wie sie sind. Die Fesselung der Selbstwirksamkeit durch Entledigung der Verantwortung für das eigene und gesellschaftliche Leben, ersetzt durch immer mehr Vorschriften und Reglementierungen, mit einer daraus resultierenden individuellen und kollektiven Entscheidungsschwäche, Entscheidungslosigkeit, entstehen ja nicht aus dem Nichts. Warum wir nicht tun, was wir wissen oder längst wissen müssten, basiert auf neurobiologischen Gegebenheiten, wie wir nun wissen.

Durch unschöne gesellschaftspolitische Konstrukte – wie den Nationalsozialismus – waren und sind wir bis heute gebrandmarkt. Wir (und unsere Vorfahren) haben Erfahrungen gemacht. Die Verlockung und der Ansporn, den traumatischen Erfahrungen und Entbehrungen etwas anderes entgegensetzen zu wollen, waren und sind übermächtig. Unsere Gehirne waren/sind kollektiv durch ziemlich negative Erfahrungen geprägt – und Erfahrungen sind es, die uns leiten und Einfluss auf unser Denken, Fühlen, Verhalten und Handeln nehmen. Auf diese Weise entstand der Impuls des «Nie wieder!»: So etwas Schlimmes/Leidvolles wie damals wollten wir nicht noch einmal erleben – zumindest die meisten nicht. Wir wollten, so gut es ging, verhindern, dass wieder ein Einzelner oder ein kleines Kollektiv über unsere Lebensgestaltung so radikal entscheidet. Das bedeutet/e, Einzelne oder kleinere Kollektive weitgehend ihrer Entscheidungsmacht zu entbinden – eine etwas falsch verstandene «Freiheit», die darauf baut, die demokratische Entwicklung so weit zu treiben, dass sie selbst handlungsunfähig wird. Nicht sofort, aber allmählich, bis nichts mehr geht, weil es keine persönlich verantworteten Entscheidungen mehr gibt, die auf eigenen Erfahrungen, erworbenem Wissen und/oder gesundem Menschenverstand gründen. Aus Angst vor missbrauchter Macht Einzelner und weil Entschlüsse lieber objektiv, auf Basis von formalen Kriterien herbeigeführt werden. – So entstand unser Rechtsstaat.

Am 2. Februar 2022 haben in Deutschland genau 1.773 Bundesgesetze mit 50.738 Einzelnormen gegolten, 2.795 Rechtsverordnungen mit 42.590 Einzelnormen und darüber hinaus weitere Gesetze und Rechtsverordnungen der 16 Bundesländer – Tendenz steigend.[38] Hier ist nicht gemeint, dass Gesetze oder Verhaltensregeln, nach denen wir unser Zusammenleben organisieren, per se schlecht sind. Wir brauchen sie sogar dafür. Nur wenn sie uns mehr daran hindern, gut und unserer Systemkonzeption entsprechend zu leben, statt uns dabei zu unterstützen, sollten wir etwas ändern. Auf ähnliche Weise wie unser Rechtsstaat entstand zeitgleich auch der Sozialstaat, denn dass Menschen in unserer Gesellschaft Hunger leiden müssen, ungerecht be-

---

38 Vgl. https://www.bundestag.de/presse/hib/kurzmeldungen-882012 (Zugriff: 01.04. 2023).

handelt oder benachteiligt werden, wollten wir auch nicht mehr. Vor unserem kollektiven Erfahrungshintergrund (u. a. Krieg, danach nötiger Wiederaufbau und Beschaffung von Überlebensnotwendigem) verständlich. Nur heute haben wir andere Verhältnisse und leben im Überfluss, auch was Optionen betrifft, Verantwortung für sich selbst und die Gemeinschaft übernehmen zu können. Aber statt Menschen darin zu bekräftigen, diese wahrzunehmen, verhindert der Sozialstaat meist eher, dass sie aus sich selbst heraus (wieder) auf die Beine und in ihre (volle) Kraft kommen, ihr Leben selbst finanzieren und gesellschaftlich etwas beitragen können (Arbeitslose werden eher verwaltet, statt mit ihnen Wege in die Arbeit und Selbstverantwortung zu finden).

Für diese Entwicklung sind wir selbst verantwortlich und keine «bösen Mächte», die «da oben» oder bestimmte Gesellschaftsgruppen. Wir alle sind es, die dieses nichtförderliche System am Leben erhalten. Doch sind dadurch gesellschaftliche Muster entstanden, die uns nicht guttun, krankmachen, unser Biotop gefährden und uns vielleicht am Ende als Spezies abschaffen.

> Individuelle und kollektive Körper-Geist-und-Seele-Erfahrungen – auch die unserer Vorfahren – prägen unser Denken, Fühlen, Verhalten und Handeln. *Unser Sein und unsere Persönlichkeit sind die Summe unserer Erfahrungen, das ist eine neurobiologische Tatsache.*

Selbst wenn wir wissen, dass überbordende Bürokratie, durch falsche Alimentation verursachte Befreiung von Verantwortung sowie soziale Entmündigung und exzessiver Konsum nicht förderlich für uns sind, fällt es uns schwer, die nötigen Veränderungsprozesse in Gang zu bringen – zu tun, was wir eigentlich wissen und wissenschaftlich nunmehr belegt ist. Die Diskussion über Veränderungsnotwendigkeiten wird lieber ängstlich tabuisiert. Das betrifft auch private oder gesellschaftspolitische Entscheidungen in anderen Bereichen, wie wir es an dem aktuellen Gesellschaftsdiskurs über die Klimapolitik und die globale Verantwortung zur Verhinderung von Armut oder Maßnahmen für die Bewahrung von Weltfrieden sehen. Erschwerend kommt hinzu, dass wir in unserem jetzigen, nicht artgerecht gestalteten Biotop kaum verhaltensregulierende, neue Erfahrungen machen oder anpassungsrelevante Basiskompetenzen trainiert werden können, weil die wenigen Erfahrungsräume dafür eher noch minimiert werden, statt ihr Vorkommen zu erweitern. Die «Schulen», die uns ganzheitlich für die Bewältigung der gegenwärtigen globalen Probleme fit und zukunftsfähig machen und uns auf unserem Weg zur persönlichen und kollektiven Meisterschaft weiterbringen könnten, sind also eher im Begriff, komplett zu schließen, statt ihr Lernangebot bedürfnisgerecht zu erweitern.

In Krisen, wie während der Pandemiezeit, ist uns das besonders deutlich geworden. Das kleine Virus verbreitete Angst und Schrecken und hatte seine Blüten in jede Richtung getrieben. Durch die Unvorhersehbarkeit seiner Auswirkungen und die Unbeherrschbarkeit der Lage entstanden abenteuerlich kausale Konstruktionen. Hatten wir eine Erklärung und schien sie noch so abwegig, nahm sie uns etwas Angst. Der Feind war wenigstens sichtbar und konnte bekämpft werden. Auf der anderen Seite eskalierten Angst und Schrecken in kognitiv nicht nachvollziehbarer Weise und führten zur Lähmung. Wir fühlten uns wie das Kaninchen vor der Schlange oder einem anderen Wesen, das wild nach uns schlägt und um sich beißt – vielleicht stellten wir uns tot, zumindest aber waren unsere Handlungsfähigkeit und Entscheidungskraft gelähmt. Dieser paralysierte Zustand zeigte sich auch in der Politik, aber nicht, weil manche Volksvertreter Böses im Schilde führten, sondern weil Politik von Menschen wie du und ich gemacht wird, die zum Teil auch nicht recht wussten, wie sie sich entscheiden sollten. Auch sie waren geprägt von ihren Erfahrungen und hatten noch dazu mit einem System zu kämpfen, welches zügiges Reagieren und sinnvolle, unkonventionelle, pragmatische Entscheidungen kaum zulässt.

Dass Krisen generell die sozial Schwächsten am ehesten und meisten treffen, bedauerten wir zutiefst. Darwinistisch und provokativ gesehen ist das aber ein Naturgesetz. Doch wollten wir das nicht hinnehmen, weil wir beschlossen hatten, dass das nicht mehr sein darf, so organisierten wir in Corona-Zeiten etwa für Minderbemittelte und Obdachlose kostenlos Masken und über Winter mehr Unterkünfte als üblich. Dazu taten uns die Ärzte, das Pflegepersonal, die Feuerwehren und Rettungssanitäter leid, weil sie die größte Last zu tragen hatten. Mehr als die anderen. Doch wie solidarisierten wir uns? Welchen gesellschaftlichen Beitrag leisteten wir persönlich? Eigentlich selbstverständlich und nachvollziehbar, dass wir alle hätten mithelfen sollen, die Pandemie mit all ihren Herausforderungen und auch die Folgen danach zu bewältigen. Es war in etwa wie im Krieg: Die Soldaten standen an vorderster Front und trugen für ihr Vaterland das größte Risiko, manch einen erwischte es und seinen Angehörigen blieb nichts weiter übrig, als ihn zu betrauern. – Besonders in Krisenzeiten betrifft es aber nicht nur die, die im Rampenlicht stehen, sondern die gesamten Gesellschaften. Um wirkliche Krisen zu bewältigen, bedarf es daher eines kollektiven Willens und kollektiver Tatkraft aller oder zumindest der meisten Gesellschaftsmitglieder.

Viele bedauern angesichts einer Krise immer noch, selbst einen Beitrag zu ihrer Bewältigung leisten zu müssen, denn das bedeutet Verzicht, die eigenen Ansprüche herunterfahren und etwas zum Wohle der Gemeinschaft an andere «abgeben» zu müssen, materieller oder ideeller Art. Zu Corona-Zeiten wurden die Grundrechte temporär beschnitten, wenn auch in einer für eine Krise erträglichen Weise. Doch wie viele wollten sich Freude, Geselligkeit und Konsum nicht nehmen lassen und verharrten in vorwurfsvoller Anspruchshaltung. Was bedeutet ein Leben schon ohne Spaß, Freude, Konsum und vermeintliche Freiheiten? (Was zu leben noch, gar zu überleben bedeuten kann, hatten wir das tatsächlich schon vergessen?)

Warum diese, zugegebenermaßen etwas provokative «Predigt»? Sie sollte deutlich machen, wie sehr wir selbst, besonders in Krisenzeiten, für unsere kollektive Hilflosigkeit, für unsere Angst und Unsicherheit verantwortlich sind. Wir haben uns selbst in eine überbordend hilflose Situation hineinbegeben, ohne aktiv etwas durch Eigenengagement oder Verzicht an unserer Lage und solidarisch etwas an der unseres (Welten-)Kollektivs verändern zu wollen bzw. zu können. Das ist nicht «denen da oben», dem Staat oder irgendwelchen Regierungen anzulasten. Es geht uns alle an, unsere Art zu erhalten, für Frieden und unser Überleben zu sorgen, unser Biotop zu erhalten. Wir gehören alle zur Gattung Mensch, insofern sind wir auch alle ein Teil des Staates, der Weltengemeinschaft und auch ein Teil von sozialen Konstrukten. Das erfordert Selbstverantwortung und eigenes Tun genauso wie Solidarität und solidarisches Handeln.

Der *Staat* und die *Weltengemeinschaft* sind keine abstrakten Konstrukte. Sie beruhen auf der Summe aller Erfahrungen und Entscheidungen in unseren modernen Gesellschaften und darüber hinaus.

Wie tragen wir aber nun zu diesem Erfahrungs- und Entscheidungspool «Staat» oder «Weltengemeinschaft» bei? Gibt es an dieser Stelle noch etwas zum bereits beschriebenen Erfahrungsreaktor Mensch, zu den neurobiologischen und seine Systemkonzeption betreffenden Funktionsweisen zu ergänzen? Was bedeutet Erfahrung? Und was bedeutet es, «Erfahrungsräume zu schaffen» als staatliche Aufgabe?

Wir kommen auf die Welt. Einiges ist genetisch festgelegt, aber in der Summe unseres Lebens das Wenigste. Unsere Gene werden epigenetisch aktiviert oder nicht und sind durch lebenslange Erfahrung und Prägung miteinander vernetzt. Auf diese Weise entstehen unsere Fähigkeiten und unsere Persönlichkeit, das, was uns letztlich ausmacht. Besonders unsere frühe Prägung, die Interaktion mit unseren ersten Bezugspersonen (bestenfalls unsere leiblichen Eltern, da hohe Sende- und Empfangsstärke, aber nicht nur und unbedingt), ist sehr bedeutsam für die Entwicklung unserer Persönlichkeit, unserer Bindungsfähigkeit und biopsychosozialen Gesundheit. Diese frühkindlichen Erfahrungen (sehr negativ bis sehr positiv) wirken sich auch darauf aus, wie wir später denken, fühlen, uns verhalten und handeln. Ein schweres, vor allem ein sehr frühes Trauma kann so einen lebenslangen Einfluss auf das Körper-Seele-Geist-System eines Menschen haben.

Für jede Prägung durch Erfahrung stehen unsere Nervenzellen bereit. Durch unsere Erfahrungen machen wir uns einen Reim auf uns selbst und die Welt. In ihrer Summe und Ausprägung formen sie uns, vermitteln sie uns Basiskompetenzen. Nun kann sich unser Gehirn nicht bewusst (!) alles merken, wie wir wissen. Um hier Abhilfe zu schaffen, hat sich die Natur – wie bei fast allen Lebewesen – etwas einfallen lassen: Unser Hirn arbeitet ökonomisch. Haben wir uns durch vielerlei Erfahrungen auf das eine oder andere (bewusst) einen Reim gemacht, wird dieser «Reim» Zug um Zug in das Vorbewusste (war uns schon mal bewusst und kann ggf. wieder hervorgeholt werden) transportiert. Oder es hinterlässt unbewusste Spuren in prozeduralen Gedächtnissen (absolut nicht zugänglich, aber in den prozeduralen Gedächtnissen der Basalganglien vorhanden). Wir vergessen also Bewusstes wieder oder uns waren bestimmte Inhalte nie bewusst.

Vor- oder Unbewusstes ist unserem Bewusstsein also nicht präsent, und trotzdem existiert es. Erfahrenes kann demnach in Abhängigkeit von neurologisch-biochemischen Kriterien auf der Skala von mehr oder weniger bewusst bis hin zu unbewusst verortet werden. Wir können uns diese neurologisch organisierten ‹Freiheitsgrade› dann wie bei einem Lampendimmer vorstellen: Die Erinnerung um das Erfahrene ist dann graduell mehr oder weniger bewusst oder es dringt eben gar nicht ins Bewusstsein, weil es unbewusst ist. Nach heutigem Wissensstand gibt es diesbezüglich keine fest definierbaren Grenzen. Aber das Unbewusste oder Vergessene ist da und steuert uns und wir treffen zukünftige Entscheidungen eben auch auf Basis dieser ins Vor- und Unbewusste «abgesenkten» Erfahrungen.

> Wir sind in jedem Moment unseres Lebens *durch unsere Erfahrungen geprägt*, die *mehr, weniger oder gar nicht bewusst*, neurobiologisch in unserem Gehirn verankert sind. Auf dieser Grundlage funktionieren wir: unser Denken, Fühlen, Verhalten und Handeln.

Um uns weiterzuentwickeln und höhere Kompetenzen zu erlangen, müss(t)en wir eigentlich ständig neue, bestenfalls funktionalere Erfahrungen machen. Denn Erfahrungen mit Körper, Seele und Geist zu machen, stellt die Essenz für unsere Entwicklung und den Treibstoff dar, der uns in Bewegung bringt und unsere Überlebens-/Anpassungsfähigkeit sichert. Damit Erfahrungen förderlich für uns sind, müssen sie neu und relevant für uns sein. Im besten Fall nehmen wir das Erlebte bewusst wahr und koppeln es «automatisch» mit unseren früheren Erfahrungen. Da wird dann ein «Reim» für uns draus, eine intuitive Entscheidungsfähigkeit, eine neurobiologische Struktur, die in unseren Gehirnen fest verankert werden kann, und uns hilft, Neues zu bewerten, auf dieser Basis zu denken, zu fühlen, uns zu verhalten und zu handeln.

Die allererste und -dringlichste Aufgabe des Staates muss es demnach sein, Erfahrungsräume zu schaffen, in denen der Bürger neue, funktionalere Erfahrungen machen kann: etwa durch die Übernahme von kollektiven Aufgaben oder Verantwortlichkeiten, durch Weiterbildungen in Schulungs- und Talentförderstätten usw. (Das trägt dann auch zur Aneignung und Entwicklung von Basiskompetenzen bei.) Nur so kann der Mensch als (selbst-)verantwortliches Gesellschaftsmitglied heranreifen, einen wachen, ganzheitlichen Blick auf existenzielle Wirklichkeiten haben, genügend Urteils- und Entscheidungskraft erlangen, um Wahrgenommenes, fakten- und erfahrungsbezogene Meinungen zu bewerten und daraus Homo-sapiens-gerechtes und Biotop-förderliches Handeln entstehen zu lassen. In der Summe reifer Gesellschaftsmitglieder kann so ein gesundes Staatswesen erwachsen.

Schaffen wir also ein solches Biotop, welches dem Gedeihen unserer Spezies förderlich ist: im Außen durch Bereitstellen entsprechender Erfahrungsräume und im Innen durch eigenes Basiskompetenztraining und Aneignen von systemrelevantem Wissen und neurobiologischen Grundlagen. So entstehen die förderlichsten menschlichen Gesellschaften, die vermutlich – sich selbst nährend und erhaltend – am besten umsetzen können, was sie wissen.

Fangen wir bei den Kindern und Jugendlichen an

COVID-19 ist eine Krankheit, die die Älteren besonders betrifft, so hieß es aus rein biomedizinischer Sicht zum Zeitpunkt der Abfassung des Textes. Sollte unsere westliche Medizin ihre Sichtweise nicht ändern und eine ganzheitliche Körper-Seele-Geist-Perspektive einnehmen, so wird dies ihr Ende sein.[39] Als Mediziner schäme ich mich sogar ein bisschen für die leidenschaftslosen Stellungnahmen der Wissenschaftler und meiner Fachkollegen bzgl. der Kollateralschäden bzw. wegen der enormen biopsychosozialen Wechselwirkungen, die es in der Folge des Pandemiemanagements gibt und geben wird. Kinder und Jugendliche haben sowohl individuell als auch kol-

---

[39] Vgl. Näheres dazu in Kap. 4 unter «Wir brauchen eine systemadäquate Medizin».

lektiv gesamtgesellschaftlich gesehen einen hohen, wenn nicht gar höheren Preis gezahlt als manch anderer, brauchen sie für eine gesunde biopsychosoziale Entwicklung doch ganz besonders Sicherheit, Verlässlichkeit und Optionen, um sich selbst auch in der Gruppe sozial zu erfahren. Dadurch, dass wir unsere Kinder und Jugendlichen weg- und ausgesperrt haben, haben wir dem Corona-Virus zwar erschwert, sich zu verbreiten, unserem eigenen Immunsystem damit aber zugleich auch die Möglichkeit genommen, sich der Virenlage in der Welt anzupassen, und damit zudem einem noch gefährlicheren, persönlichkeitsschädigenden Virus Tür und Tor geöffnet.

Kinder und Jugendliche benötigen es mehr als andere, sich selbst und ihre Umwelt zu erfahren. Sie müssen sich mit anderen Heranwachsenden, aber auch mit Erwachsenen auseinandersetzen und sich mit ihnen wieder zusammenraufen können, um sich so mit ihrer Persönlichkeit in der Gesellschaft und Welt positionieren zu können. Auf diese Weise lernen sie, Entscheidungen zu treffen und Verantwortung zu tragen. Nehmen wir ihnen diese Möglichkeit und versehen sie noch mit einer Portion Erwachsenenangst, schädigen wir sie enorm. – Das ist keine Neuerscheinung der letzten Pandemiekrise, sondern zeigt nur in verstärkter Ausprägung einen Holzweg, den wir schon lange vorher eingeschlagen haben.

Als ersten wichtigen Impuls setzen sich Kinder zunächst mit ihren Eltern auseinander. Im besten Fall sollten sie eine sichere Bindung zu Mutter und Vater erleben. Die beste Erfahrungsbotschaft an die Kinder seitens der Eltern ist: «Geh hinaus in die Welt, erkunde sie, sei mutig und neugierig und mache dir ein eigenes Bild. Wir unterstützen dich dabei. Und wenn du Fehler machst oder fällst, egal warum und wie tief, wir sind für dich da.» Diese Botschaft den Kindern mitzugeben, ist ihre humanistische Pflicht. Und es geht noch weiter: «Manchmal sind wir auch gegen dich, werden zornig oder sind nicht einverstanden mit dem, was du machst, aber bei alledem sind und bleiben wir unabdingbar verlässliche Partner. Du kannst immer zu uns kommen. Natürlich machen wir auch Fehler oder liegen falsch. Und du darfst dich gegen uns auflehnen oder uns zustimmen, weil du eine eigene Persönlichkeit hast. Vielleicht kannst du auch von unseren Fehlern lernen, denn auch wir sind nicht perfekt. Aber eines bleibt: Wir sind immer für dich da.» Diese zentrale Botschaft zu vermitteln und vorzuleben, ist von großer Bedeutung für die Entwicklung von Kindern und Jugendlichen. Dafür sollten Eltern und Gesellschaft die nötigen Bedingungen schaffen.

Mit diesem Wissen wirkt es geradezu paradox, wie wir heute politisch bemüht sind, Mütter und Väter von ihren elterlichen Fürsorgepflichten zu befreien. Die Gesellschaft, der Staat, so fast die einhellige Meinung, soll ihnen diese Verantwortung abnehmen, damit sie früher wieder arbeiten, Karriere machen und ihre Freizeit genießen können. Hierfür werden ganze Heerscharen an bezahlten Ammen, Ersatzmüttern und -vätern samt Infrastruktur, also Kitas, bestenfalls noch ganztags zur Verfügung gestellt. Hinzukommen sollen – so das politische Ziel – demnächst ausreichend Einrichtungen für die Betreuung von unter Dreijährigen. Begründung: Auch Eltern hätten ein Recht auf unbeschwerte «Selbstverwirklichung», freie Lebensgestaltung und Teilnahme am Arbeitsleben. Angesichts der möglichen negativen Auswirkungen auf die Entwicklung der Kinder ist ein solcher Plan nicht nachvollziehbar und wirkt geradezu fahrlässig. Wäre es nicht stattdessen besser und angebracht, Eltern auf ihre Pflicht hinzuweisen, Eltern zu sein? Die Bedeutung der Elternrolle gesellschaftlich aufzuwerten?

In modernen Gesellschaften ist es, Kinder zu bekommen, kein Schicksalsschlag und muss der Verantwortung von sich frei dazu entscheidenden erwachsenen Menschen zugemutet werden: Wir wissen, wie man Kinder bekommt, und auch, dass Kinder großzuziehen nicht die leichteste Aufgabe ist, aber von großer Bereicherung und Freude begleitet sein kann und der menschlichen Natur entspricht. Auch über die Anzahl der Kinder, die wir bekommen wollen, können wir selbst entscheiden: ein Kind, zwei, fünf oder zehn. Und logisch: fünf oder zehn Kinder großzuziehen, bedeutet mehr Mühe, Verzicht und finanziellen Aufwand als nur ein oder zwei. Dafür hat man ja ggf. aber auch mehr Freude daran. Die Pflicht/Verantwortung für die Betreuung und Erziehung der Kinder liegt also beim mündigen Bürger, der sich für die Elternschaft frei entschieden hat. Er sollte deshalb diese nicht dem Staat überlassen oder wie selbstverständlich davon ausgehen, dieser sei verpflichtet, die eigene elterliche Verantwortung zu übernehmen.

Vielleicht reden wir in unseren Gesellschaften zu wenig von unseren Pflichten und zu sehr von unseren Ansprüchen, denen andere genügen sollen. Nicht nur teilhaben können sollten wir an der Gesellschaft, sondern auch von ihr in die Pflicht genommen werden, für die Sorge um die eigene Familie und das Kollektiv. Das sollte gesellschaftlich so auch vermittelt werden, nicht ohne zugleich ein gewisses Maß an Unterstützung für die Pflichterfüllung anzubieten, nur abgenommen werden sollten dem Einzelnen die

Pflichten nicht. Sollte also allen Eltern eine kostenlose Staatsamme garantiert werden? Jede/r einen Anspruch darauf haben? Was ist das für eine Botschaft? Wäre es nicht besser, als Gesellschaft kundzutun: Wir freuen uns, wenn ihr euch für Kinder entscheidet! Wir unterstützen euch gern, doch Eltern (geworden) zu sein und die Pflichten dafür zu übernehmen, bleibt letztlich immer eure Verantwortung.

Mal von der Selbstverwirklichungsdebatte abgesehen zieht auch nicht das Argument, dass Mütter und Väter schnellstmöglich wieder dem Arbeitsmarkt zur Verfügung stehen müssten, wenn wir dafür tausende Erzieherinnen und Erzieher, Tagesmütter und Betreuer benötigen. Das ist ein Nullsummenspiel: Die Kinderbetreuenden könnten schließlich auch anderweitig eingesetzt werden, von den einsparbaren Staatskosten für die Betreuungsplätze ganz zu schweigen, die den Eltern für die Wahrnehmung ihrer Pflichten zuteilwerden könnten. Hier geht es also wohl eher um eine ideologische Mainstream-Entscheidung, ein falsch verstandenes Recht auf persönliche Freiheit und Entfaltung mit der Botschaft: «Du kannst Kinder bekommen, so viele wie du willst, und dich trotzdem frei nach deiner Fasson verwirklichen, denn der Staat kümmert sich schon.»

Zugegeben ist dies etwas provokativ auf die Spitze getrieben und hört sich vielleicht auch etwas nach Schwarz-Weiß an, ist so aber nicht gemeint. Ziel ist hier wieder, den «Holzweg» vor Augen zu führen, den wir gesellschaftspolitisch eingeschlagen haben, darauf hinzuweisen, wie wichtig es ist, ganzheitlich auf das Phänomen Elternschaft zu blicken und die ganze Bandbreite an Zusammenhängen zu betrachten. Die «Wahrheit» liegt hier wieder in der Mitte: Weder liegt sie dort, wo Eltern zusehen müssen, wie sie mit ihren Kindern allein klarkommen, noch da, wo darüber diskutiert wird, Eltern hätten einen Anspruch auf Kindererziehung und -betreuung, möglichst ganztags, auch für die unter Dreijährigen.

Zudem existiert da auch noch der Gedanke, ob die Gesellschaft Eltern die Erziehung ihrer Kinder überhaupt noch zutrauen kann. Nach dem Motto: «Dazu sind die doch gar nicht mehr in der Lage. Besser, das übernehmen ‹professionelle› Staatseltern.» Ein wenig Wahres mag da wohl dran sein. Aber selbst, wenn dem so sein sollte, trägt die Gesellschaft dafür die volle Verantwortung. Etwa dass die heutige Elterngeneration nicht ausreichend Basiskompetenzen ausbilden konnte und Konsum, Komfort und Bequemlichkeit über Jahre sozialem Engagement, Verantwortung und Entwicklung eigener Fähigkeiten vorgezogen hat. Soll die Lösung für diese Gemengelage nun darin liegen, auch noch die Kindererziehung abzugeben und von Fremden kontrollieren, bestimmen zu lassen? Das Persönlichste, was es gibt, für die eigenen Kinder da zu sein? Das klingt doch mehr als fragwürdig. So etwas kennen wir aus autoritären Staaten, wo Kinder früh von getreuen Gefolgsleuten auf die Staatsideologie getrimmt werden. Wollen wir das? Unsere Kinder willfährig zu «funktionierenden» Konsumbürgern heranziehen lassen? Macht uns das glücklicher, wenn wir weniger Verantwortung für unser Leben und das unserer Kinder übernehmen müssen?

Wir spüren, dass wir mit einem alle Lebensbereiche kontrollierenden, alle Selbstpflichten übernehmenden Staat in eine komplett falsche Richtung rennen. Weg von einem artgerechten Biotop, das (Über-)Leben verspricht. Weg von einem artgerechten Biotop, das von individueller und kollektiver Verantwortung für gesellschaftspolitische und globale Prozesse geprägt ist und Verständnis, Handhabbarkeit, Sinn und Glück verheißt. – Wir brauchen eine Kehrtwende. Wir brauchen die *Entfesselung* in allen Lebensbereichen der Gesellschaft, damit jeder sich gemäß seiner Persönlichkeit entfalten und seine Fähigkeiten in die Gemeinschaft einbringen kann. Damit die Potenzialvielfalt in der Gesellschaft gelebt und für das Kollektiv genutzt werden kann. Beginnen wir bei den Protagonisten unserer Zukunft: bei den Kindern, Jugendlichen, Lernenden und Lehrenden, die mittels ausreichend Basiskompetenzen ihr kraftvolles Potenzial in eine zukunftsfähige Gesellschaft tragen könn(t)en.

Unsere «Rohdiamanten»

Kinder, Jugendliche, auch Erwachsene gedeihen durch Erfahrungen. Besonders die primären Erfahrungen, in jungen Jahren, helfen unserem Nachwuchs, ihre ungeheuren individuellen Potenziale zum Vorschein zu bringen. Inwieweit das gelingt, so wissen wir bereits, hängt grundlegend von der Qualität der ersten Bindungserfahrungen ab.

Verdeutlichen wir uns das noch etwas eingängiger an einer Metapher aus der Botanik: Soll ein kleines Pflänzchen gut gedeihen, braucht es zunächst einen guten Standort, an dem es wurzeln kann. Übertragen auf ein Kind heißt dies: Es braucht Bezugspersonen, zu denen es eine zuverlässige, sichere Bindung aufbauen kann.[40] Ist das Pflänzchen in die Erde gesetzt, muss es angegossen werden und benötigt regelmäßig genügend Wasser, Nährstoffe und Licht, um gut gedeihen und sein gesamtes Blatt- und Blütenwerk entfalten zu können. Genauso ist es auch bei Homo sapiens und anderen Lebewesen: Bei der Geburt ist unser Gehirn noch nahezu unbelastet, «blind» und «taub». Wir nehmen unsere Umwelt wahr und machen uns mit all unseren Sinnen fortan ein Bild von der Welt (*Weltbild*), uns selbst (*Selbstbild*) und der Meinung mancher Mitmenschen über uns (*Fremdbild*). Je mehr Erfahrungen wir in der Welt mit uns und den anderen machen und je mehr Wissen wir anhäufen, desto mehr schärfen wir unser Wahrnehmen und Bewerten und desto besser wird unsere Ausgangsbasis für das Aneignen und Entwickeln von Basiskompetenzen. Hier können wir als Eltern unsere Kinder schon sehr früh fördern, aber eben auch die Gesellschaft durch die nötige Unterstützung in Erziehung und Bildung, sodass unsere Heranwachsenden gut gedeihen, sich gemäß ihren Potenzialen entwickeln und fit für die Zukunft werden können. Dies ist unsere allererste und oberste Pflicht.

Eigentlich selbstverständlich, werden Sie jetzt sagen. Aber das ist es leider noch nicht, denn gesellschaftlich folgen wir immer noch nicht ausreichend der Erkenntnis, dass Kinder über vielfältiges Erfahren lernen müssen, sich an die Umwelt anzupassen, mit anderen Menschen und sich selbst zurechtzukommen, und dazu die tatkräftige Unterstützung der Eltern, Gesellschaft, Lehrer und Erzieher benötigen. Nun wissen wir, dass eine derartige Investition die beste «Vorsorge» für unsere Nachkommen ist, aber auch für unsere eigene Zukunft und die Gestaltung eines überlebensfähigen Biotops. Darum sollten wir alles daran setzen, unseren Kindern die besten Bindungserfahrungen und eine exzellente, erfahrungsorientierte Bildung zu bieten – das ist das eine.

Das andere: Wir brauchen dringend gut ausgebildete, basiskompetente Erzieher und Lehrer – keine Kontroll- oder Betreuungspersonen –, also fähige «Gärtner», welche die jungen Pflänzchen mit Know-how über neurobiologische Zusammenhänge in der Systemkonzeption Mensch versorgen und ihre Schützlinge im soziokulturellen Kontext einer lebensoffenen Schule dazu anleiten, natürliche und künstliche Erfahrungsräume zu erkunden, sich selbst, ihre Mitmenschen und die Umwelt zu entdecken, um sich dabei selbst

---

40 Vgl. Abb. 9.

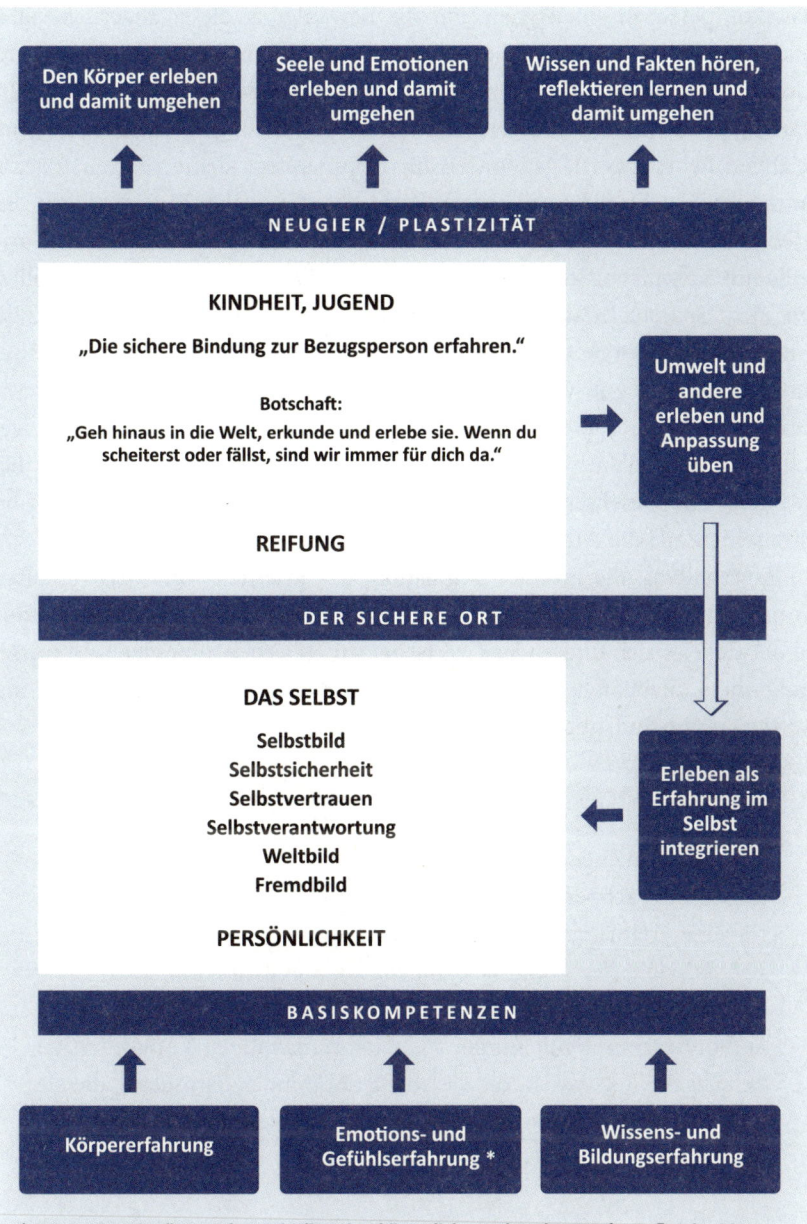

Abb. 9: Die sichere Bindung und das Selbst.

Basiskompetenzen anzueignen. Für die Bewältigung dieser anspruchsvollen Bildungsaufgabe brauchen die Lehrer hohe didaktische Kompetenzen (reformpädagogischer Prägung)[41] sowie ausreichend Selbsterfahrung und Unterrichtspraxis. Zudem müssen die strukturellen Bedingungen stimmen: ausreichend Lehrpersonal, genug Zeit für Exkursionen, kleine Klassen, Zugang zu natürlichen Erfahrungsräumen (Wald, Stadt, sozialen Einrichtungen, Betrieben usw.) oder künstlichen (Stationenlernen, Antistresstraining in Turnhalle mit Kampfsportlehrer, Hochseilgarten usw.) u. a. m. An all dem sollten wir nicht sparen. Es stellt zu der im vorherigen Kapitel geforderten Erziehungs- und Fürsorgepflicht der Eltern keinen Widerspruch dar. Wir wissen mittlerweile sehr gut, wie ein Mensch sich gut entwickelt und wann er was dazu braucht. Auf dieser Basis müssen wir die nötigen Bildungsbedingungen schaffen und – allem voran – die notwendigen Maßnahmen dafür öffentlich in Politik und Gesellschaft diskutieren. In der menschlichen Entwicklung hat alles seine Zeit: die Ausprägung und Entwicklung des Bindungs- und Beziehungsverhaltens, die Emotionsregulation, das Erlernen von Sozialverhalten, Konzentrations- und Fokussierungsfähigkeit, ein eigenes Selbstverständnis zu entwickeln, sich und andere wertschätzen zu lernen, abwägen und warten zu können, unabhängiges Denkvermögen und all die Dinge, die nützlich und wertvoll dafür sind, gute Basiskompetenzen herauszubilden.

> Was wir brauchen, ist: ein gut ausgebildetes, selbsterfahrenes pädagogisches Fachpersonal, förderliche strukturelle Voraussetzungen für eine erfahrungsoffene Schule und Bildung sowie eine *generelle Fokussierung der Pädagogik auf die immense Bedeutung der Herausbildung von Basiskompetenzen*. Wir müssen dringend damit aufhören, Lehrer mit immer mehr administrativen Tätigkeiten zu behelligen: Regularien, die sie einzuhalten, oder Formulare, die sie auszufüllen hätten. Denn das hält sie von ihrer eigentlichen pädagogischen Aufgabe ab und stiehlt ihnen Zeit und ihre Motivation.

---

41 Viele unterschiedliche Strömungen aus der Reformpädagogik (Montessori-, Freinet-, Petersen-, Waldorfschulen etc.) betonen die Bedeutung von Lernen durch eigenes Erfahren und Entdecken. Vgl. Hellmich/Teigeler 2007 und Barz 2018.

Das ist der falsche Weg! Nicht ohne Grund haben sie den Beruf des Lehrers und nicht des Verwaltungsbeamten gewählt.

Neulich berichtete mir ein ausgebrannter Lehrer, dass er früher viele Praktika und Experimente mit seinen Schülern durchgeführt und mit ihnen gerne Ausflüge in lebensnahe Erfahrungsräume oder auch übers Wochenende mal einen Segelturn gemacht habe. Aber nachdem er mehrmals hintereinander wegen der nötigen Einhaltung bestimmter Regularien schon an der Beantragung gescheitert war und zudem die dritte Untersuchung wegen Verletzung seiner Aufsichtspflicht auf seinen Schreitisch flatterte – ein Schüler hatte sich bei dem letzten Segelturn den Finger eingeklemmt –, hatte er es aufgegeben, solche «Extrageschichten» durchzuführen. «Da ziehe ich mich doch lieber auf die mir vorgegebenen Leitlinien und Zielvorgaben zurück und begrenze mein Tun auf das geforderte Minimum», brachte er niedergeschlagen hervor. Über das verlangte Maß hinaus sich zu engagieren, sei auch viel zu aufwändig, kompliziert und stressig geworden.

Als er mit Herzblut Lehrer geworden sei, habe er sich die Arbeit mit den Kindern und Jugendlichen anders vorgestellt. Am Anfang sei er noch hochmotiviert gewesen, aber jetzt sei er mehr mit Administrativem als damit beschäftigt, für einen guten Unterricht zu sorgen. Ein Zustand, der ihn zutiefst deprimierte und krank machte. Ein Zustand, der so manchen Lehrer daran hindert, gute Bedingungen für eine erfolgreiche Potenzialentfaltung der Lernenden zu schaffen. Wenn wir schon nicht auf unsere Verwaltungs- und Kontrollneurose verzichten wollen, so wäre es doch das Mindeste, Pädagogen von dieser administrativen Last zu befreien, etwa indem wir eigens dafür Personal in den Schulen bereitstellten, sodass sich das Lehrpersonal wieder seinen Kernkompetenzen widmen kann.

Um Schulen zukunftsfähig zu machen, ist es zudem nicht damit getan, Milliarden Zuschüsse in die *Digitalisierung* zu stecken. Pädagogen sind keine ausgebildeten IT- oder Digitalisierungsexperten. Wo ist also das Bindeglied zwischen den bewilligten Milliarden und der pragmatischen Umsetzung? Kein Wunder, wenn die Mittel nicht abgerufen werden – das hat nichts mit der Trägheit von Pädagogen zu tun, sondern ist ein systemischer Denkfehler.

Es fehlt an Vollzeit-ITlern, die mit Schule und Lehrpersonal die sinnvolle Verwendung der Mittel, die Anwendung von Technik und Software sowie adäquate Schulungen für die Lehrer planen. Ohne das geht es nicht. Würden Sie sich nicht wundern, wenn für ein gehobenes Restaurant eine Unsumme an Geld für beste Lebensmittel und Zutaten bereitgestellt würde, mit dem Ziel, als Endprodukt ein Sterne-Menü auf den Tisch zu zaubern, aber keine Köche vorhanden sind, die das nötige Know-how für die Herstellung mitbringen und noch nicht einmal den Herd bedienen können. Die Frage ist: Warum kommen unsere Politiker auf solch einfache Zusammenhänge nicht?

Wenn wir Pädagogen daran bürokratisch hindern, Entfaltungsmöglichkeiten für ihre Schüler zu schaffen, etwa natürliche Erfahrungsräume aufzusuchen oder soziales Engagement in der Freizeit zu fördern, wir keine künstlichen Erfahrungsräume schaffen, brauchen wir uns nicht zu wundern, wenn sie keine entwicklungsrelevanten Erfahrungen machen und sich keine Basiskompetenzen aneignen können. Wenn wir nicht mehr über eigene und fremde Werte diskutieren, weil wir davor zurückschrecken, uns mit anderen Meinungen auseinanderzusetzen, die uns nicht gefallen, brauchen wir uns nicht zu wundern, wenn die jungen Leute mangels fehlender Erfahrung angesichts der Vielfalt existierender Einstellungen zu bestimmten Themen keine eigene Haltung entwickeln können. Dabei bieten sich die Schulzeit und ein offenes Bildungskonzept mit einem Kennenlernen der Bandbreite an existenziellen Wirklichkeiten geradezu dafür an. An so einigen reformpädagogisch geprägten Schulen wird dies auch schon praktiziert, wo «Schule» mit dem Lehrplan oder an der Schulmauer nicht endet, sondern die gesamte Lebenswelt des Schülers einbezieht.

Zudem kann der Schulraum mit seinen Verantwortlichkeiten selbst zum Erfahrungsraum werden: mit Zuständigen für die Essensausgabe über die Pausenaufsicht, die Pflege des Schulgartens, der Säuberung des Schulhofs, dem Wechseln von Glühbirnen bis hin zur Organisation von Veranstaltungen und Ausflügen. Schüler, die es leicht in Mathe haben, geben anderen, die hier Probleme haben, Nachhilfe und solche älterer Jahrgangsstufen fungieren als Tutoren für Neuankömmlinge, um diese bei ihren Anfangsschwierigkeiten zu unterstützen. Es werden Exkursionen unternommen: zu Schlachthöfen, um zu sehen, was dort mit dem Vieh passiert, zu Friedhöfen, um sich mit der Endlichkeit zu befassen, zu Betrieben, um etwas über die Abläufe und die verschiedenen Berufe dort zu erfahren, und in die Natur, um im

Freien zu übernachten, Feuer zu machen, mit dem Nötigsten auszukommen und sich in unbekannten Gegenden orientieren zu lernen. Die Liste lebensnaher Erfahrungsfelder lässt sich beliebig erweitern. Fächer wie Wirtschaftskunde, Steuerwesen oder Umgang mit digitalen Medien würden abgestimmt auf die unterschiedlichen Jahrgangsstufen gewiss auch nicht schaden, genauso wenig wie Gesundheitsprävention und praxisnahes Kennenlernen allgemeiner gesellschaftlicher Pflichten. Und auch gegen ein Fach mit Fokus auf soziale Verantwortung spricht nichts. Ein Fach, für das in der Sekundarstufe jeder Schüler zwei Stunden pro Woche freigestellt wird, in denen er sich für ein selbst organisiertes soziales Projekt engagiert. Oder sollte man gar ein soziales Pflichtjahr als wichtiges Ausbildungsmodul auf dem Weg zum Erwachsenwerden einführen?

All dies existiert vielleicht schon irgendwo und ist nicht neu, aber wir kommen nicht vom Fleck. Das gesamte Schulwesen umfassende Reformen sind bislang noch ausgeblieben. Wegen der uns immer noch behindernden Bürokratie und weil wir noch nicht mit aller Kraft die notwendigen Veränderungen vorantreiben. Weil wir nicht öffentlich diskutieren, was wir längst wissen, und vehement von anderen fordern, was nötig zu tun wäre. Es ist höchste Zeit, das zu ändern und nicht länger die Ausrede von Politikern zu akzeptieren, sie sähen zwar auch die Veränderungsnotwendigkeiten ein, aber eine Umsetzung sei aus tausenderlei Gründen (wegen überkommener Richtlinien, die auf einem veralteten, nicht mehr zeitgemäßen Bildungskonzept beruhen) unmöglich. Ähnliches kennen wir aus dem Straßen- oder Stromtrassenbau; nötige Umbauten dauern da über zwanzig Jahre, weil der zuvor zu überwindende bürokratische Pfad so holprig ist. So lange können wir aber nicht warten, dann ist die Chance auf Biotop- und Arterhaltung vielleicht schon passé ...

Unsere Kinder und Jugendlichen sind unsere Zukunft – sie gleichen Rohdiamanten, die durch adäquate Fürsorge (Bindungserfahrung) und Bildung (erfahrungsorientiertes Lernen) ihr ungeheures, nachhaltiges Potenzial entwickeln können.

Jetzt müssen wir auf unser Wissen, das wir haben, vertrauen, und in unsere größte Zukunftsressource, die uns anvertraut ist, investieren: unsere Kinder und Jugendlichen. Je vielfältiger und lebensnaher die Erfahrungen, die sie in ihren jungen Jahren, u. a. in ihrer Schulzeit, machen dürfen, desto mehr Schliff, desto bessere Anpassungsfähigkeiten und brillante Lösungskompetenz erlangen sie. Dieser Schatz ist die Grundlage für unser Fortbestehen und die Bewältigung der großen Herausforderungen unserer Jetzt-Zeit. Eine heiße Diskussion hierüber, vor allem die «Entfesselung» des Erziehungs-, Schul- und Bildungswesens ist längst überfällig.

Ohne Frage brauchen wir in der Schule auch Wissensvermittlung und -bildung, aber eben nicht nur, sondern auch lebendiges Erfahren, Unterrichtsöffnung in die Lebenswelt der Schüler, Selbsttätigkeit, Eigenverantwortung und Persönlichkeitsentwicklung. Also neben kognitivem Wissensinput, arrangiert durch den Lehrer, benötigen wir auch sozial-emotionales Lernen und Erfahren mit allen Sinnen – das entspricht der Systemkonzeption Mensch. Zumal wir «Wissen» größtenteils auf Google bzw. ins Web outgesourct haben. Sinnvoller ist also, sich anzueignen, wie wichtige Informationen recherchiert werden können, ihre Qualität überprüft und für eigene Zwecke effektiv genutzt werden kann. Maschinen/Computer/Roboter sind mittlerweile in vielen Dingen dem Menschen weit überlegen, und es ist müßig, darüber nachzudenken, ob wir es nicht doch schneller oder besser als sie erledigen können. Fokussieren wir uns also auch oder vielleicht sogar mehr auf analoge, speziell humane Fähigkeiten, wie Kreativität, Ideenreichtum, Kombinationsfähigkeit, Intuition, unabhängiges Denken, soziales Verhalten und nachhaltige Zukunftsplanung.

So ausgerichtet sieht ein Bildungssystem aus, das unseren «Rohdiamanten» den nötigen Schliff zu geben vermag – Kindern, Jugendlichen, durchaus aber auch Erwachsenen. Eine nachhaltige Wertschöpfung, durch die wir befähigt werden, unser Biotop zu erhalten und uns weiterzuentwickeln auf dem Weg zur persönlichen Meisterschaft, ganz so, wie es schon unsere Vorfahren taten. Also raus aus der Sackgasse der Bewegungslosigkeit und wieder rein ins Leben und Erfahren mit Körper, Seele, Geist! – In eine Sackgasse zu geraten, das ist nicht tragisch, darin zu verbleiben schon.

«Nicht mehr» und «noch nicht»

Das Alte hatte vielleicht seine Berechtigung, aber für heutige Zwecke ist es zumeist unbrauchbar geworden oder reicht nicht mehr aus. Die Pandemie ist für uns wie ein Vergrößerungsglas gewesen: Sie hat uns deutlich gezeigt, wie es um unsere Gesellschaften und die Menschen im Einzelnen bestellt ist, uns vor Augen geführt, was der rasante Biotopwandel und unsere überbordende Konsum- und Komfortgesellschaft mit uns gemacht haben und was tatsächlich zu tun ist. Das kleine Virus hat uns sozusagen *eiskalt* erwischt, und es wird auch nicht die letzte Überraschung gewesen sein, mit der wir unerwartet konfrontiert werden. Dabei dachten wir, so etwas könnte uns nicht passieren. Uns, wo wir uns doch immer so bemühen, alles immer gut im Griff und unter Kontrolle zu haben: unser Leben, die Natur, das Weltgeschehen. Wir wollten nichts mehr dem Zufall überlassen und dachten, unsere komplette Verantwortung ans Außen, an den Apparat nach oben abgeben zu können. Wir wollten, dass uns etwas im Außen Sicherheit gibt: Regeln, Normen, Gesetze, wie etwas zu sein hat, «die da oben» o. Ä. Dabei haben wir jedoch für das Wesentliche, die Basis, was uns *in uns selbst* Sicherheit gibt, den Blick verloren: eigene Erfahrungen zu machen, uns Basiskompetenzen anzueignen, Eigenverantwortung für unser Leben, für unser Glück, die Systeme, in denen wir uns bewegen, und unser Biotop zu übernehmen. Frei, unabhängig und sorglos wollten wir durchs Leben gehen und alles direkt und sofort immer verfügbar haben. Wir glaubten, uns gegen jeglichen Verlust im Außen absichern zu können, haben aber bei unserer Vollkasko-Manie den schleichenden Verlust unserer Basiskompetenzen, unseren tiefen Mangel in unserem Inneren nicht erkannt.

Die uns schicksalshaften ‹Überraschungen›, die uns global jüngst unerwartet ereil(t)en, belehr(t)en uns eines Besseren. Ängste mach(t)en sich breit und unsere uneingeschränkten Freiheiten im Außen scheinen bedroht – ein Spiegel, denn wir haben uns selbst im Innen unfrei gemacht, indem wir immer mehr Verantwortung, Selbsterfahrung, eigenes Dazulernen und Können aus der Hand gegeben haben. Da sind viele von uns mittendrin, in diesem die Selbstwirksamkeit blockierenden Zustand. Und die damit verbundene Gefühlslage hält an, bei weiteren ‹Überraschungen›, die die Welt, unser Biotop für uns bereithält – vielleicht auch, damit wir den Transformationsshift bewerkstelligen können. Das wäre ganz logisch: Denn *Leben* heißt

Veränderung, nicht nur im Außen, sondern auch im Innen. Das bedeutet, die Welt als Lebensraum, aber auch wir als *Lebe*wesen sind, solange wir uns dem Leben stellen, notwendigerweise einem Wandel ausgesetzt und gezwungen, uns an neue Gegebenheiten anzupassen.

Blicken wir dazu direkt einmal auf das Beispiel «Pandemie»: Wissenschaftlich gesehen ist die Entwicklung einer Pandemie relativ sicher einzuschätzen, aber eben nur relativ. Es gibt kein Regelwerk, nach dem sich ihr Verlauf absolut sicher voraussagen lässt, denn Pandemien sind prozesshaft in ihrer Entwicklung. Das führt in Pandemiesituationen zu nötigen Ad-hoc-Entscheidungen, die schnelle Verhaltensanpassungen von der Bevölkerung verlangen und manchmal auch zu Fehlentscheidungen mit Korrekturnotwendigkeiten. Doch mit plötzlichen Überraschungen, Veränderungen und Entscheidungen, die morgen schon wieder anders ausfallen können, kommen wir nicht gut zurecht, insbesondere wenn wir den Zugang zu unseren Bewältigungskompetenzen, unserer Selbstsicherheit, verloren haben. Dann bekommen wir Angst.

Ängste haben die Tendenz, sich zu generalisieren und andere verdrängte oder versteckte Ängste und Unsicherheitsgefühle zu mobilisieren. Schnell führt das zu Misstrauen und nicht förderlichen (Fehl-)Deutungen. Die einen glauben, Opfer einer Verschwörung geworden zu sein, die anderen fügen sich willfährig in ein verordnetes, nicht unbedingt immer sinnvolles Regelwerk. Viele Menschen, die meinen, im Besitz der absoluten Wahrheit zu sein und genau zu wissen, was zu tun sei, fühlen sich bestätigt durch ihre jeweilige «Glaubensgemeinschaft» (identitäre Gruppe) und dort ihre Heimat gefunden zu haben, sind aber vielleicht schon lange nicht mehr zuhause in sich selbst. Zusätzlich ist der Blick auf durchaus vorhandene Erfahrungen mit früheren Infektionswellen und Pandemien durch eine aufgeregte Betroffenheit getrübt. Ähnliches geschieht auch angesichts anderer aktueller Herausforderungen: Viele ignorieren, was sie eigentlich längst wissen. Ihnen ist die Sicht auf das große Ganze, im Innen «schlummernde» Bewältigungskompetenzen und verfügbare Optionen abhandengekommen. Angst verfälscht den Blick auf die Realität, vor allem in Situationen, in denen das Selbst stark verunsichert ist und die lebensbedrohlich sind. Dann kann Angst hinderlich für die Lösungsfindung sein und den Tunnelblick fördern, und es können der Systemkonzeption Mensch eigene Überlebensmechanismen greifen: entweder zu kämpfen, zu flüchten oder eben eingefroren bzw. blockiert zu sein. Das geschieht aktuell nicht nur in der breiten Bevölkerung, sondern auch in der gesellschaftlichen Führungsetage: Hilflosigkeit, Kopflosigkeit und Intransparenz werden deutlich und gießen weiteres Öl in das Feuer der Unsicherheiten und Ängste.

> Fehlen Basiskompetenzen zur Bewältigung von Herausforderungen, wo auch immer, gewinnen Angst, Aggression, Trauer, Wut, Unverständnis und Misstrauen die Oberhand und verhindern eine adäquate Anpassung an das Hier und Jetzt. *Lebendige Prozesse und plötzlich sich einstellende unerwartete Situationen*, nicht nur der Ausbruch der Pandemie, sondern auch andere große Herausforderungen, *verlangen* von uns jedoch *Flexibilität* und eine *schnelle Anpassungsfähigkeit.*

Und da ist sie auch schon wieder: die Neurobiologie unserer Systemkonzeption. In identitären Gruppen, die wie wir denken und fühlen, finden wir Geborgenheit und Sicherheit. Da geht es uns erstmal gut. «Von denen, die wie ich denke, gibt es viele und die können ja doch nicht alle irren!» Schwarz-Weiß-Polarisierung ist angesagt. Die Medien – zumindest die meisten – sind hier auch nicht gerade hilfreich. Statt aufzuklären, sind Schwarz-Weiß-Bilder, absolute Statements, Fehlentscheidungen und Skandale für sie ein gefundenes Fressen, denn sie triggern die Aufmerksamkeit ihrer Leser und erhöhen die Verkaufszahlen. Das Negative zu fokussieren, war für Homo sapiens in früheren Zeiten überlebenswichtig, wie wir bereits wissen. In einer komplex gewordenen Welt ist dieses Verhaltensmuster allerdings eher hinderlich. Wenig sinnvoll sind aber auch die zunächst verführerisch gut klingenden Absolutheitsstatements mancher Politiker, die suggerieren, dass im richtigen Moment die richtige Entscheidung getroffen wurde. Das geht bekanntermaßen oft schief, weil nichts mit absoluter Sicherheit vorausgesagt werden kann. Gerade in einer komplexen Welt sind deshalb bei wichtigen Entscheidungen das Abwägen des Für und Wider, das Nachgehen berechtigter Zweifel, das Diskutieren und Beantworten wichtiger Fragen von großer

Bedeutung. So vorzugehen, zeugt von angemessenem Verhalten und Authentizität.

> Ein derzeit rasanter Biotopwandel und ein kleines Virus haben uns eiskalt erwischt und uns unseren Holzweg vor Augen geführt. Unser glückseliges, stillstehendes Wohlstandsparadies zerplatzt gerade wie eine nur von kurzer Dauer schillernde Seifenblase. Mit großen Augen stehen wir vor einem «So nicht mehr» und «Wie konkret nun anders?», in dem Wissen, dass wir die Antwort noch nicht kennen.

Eine brenzlige Situation wie diese gab es in der Menschheitsgeschichte nicht immer, aber es gab diese Situationen öfter und es wird sie weiterhin geben. Es gab und gibt für Homo sapiens die ruhigen Zeiten mit weniger Anpassungsbedarf, aber auch die Zeiten rasanten Biotopwandels. Und ohne katastrophisieren zu wollen, in einer solchen Phase befinden wir uns jetzt zweifellos. Anpassungsfähigkeit, Anpassungswille und Anpassungsgeschwindigkeit von Homo sapiens sind da die wichtigsten menschlichen Eigenschaften mit der größten Hebelwirkung. Weder Götter noch Technologien werden uns diese Aufgabe, die zu erbringende Anpassungsleistung, abnehmen. Und weil wir selbst keine Götter sind und als Menschen unserer systemkonzeptionellen, neurobiologischen Wirklichkeit unterliegen, ist es ratsam, einen Überblick über die in uns wirkenden, zum Teil recht archaischen Denk-, Fühl-, Verhaltens- und Handlungsmuster zu haben, und sich bewusst zu werden, was an ihrer Statt oder in Kombination mit ihnen hilfreich sein könnte.[42] Sich all dessen gewahr zu werden, hilft uns, das zu tun, was wir mit unserer Kognition, unserer Vernunft schon lange wissen.

Wir brauchen also jetzt unbedingt eine Kurs- bzw. Fehlerkorrektur und den Blick nach vorne. Beim Alten, der Sehnsucht nach der «guten, alten Normalität», hängenzubleiben und uns für in der Vergangenheit begangene Fehler zu brandmarken, bringt uns nicht weiter. Wir brauchen mündige Ge-

---

[42] Vgl. dazu die Übersichtstabelle am Kapitelende.

sellschaften und Bürger mit der Bereitschaft, den Aufbruch heraus aus der «Sackgasse» zu wagen und im eigenen Leben, für die Gemeinschaft und Gesellschaft, in der sie leben, sowie ihr Biotop Verantwortung zu übernehmen.

Leben zu lernen, haben wir aus dem Blick verloren und bevorzugt, in Komfort- und Konsumräumen eine passive Parkposition ohne jede Verantwortlichkeit einzunehmen. Wenn wir uns nun für die Kehrtwende entscheiden, können wir uns vom Leben indigener Völker etwas abschauen, denn sie haben nie aufgehört, der Systemkonzeption Mensch entsprechend zu leben: Sie räumen Weisen und Lebenserfahrenen entsprechende Positionen im Kollektiv ein, zelebrieren Initiationsriten mit den jungen Menschen als Übergang von der Kindheit zum Erwachsenenalter und lehren sie Verantwortung für die Gemeinschaft und sich selbst zu übernehmen. Wir ticken nicht anders als diese indigenen Menschen oder unsere Vorfahren. Nur durch unsere endlosen Debatten über Freiheit, geforderte Gleichheit, Ansprüche, Rechte und den Drang nach grenzenloser Selbstverwirklichung ist uns der Sinn dafür und für Homo sapiens entsprechendes individuelles und kollektives Verhalten abhandengekommen. Verhalten wider unsere Natur macht uns aber letztlich krank, unzufrieden und unglücklich.

Sicher, Veränderungs- und Anpassungsfähigkeit zu erlangen, das ist kein Kinderspiel. Sie können nicht verordnet, sie müssen erfahren und erlernt werden. Darüber nachzudenken und zu diskutieren, wie dies in unseren Gesellschaften auf schnellstem Wege gefördert werden kann, auch ohne dass der Ernstfall schon eingetreten ist, ist unsere dringende gesellschaftliche Aufgabe. Wir wissen es und tun es nicht. Ein Tabu? Verbietet uns das unsere Political Correctness? Weder in Parteien, Institutionen, Betrieben noch in den Medien finden wir damit eine Auseinandersetzung. Ohne Zweifel ist es höchst unbequem, möglicherweise auch bedrohlich, das gewohnte System ändern zu wollen. Wer sägt schon gerne an dem Ast, auf dem er selbstgerecht sitzt? Wer gefährdet schon seine erkämpfte Position durch unliebsame Äußerungen? Aber zum (Über-)Leben Notwendiges auszublenden, hilft uns nicht. Früher oder später werden wir darüber reden müssen – besser: früher als später.

Wir müssen jetzt tun, was wir wissen, auch wenn unsere begrenzte emotionale Reichweite dem entgegenzustehen scheint. Spätestens das Corona bedingte Vergrößerungsglas hat uns dies gelehrt, denn weitere Herausforderungen, wie die Pandemie, werden auf uns zukommen. Nicht die philosophierenden, spekulierenden und monologisierenden Vertreter in redundanten Talkshows leisten, wie uns die Pandemiezeit vor Augen geführt hat, Wesentliches zur Bewältigung konkreter, anstehender Herausforderungen, sondern mutige, solidarische Menschen auf Intensivstationen, an Supermarktkassen, in Bussen, Bahnen und Sozialstationen an der Basis unseres gesellschaftlichen Bindungsgefüges – und das trifft auch auf andere aktuelle und kommende Herausforderungen zu.

Gesellschaften werden mehr gelebt als erklärt und geführt. Die «alte Normalität» können wir nicht zurück wollen, denn die ist längst passé. Uns jetzt nicht zu bewegen, bedeutet Stillstand, wenn nicht sogar Rückschritt oder Untergang. Wir befinden uns in einem schädigenden Bindungsgefüge mit für unser Leben ungünstigen Wirkimpulsen und Wechselwirkungen. Alles hat seine Zeit. Auch die Industrialisierung, die sich in unserer Hybris göttergleich verfestigte. Doch wir können uns durch den rasanten technischen Wandel die Welt und die Natur nicht untertan machen. Weder Maschinen, Knöpfe noch irgendwelche Regularien liefern uns diese Macht. Das Prinzip des Lebendigen ist die Veränderung und sie kommt, ob wir das wollen oder nicht. Wir können unsere Verantwortung für unser Leben und den nötigen Anpassungsprozess an neue Gegebenheiten nicht einfach an Dritte abgeben, um uns damit aus der eigenen Verantwortung zu stehlen und uns damit zu exkulpieren. Das funktioniert nicht. Wir brauchen zum (Über-)Leben unabdingbar analoge, humane Kompetenzen, soziales Miteinander und Austausch, das kollektive Wir und den Rückgriff auf die vielfältigen Potenziale einzelner Individuen. Leben im grenzenlosen Überfluss gibt es genauso wenig wie vollendete Selbstoptimierung. Unvorhergesehene Schicksalsschläge, plötzlich eintretende globale Katastrophen, Mangelzustände, Krankheiten, Unsicherheiten und aggressive Auseinandersetzungen um Hab und Gut werden stets existenzielle Wirklichkeiten bleiben. Auch daran, dass wir irgendwann das Zeitliche segnen, können wir nichts ändern. Das ist der natürliche Lauf der Dinge. Doch selbst unseren Tod wollen wir bis zum Geht-nicht-mehr hinauszögern, uns am liebsten unsterblich machen – aber diese Vision, frei von Leid und Schicksal zu sein, ist eine Illusion.

> Konzentrieren wir uns auf das, was geht, uns entspricht und für uns vorteilhaft ist: auf *unsere analogen menschlichen Potenziale, unsere Fähigkeit, lebenslang dazulernen und uns Veränderungen anpassen zu können*, statt einen Kurs zu verfolgen, der zum Scheitern verurteilt ist.

Status quo: Wir haben uns die Natur nicht untertan gemacht und vermögen das auch nicht. Auch wenn wir einen leidfreien Himmel auf Erde gerne hätten, so bleibt das nur eine schöne Utopie. Wir alle sind Besatzung des Raumschiffs Erde und erstmal haben wir nur das Raumschiff. Unsere mögliche intellektuelle und emotionale Reichweite und unsere Basiskompetenzen sind der einzige Treibstoff, der dieses Raumschiff lenkt. In unserem erfahrungsarmen goldenen Käfig fern von existenziellen Wirklichkeiten hocken zu bleiben und in unserer Anspruchshaltung zu verharren, andere würden das Raumschiff schon auf gutem Kurs halten und uns einen angenehmen Aufenthalt an Bord sichern, ist ein Trugbild, und sich nicht damit zu befassen, auf was das Raumschiff zusteuert, lebensgefährlich, für uns und unsere Nachkommen. – Durch fehlende Selbstverantwortung, Erfahrungsarmut und Bewegungslosigkeit sind viele von uns längst in Dysbalance geraten: Sie können den rasant verändernden Herausforderungen, die der mit zu verantwortende Biotopwandel an sie stellt, nicht mehr standhalten. Der Stress, der damit permanent verbunden ist, hat sich längst auf ihr Körper-Seele-Geist-System niedergeschlagen. Das nicht zu Bewältigende, die Hilflosigkeit und der chronische Dauerstress haben sie bereits krankgemacht. – *Basiskompetenzen sind eben auch Gesundheitskompetenzen.*

Bevor Sie aber nun weiterlesen, um zu erfahren, was gesund und resilient macht, blättern Sie um und drehen Sie Ihr Buch um 90 Grad. In der Tabelle auf der nächsten Seite finden Sie als Übersicht die acht bedeutenden neurobiologischen Funktionsmuster unserer menschlichen Systemkonzeption, von denen in den vorangehenden Kapiteln die Rede war. Sie steuerten früher maßgeblich, wie wir denken, fühlen, uns verhalten und handeln. Das ist heute auch noch so, nur sind die Muster mittlerweile oft überholt bzw. müssten den heutigen Anforderungen angepasst werden. Der rasante Biotopwandel verlangt seinen Tribut: eine hohe Anpassungsfähigkeit und rapide Anpassungsleistungen. Zum Glück wurden wir systemisch auch wertvoll mit Reflektionsfähigkeit beschenkt und sind so unseren archaischen Mustern nicht wehrlos ausgeliefert. Das heißt, wir können in gewissem Maße Einfluss nehmen: indem wir über die Nützlichkeit unserer Muster für heutige Zwecke nachdenken und sie mit unseren Möglichkeiten bei Bedarf verändern. Das nennen wir «kognitive Modulation». Im besten Fall führt uns dieser kognitive Prozess – das Wissen und Reflektieren darüber, wie wir «archaisch ticken» – dann dazu, unsere Denk-, Fühl-, Verhaltens- und Handlungsmuster zu modernisieren, und zwar durch zusätzliche korrigierende emotionale Erfahrungen, die dann auch unsere emotionalen Bewertungsstellen (brauchbarer) verändern. So können antiquierte, dysfunktional gewordene Muster zur Bewältigung aktueller Herausforderungen nützlicher werden und unsere Anpassungsfähigkeit stärken. Möglicherweise können wir so die Sache effektiver zum Guten wenden. Aber schauen Sie selbst.

Tab. 1: Systemkonzeption Mensch (DFVH-M) – Homo sapiens gestern und heute

Evolutionsbedingte Anlagen, Ressourcen u. Basiskompetenzen	Nutzen für Jäger und Sammler	Und was brauchen wir heute?	Was heißt das konkret?
Mensch mit formbarem Gehirn als «analoger» Erfahrungsreaktor	Anpassungs- und Lerninhalte, relevant fürs Überleben, Herausbildung von Basiskompetenzen, Selbstwirksamkeit, Persönlichkeit und Identität	individuell und kollektiv mehr Möglichkeiten der Selbst- und Welterfahrung, um basiskompetenter zu werden und um für uns selbst und das Kollektiv Verantwortung zu übernehmen	adäquate Erfahrungsräume und Übungsfelder (in der Natur, in der Begegnung mit anderen, in der Gesellschaft, z. B. in Bildung oder Politik), um Verantwortungsübernahme und selbstwirksames Handeln zu trainieren Stichwort: <u>Anpassungsfähigkeit (betr. alle Basiskompetenzen) und Selbstwirksamkeit</u>
Emotional begrenzte Reichweite: nur das, was uns betrifft, macht uns emotional betroffen und wirkt sich verhaltensrelevant aus	sicherte das Überleben in nächster Umgebung und half, mit verfügbaren Ressourcen ökonomisch umzugehen	eine globale, über die eigenen Bedürfnisse hinausgehende Verantwortung und weltweite Transformation; das Funktionsmuster hilft aber beim Priorisieren	Gesellschaften brauchen ausreichend Transparenz und Informationen seitens der Regierenden/Politik, auch für komplexe und globale Themen außerhalb der emotionalen Reichweite, sowie eine Verantwortungsübernahme von unten Stichwort: <u>Wahrnehmungsfähigkeit, Empathie, kognitive Modulation, emotionale Regulation, Selbsterfahrung, Mut, neue Erfahrungen, sich das noch Fremde zum Eigenen machen</u>
Kraft des «Wir»	half dabei, kollektiven Grundbedürfnissen nachzukommen (Nahrung, Zuhause, Schutz etc.)	eine über die eigenen Kollektive (Familie, Dorf, Stadt, Nation) hinausgehende Verantwortung und eine weitreichende Solidarität, um das Biotop	mehr Aktivitäten, bei denen es um eine kollektive Verantwortungsübernahme für die anstehenden globalen Herausforderungen geht und die Kraft des «Wir», die Solidarität in der Gruppe, erlebt werden kann, und zwar «grenzüberschreitend» (lokal, überregional, digital)

Evolutionsbedingte Anlagen, Ressourcen u. Basiskompetenzen	Nutzen für Jäger und Sammler	Und was brauchen wir heute?	Was heißt das konkret?
		Erde und ein friedvolles Miteinander zu sichern	**Stichwort:** Selbsterfahrung, Stärken sozialer Kompetenzen, Mut, über die eigene Gruppe hinausgehende, fremde Welten kennenzulernen und mit dem «Feind» zu sprechen, Kommunikationsfähigkeit, Konflikt- und Konsensfähigkeit, Ambiguitätstoleranz, generell Training sozialer Kompetenzen, Zielstrebigkeit in Bezug auf ein einendes Ziel, transkulturelle Kompetenz usw.
Fokussieren auf das Wesentliche, Verallgemeinern, Priorisieren	«reflexartiges», oft durch Angst motiviertes Handeln half, in nichtkomplexer, gefahrenvoller Welt zu überleben; Nachteil: z. T. Auftreten von «Kurzschlussreaktionen»	ein Wahrnehmen der komplexen Lebensrealität und der damit verbundenen Kerninhalte, um ein besseres Verständnis für eine gegebene Situation zu entwickeln, verschiedene Aspekte abzuwägen, so ein Gesamtbild zu erlangen, auf dessen Basis verantwortungsvolle und machbare Bewältigungsstrategien entworfen werden können	Erfahrungsmöglichkeiten und Trainingsräume (reale u. digitale), um Wahrnehmungsfähigkeit, In-Beziehung-Setzen wichtiger Aspekte, Perspektivwechsel, Priorisieren sowie transkulturelle Kompetenz einzuüben **Stichwort:** Fokus auf das Wesentliche bei ganzheitlichem systemischen Blick trainieren, Perspektivwechsel, Lösungsorientierung und Zielstrebigkeit, Urteils- und Entscheidungskraft; Einüben transkultureller Kompetenz (Respekt/Toleranz von Andersartigem) über internationale Begegnung; generelle Förderung von Basiskompetenzen und über die eigene (Lebens-)Kultur hinausgehendes DFVH, z. B. durch Förderung lebensoffener, reformpädagogischer Bildungskonzepte in Schule und Erwachsenenbildung
Fokussieren auf «das Negative»	sicherte auch das Überleben in einer Welt, die un-	die Fähigkeit, «das Negative» neben allem anderen in die ganzheitliche Be-	Bewusstwerden eigener Ressourcen und positiver Erfahrungen, Abwägen von Entscheidungen/Lösungen durch differenzierten Blick und aus Metaperspektive auf eine Situation; Fördern einer

Evolutionsbedingte Anlagen, Ressourcen u. Basiskompetenzen	Nutzen für Jäger und Sammler	Und was brauchen wir heute?	Was heißt das konkret?
	mittelbar voller Gefahren steckte	trachtung einer Lage einzubeziehen, aber nicht unbedingt zu fokussieren, außer im Katastrophenfall; zudem: Ressourcenorientierung und den Blick auf das Positive, bereits Erreichte, denn das stärkt Könnensoptimismus und Lösungsorientierung	solchen Vorgehensweise in Bildung und Politik sowie in der Berichterstattung der Medien <u>Stichwort:</u> differenziertes Denken, Ressourcen- und Lösungsorientierung, Kreativität, kritisches Hinterfragen des Für und Wider, Selbstvertrauen, Könnensoptimismus, Mut, Zielstrebigkeit und Durchsetzungsvermögen
Schwarz-Weiß-Denken und -Kategorisierungen / «Schubladendenken»	einfache Kategorisierung half, gefährliche/überlebensrelevante Situationen schnell einzuschätzen	stattdessen eine differenzierte Betrachtung der Vielfalt in unserer komplexen Lebenswelt: in Bezug auf unterschiedliche Interessen, Bedürfnisse und Notwendigkeiten von Lebewesen und identitären Gemeinschaften mit einer bevorzugten Ausrichtung auf Allianzen und Bononbo-Eigenschaften statt auf aggressive,	eine Aufklärung über Vorurteile und Stigmatisierungen und mehr Informationen/Wissen über Andersartiges/Fremdes, sodass das Fremde angstfrei kennengelernt und toleriert werden kann <u>Stichwort:</u> systemisches Denken, *Theory of mind*, Wahrnehmungsfähigkeit, Perspektivwechsel, Urteils- und Entscheidungskraft, Ambiguitätstoleranz, Wertschätzungspotenzial der Vielfalt/Diversität, Akzeptanz sozialer Werte und von Andersartigkeit

Evolutionsbedingte Anlagen, Ressourcen u. Basiskompetenzen	Nutzen für Jäger und Sammler	Und was brauchen wir heute?	Was heißt das konkret?
		verteidigende Schimpansen-Qualitäten	
Impuls- und Emotionsdurchbrüchigkeit – Angst und Aggression	sicherte einst das Überleben – durch Angriff, Flucht oder Fortpflanzung (unmittelbare Drohgebärden, Adrenalin bei Kampf oder Flucht sowie eindeutiges «Balzgebahren»)	ein Wahrnehmen von Situationen und damit verbundenen Emotionen und Gefühlen sowie die Fähigkeit ihrer Regulation, um angemessen reagieren zu können; überdies die Fähigkeit, Impuls- und Emotionsdurchbrüche als Relikte archaischer Überlebensstrategien zu erkennen und auch anderen gegenüber verständlich zu machen	adäquate Trainings im Gesundheits-, Bildungs- und Freizeitbereich sowie Meditations- und Entspannungstechniken, um zu lernen, wie wir unsere Gefühle, auch in herausfordernden Situationen, differenziert wahrnehmen, verstehen und damit umgehen können **Stichwort:** Wahrnehmungskraft, Achtsamkeit, emotionale Regulation, Impulskontrolle, kognitive Modulation, soziale Kompetenzen, Perspektivwechsel, Empathie
Bilden von Mythen, Narrativen und sinnstiftenden Geschichten/Entwickeln von Selbst- und «Welt»-Bewusstsein	half (und hilft auch heute) den Menschen dabei, selbst bei wenig Faktenwissen, für sich eine «Lebensgebrauchsanweisung» als Handlungsrichtlinie aufzustellen und einen Sinn in seinem	die Fähigkeit, Fakten und sinnstiftende Narrative (Mythen) deutlich zu unterscheiden, und beunruhigendes «Nichtwissen» nicht mit konstruierten, sinnstiftenden Erzählungen zu kompensieren	durch breitflächige Bildungsmaßnahmen (Kinder, Jugendliche, Erwachsene) sowie mediale und gesellschaftliche Diskussionen Faktenkenntnis zu erweitern, und zu akzeptieren, dass wir oft (noch) nicht alles wissen können, sowie dabei uns verunsichernde Emotionen und Gefühle zu reflektieren und unter Kontrolle zu haben

Evolutionsbedingte Anlagen, Ressourcen u. Basiskompetenzen	Nutzen für Jäger und Sammler	Und was brauchen wir heute?	Was heißt das konkret?
		nem Leben zu sehen (vgl. Kohärenzprinzip v. Antonovsky u. Bandura) sowie ein Selbst- und «Welt»-Bewusstsein zu entwickeln	Stichwort: Urteils- und Entscheidungskraft, Ambiguitätstoleranz, Frustrations- und Leidensfähigkeit, Erkennen und Erspüren kognitiver und emotionaler Dissonanzen sowie Selbsterfahrung

4 Was uns gesund und resilient macht

Dass Menschen mit emotional-stabiler Bindungserfahrung in der Kindheit, ausreichend Erfahrungen mit sich selbst und als Teil von Kollektiven ein gut ausgestattetes Repertoire an Basiskompetenzen mitbringen, stressresistenter, resilienter sind und auch weniger krank werden, ist uns mittlerweile klar. Dass es zu vielen Menschen in unserer Gesellschaft an diesen gesundheitserhaltenden Faktoren mangelt, auch. Nach einem Gesundheitsbericht der DAK verzeichnete der prozentuale Arbeitsausfall wegen psychischer Erkrankungen für 2021 einen neuen Rekord: «Das Niveau lag mit 276 Fehltagen je 100 Versicherte um 41 Prozent über dem von vor zehn Jahren. Ein psychischer Krankschreibungsfall dauerte im vergangenen Jahr durchschnittlich 39,2 Tage.»[43] Weil Körper, Geist und Seele nicht getrennt voneinander zu betrachten sind, beschäftigt sich der *Gesundheitsreport 2022* der DAK-Gesundheit eigens damit, wie «Depressionen, Ängste und Stress das Herz belasten».[44] Nicht zu händelnder Stress und Dysbalancen im menschlichen System zeigen sich aber nicht nur durch Herz-Kreislauf-Beschwerden, sondern bringen noch andere psychosomatische Erkrankungen mit sich, die oft mit dem einhergehen, was wir landläufig unter «Burn-out» fassen: mit Somatisierungs- und Zwangsstörungen, diversen Süchten, Erkrankungen mit organmedizinischem Korrelat, wie z. B. Diabetes, solchen des Bewegungs- und Stützapparats sowie Gastrointestinaltrakts.

---

43 Vgl. Bodanowitz 2022a.
44 Vgl. IGES / DAK Gesundheit 2022. Der Titel einer Pressemeldung von Bodanowitz (2022b) darüber lautet: «8,6 Millionen Erwerbstätige haben ein psychisches Risiko für einen Herzinfarkt. DAK-Gesundheitsreport zeigt, wie stark Risikofaktoren für Herz-Kreislauf-Erkrankungen unter Erwerbstätigen verbreitet sind.»

> Unter *Burn-out* verstehen wir das langsame Ausbrennen körperlicher, seelischer und geistiger Kräfte eines Individuums, das nicht mehr über ausreichend Selbstregulations- und Regenerationsfähigkeiten verfügt, der Entkräftung durch meist berufliche, nicht kontrollierbare Belastungen (Dysstress) oder eben, wenn man anderen systembedingten An- und Herausforderungen nichts mehr entgegenzusetzen hat.

Dass der fehlenden Anpassungsfähigkeit von Homo sapiens und dem sukzessive stärkeren Schwinden seiner Regulations- und Regenerationskräfte gesamtgesellschaftlich auf allen Gebieten menschlichen Zusammenlebens dringend entgegengewirkt werden muss, wir uns den wirklichen Ursachen zuwenden müssen und uns nicht mehr nur an den Symptomen abarbeiten können, liegt auf der Hand, denn der systemkonzeptionelle «Mangel» betrifft uns alle, auf privater, beruflicher und kollektiver Ebene. Die Krux: Für eine grundlegende gesellschaftliche Transformation brauchen wir möglichst viele «gesunde», basiskompetente Menschen (bzw. Wege), um weniger «gesunden»/basiskompetenten zur Heilung, Regeneration und wieder zu mehr Selbstwirksamkeit zu verhelfen. Hier ist neben anderen Gesellschaftsbereichen vor allem auch unser *Gesundheitswesen* gefragt, in Aktion zu treten. Da scheint man jedoch immer noch nicht ganzheitlich auf die Systemkonzeption Mensch gepolt zu sein oder hat es wieder verlernt. Wir benötigen also unabdingbar auch hier eine Kurskorrektur.

Dass dem Thema ein Extra-Kapitel gewidmet wird, hat sicher auch mit der Hauptprofession des Autors und seinem Team zu tun, denn als Ärzte, Psychologen und Therapeuten kümmern wir uns in unserer Fachklinik für psychosomatische Erkrankungen auf der Wollmarshöhe bei Bodnegg im Allgäu um Menschen, die systemisch aus der Balance geraten sind. – SARS-CoV-2 und das damit einhergehende Corona-Management haben auch auf unser Leben Auswirkungen gehabt. Uns ist dadurch u. a. noch deutlicher geworden, wie sehr wir in der Medizin und überhaupt im Gesundheitswesen eine Neuorientierung brauchen. – Dass die biologische, psychologische und soziale Dimension der Systemkonzeption Mensch die existenzielle Basis all unseres Tuns und Seins in den Gesellschaften von Homo sapiens ist, entspricht unserer tiefsten Überzeugung. Deshalb fordern wir, dass der Mensch so, eben in seiner biopsychosozialen Ganzheit, auch medizinisch betrachtet und behandelt werden muss: kurativ und präventiv – und damit einen *Paradigmenwechsel in der Medizin*.[45]

Gerade in dieser Wissenschaft, die sich mit der Vorbeugung, dem Erkennen und Therapieren von Krankheiten und dem Heilen, «Wiederganzwerden», -funktionieren und -in-Balance-Kommen des menschlichen Systems beschäftigt, sollte eine ganzheitliche Sichtweise auf den Patienten eingenommen und die biopsychosoziale Systemkonzeption berücksichtigt werden, entscheidet sie doch über alles, was unser Leben betrifft: unser Denken, Fühlen, Handeln, Gestalten in der Welt, darüber, was wir tun oder nicht, wie wir uns bewegen, etwas wahrnehmen und bewerten, und auch darüber, ob und wie wir gesund oder krank werden. All das entsteht aus uns selbst heraus und beeinflusst unser inneres Befinden, unsere Physiologie und Psychologie. Und umgekehrt wirken auch die Lebensbedingungen, die wir uns schaffen, überhaupt die äußeren Systeme auf unsere Körper-Seele-Geist-Einheit ein: was wir uns zuführen, essen und trinken, ob wir Sport treiben, welches Lebensumfeld wir wählen, mit welchen Menschen wir uns umgeben, in welchen Kollektiven wir uns bewegen, wie wir Konflikte austragen, Stressbelastung verarbeiten, welchen An- und Herausforderungen wir in unserem Biotop ausgesetzt sind usw. – All dies wirkt auf unsere Systemkonzeption ein, verändert die Chemie und Physik in unserem Körper, löst bestimmte Wirkimpulse und physiologische Wechselwirkungen aus und bestimmt unser Körper-Seele-Geist-Dasein und unser Gestaltungspotenzial in der Welt.

---

[45] Vgl. Schubert/Amberger 2021.

> *Alles steht in Wechselwirkung und hängt miteinander zusammen:*
> *Körper, Seele und Geist gebären die jeweilige Gestaltungskraft und*
> *Ausgestaltung des Seins in unseren Gesellschaften. Genauso wie der*
> *Zustand unserer Systemkonzeption unser Dasein in unserem Biotop bestimmt, hat derjenige des Biotops Auswirkungen auf uns.*[46]

Wir brauchen eine «systemadäquate» Medizin

In Bezug auf das Thema menschliche Gesundheit zu berücksichtigen, dass alles miteinander zusammenhängt und sich gegenseitig beeinflusst, Inneres wie Äußeres, ist Kern moderner psychosomatischer Medizin. Sie setzt auf ganzheitlich orientierte medizinische Forschung und Praxis und geht von der Prämisse aus, dass jedem Verhalten, Handeln im Außen eine individuelle innere Physiologie entspricht und es Wechselwirkungen zwischen der Systemkonzeption Mensch und der Umwelt gibt. – Biopsychosoziales Denken ist nicht neu. Damit beschäftigten sich schon antike Ärzte, wie Hippokrates, und sogar noch früher Heiler, Schamanen oder Druiden. Nur leider haben wir in unserer technokratischen Welt und modernen Medizinentwicklung dieses uralte Wissen um die Zusammenhänge und Wechselwirkungen des Innen mit dem Außen vielfach verdrängt oder beiseitegelegt. Schlimmer noch: Wir haben das Individuum aus den Augen verloren, die Medizin industrialisiert, technologisiert und die ursprünglich ganzheitlich orientierte Heilkunde in unzählige Fachgebiete zerlegt.

Gegen eine hohe Spezialisierung, ausgefeilte technische Diagnostik- und Therapiestandards ist erstmal nichts zu sagen. Sie sind außerordentlich wichtig. Nur wenn wir den Menschen, zweifellos ein Wunderwerk der Natur, nicht mehr als hochkomplexes System, im Ganzen wahrnehmen, sehen wir

---

46 Mit den Wechselwirkungen der Systeme und den im Biotop vom Menschen zu schaffenden Bedingungen, damit «Gesundheit für alle» («bis zum Jahr 2000 und darüber hinaus») gelingen kann, befasst sich auch die *Ottawa-Charta zur Gesundheitsförderung* von 1986. – Wer das liest, fragt sich, wie lange wir schon nicht tun, was wir eigentlich wissen.

den Wald vor lauter Bäumen nicht mehr, dann werden Erkrankungen nur noch als Dysfunktionen einzelner Systeme, wie des Magen-und-Darm-, des Nerven- oder Knochen- und Muskelsystems, betrachtet und können nur unzureichend behandelt werden. Krank (und auch gesund!) wird aber immer der ganze Mensch und nicht nur ein Teilsystem des Organismus.

Um dem Anspruch und der Ethik ärztlichen Handelns wieder gerecht werden zu können, muss sich die Medizin in Bezug auf «Gesundheit» und «Krankheit» wieder einer ganzheitlichen Sichtweise öffnen, das Individuum «Patient» / den Menschen wieder in seinen komplexen Systemen betrachten. Nur so kann sie Menschen nachhaltig helfen, ihr Leiden zu lindern, Heilung initiieren, wieder in die Balance bringen, Gesundheit erhalten, auch durch Basiskompetenztraining, Anleitung zur Selbsthilfe- und -heilung geben. – All das ist dann möglich, wenn *alles*, was wirkt, berücksichtigt wird. *Psychosomatische Medizin basiert* also *auf einer Form ganzheitlichen medizinischen Denkens* und stellt keine auf einen Teilbereich eingeengte Fachdisziplin dar.

Welche Nachteile eine separierte Betrachtungsweise von nur Körper, Psyche oder sozialen Problemlagen hat, ist dem einen oder anderen vielleicht aus eigenen Erfahrungen bekannt und zeigt sich in hohen Behandlungskosten für die Krankenkassen. Auch für den Patienten ist es leidlich, wenn er von einem Spezialisten zum anderen geschickt wird und sein gesundheitlicher «Systemzustand» nicht ganzheitlich betrachtet wird, er nicht weiß, was los ist, zu lange an Einzelsymptomen herumgedoktert wird, sich ein Gefühl von Gesundheit nicht einstellen will und es vielleicht längst schon oder noch an anderen Sachen hakt, die nicht betrachtet werden und mit den eigentlichen Beschwerden doch in Zusammenhang stehen. In der medizinischen Wissenschaft ist es nicht anders: Die vielfach einäugig gestellten Forschungsaufträge bringen nur wenig Wissenszuwachs und können so nicht wirklich der Gesundheit, dem systemisch Ganz-in-der-Balance-Sein des Menschen dienen. –

Dennoch: Für einen Paradigmenwechsel müssen wir nicht alles verdammen, nicht die Spezialisierung, nicht die Technisierung und medizinische Entwicklung an sich, aber wir sollten zum Wohle des Menschen alle Fachdisziplinen (und täglich entstehen neue) wieder zusammenführen, um dem Menschen seiner ganzen Natur entsprechend, mit all seinen systemischen Wechselwirkungen wieder gerecht zu werden.

Wir wissen: Jedes psychische Ereignis (etwa Stresserleben) ist mit körperlich-physiologischen Regulationsprozessen eng verbunden, umgekehrt ist es genauso. Ist das menschliche System Anpassungsnotwendigkeiten nicht gewachsen, fehlt es an Bewältigungskompetenzen, dann stellen sich Probleme nicht nur auf einer Ebene ein. Es kommt zu «Funktionsstörungen» im gesamten biopsychosozialen Funktionsgefüge.

> *Gesundheit* kann also nicht mehr vorwiegend als ein Fehlen von krankheitsfördernden oder -verursachenden Faktoren, wie z. B. Krankheitskeimen oder chronischen, übermäßigen psychischen und körperlichen Risikofaktoren oder Stressbelastungen, betrachtet werden, sondern muss vielmehr als die Fähigkeit und Kompetenz des menschlichen Organismus angesehen werden, mittels autonomer Selbstregulationsmechanismen diese krankmachenden (pathogenen) Belastungen in welcher Form auch immer bewältigen oder abweisen zu können.[47]

Krankheiten und Funktionsstörungen in der Systemkonzeption Mensch entstehen also, wenn diese selbstregulativen Mechanismen eingeschränkt sind, d. h., wenn die notwendigen physiologischen Anpassungen an wechselnde psychische und körperliche Anforderungen längerfristig nicht mehr ausreichend erfolgen können. Anders ausgedrückt: Die psychosomatischen Regulationssysteme (*PsRs*) repräsentieren die wesentlichen Aspekte der inneren

---

47 Die WHO (2020) definiert schon in ihrer 1948 in Kraft getretenen Verfassung: «Die Gesundheit ist ein Zustand des vollständigen körperlichen, geistigen und sozialen Wohlergehens und nicht nur das Fehlen von Krankheit oder Gebrechen.»

selbstregulativen Physiologie unserer Systemkonzeption und sind nicht nur zuständig für die Regulation unserer inneren Abläufe (somatosensorisch, viszeral, neuroendokrin und immunologisch), unseres Energiestoffwechsels und das innere Gleichgewicht dieser chemisch-physikalischen Prozesse, sondern auch für die Aktivierung unserer Schutz- und Abwehrsysteme in Gefahren-, Stress- und Bedrohungssituationen. Auch hier wieder: Es gibt nur eine *gemeinsame* und somit ganzheitlich zu betrachtende, für unsere Körper-Seele-Geist-Einheit maßgebliche Regulationsphysiologie – und unser *Stresssystem* ist ein Teil davon.

Mit den PsRs – den systemischen Wechselwirkungen im Menschen mit dem «Außen» – und dem, was Gesundheit und Krankheit betrifft, beschäftigt sich in unserem Klinikteam unser hochgeschätzter Kollege und Kardiologe Wilhelm Joos.[48] Unter seiner Leitung führen wir seit vielen Jahren Forschungsprojekte zu dieser Thematik durch. Unserer Auffassung nach lassen sich mithilfe der PsRs die komplexen Verbindungsnetzwerke und Wechselwirkungen zwischen Körper und Psyche beschreiben. Die Erkenntnisse, die wir dazu aus unseren Studien gewinnen, lassen sich praktikabel in der Behandlung und Therapie anwenden. Durch explizite validierte Messungen von Laborparametern und autonomen Funktionen sind Aussagen über Funktion und Funktionsstörungen der menschlichen PsRs und somit jedes einzelnen Patienten möglich. – Die seit Anfang 2021 laufende und bald erscheinende Studie erhebt den Anspruch, anhand konkreter Messergebnisse ganzheitliche Wirkmechanismen im Körper-Seele-Geist-System des Menschen nachzuweisen und darzulegen, wie Erkenntnisse daraus in der Praxis für die Behandlung effizient eingesetzt werden können. Vermutlich wird sie auch wissenschaftlich, wenigstens zum Teil, belegen können, warum ganzheitlich orientierte, integrative, erfahrungsorientierte Therapiemethoden langfristig wirkungsvoller sind als solche, die allein die Psyche und nicht die gesamte Systemkonzeption mit ihren Wechselwirkungen und Regulationsprozessen im Blick haben.[49]

Zu den Regulationsprozessen haben wir zwar keinen direkten, willentlichen Zugang, aber wir können durch angewandte Medizin und Therapie,

---

48 Vgl. Joos 2017.
49 Vgl. hierzu auch den Sammelband zur *Erfahrungsorientierten Therapie* (Mehl 2017a).

eine förderliche Gestaltung unseres Biotops und eine positive Einflussnahme auf Psyche und Verhalten, wie gute Ernährung, mehr Bewegung, einen gesünderen Lebensstil, wohltuende soziale Kontakte usw., auf unsere Regulationsphysiologie positiv einwirken, also eben nicht nur durch äußerlich zugeführte Chemie (Medikamente).

> *Durch positive psychosomatische Wirkfaktoren im Innen wie im Außen* (medizinisch, therapeutisch, psychisch, geistig, motorisch, sozial, gesellschaftlich etc.) *können wir das Aktivierungsniveau unserer Regulationssysteme aktiv und effizient fördern* und so erheblich zu unserer Gesundheit beitragen.

Der psychosomatische Ansatz in der Medizin strebt auf allen Zugangsebenen (Körper, Seele, Geist und Gesellschaft), wie etwa bei einer ganzheitlich erfahrungsorientierten Therapie, eine Verbesserung des Regulationsniveaus des Menschen an. Ziel ist es, den Menschen eben nicht nur wie eine Maschine zu reparieren (*Pathogenese*), sondern ihm auch zu gut entwickelten Basiskompetenzen und einer autonomen Selbstregulation zu verhelfen, seine Selbstheilungskräfte zu stärken, seine Lebensqualität zu erhöhen und somit, weitergedacht, auch das Fundament «gesunder», anpassungsfähiger Gesellschaften zu fördern (*Salutogenese*).[50] Der Prävention kommt in der Medizin also ein hoher Stellenwert zu: Nicht nur gilt es, kranke Menschen wieder gesund zu machen, sondern gesunde erst gar nicht erst krank werden zu lassen. Dies ist ein bedeutender Faktor für das Erlangen einer förderlichen Bewältigungs- und Gestaltungskraft bei hohen Anforderungen durch das Biotop. Insofern sollte sich auch die Medizin, das Gesundheitswesen überhaupt, dazu in der Pflicht sehen, mit einer ganzheitlichen, salutogenetischen Sichtweise und der Umsetzung von auf ihrem Gebiet förderlichen Maßnahmen zu einem artgerechten, gesundheitsförderlichen Biotop für den Menschen beizutragen.

Das Feld ist unermesslich groß. Daher greifen wir aus den vorhandenen Gebieten, auf denen die moderne psychosomatische Medizin schon aktiv

---

[50] Vgl. Damásio 1994.

wird, zwei Teilbereiche heraus, die den notwendigen Paradigmenwechsel in Ansätzen schon erkennen lassen: die *Psychotherapie* und das *betriebliche Gesundheitsmanagement*.[51] Die folgenden Beispiele aus beiden Gebieten zeugen von der Effizienz und Effektivität ganzheitlich-integrativer Therapiemethoden und was ein ganzheitlicher Ansatz bringt, wie erfahrungsorientiertes Aneignen von Basiskompetenzen unsere Anpassungsfähigkeit erhöht, unsere PsRs wieder funktionsfähig machen, erhalten oder verbessern kann und so *bottom up*, vom Einzelnen übers Kollektiv gesellschaftliche Veränderungsprozesse eingeleitet werden können.

Was wir nun wissen: Wir als Individuum funktionieren – oder eben weniger, wenn Dysfunktionen auftreten – mit unserer Systemkonzeption Mensch, auf allen Systemebenen (Körper, Seele, Geist) miteinander interagierend und stehen in permanenter Wechselwirkung mit der Außenwelt (den Menschen, denen wir begegnen und den Umgebungen, Kollektiven, in denen wir uns aufhalten). An- und Herausforderungen, Belastungen und Dysstress aus unserer Umwelt/Gesellschaft können unsere gesunde Systembalance beeinträchtigen, wenn wir nicht über ausreichend Bewältigungs- bzw. Basiskompetenzen verfügen, diese regelmäßig trainieren, so am Leben erhalten und nutzen können. Unser Potenzial, unser eigenes Leben, aber auch unsere Gesellschaft zu gestalten, das (Über-)Leben im Biotop Homo sapiens zu sichern, beruht auf diesen Grundfähigkeiten bzw. hängt davon ab.

Auf dem Gebiet der Medizin brauchen wir einen Paradigmenwechsel wie in anderen Bereichen menschlichen Lebens auch und damit die Berücksichtigung der Gesamtheit des menschlichen biopsychosozialen Systems, samt interagierender Wechselwirkungen innerer und äußerer Systeme. Die Corona-Krise hat fast jedem von uns die Augen geöffnet für die bestehenden und nicht wahrgenommenen Defizite moderner Gesellschaften: Hier scheint weniger die Infektion oder mögliche Erkrankung durch das kleine Virus die größte Herausforderung für Homo sapiens gewesen zu sein (von sicherlich tragischen Einzelschicksalen hier einmal abgesehen), sondern *wie* wir mit dieser schwierigen, bedrohlichen Situation individuell und kollektiv umgegangen sind. Dies zu erkennen und zu reflektieren, auch wie der Jetzt-Zustand unserer modernen Gesellschaften ist, inklusive aller individuellen, so-

---

51 Vgl. dazu die nächsten beiden Unterkapitel.

zialen, psychologischen und gesamtgesellschaftlichen Schäden, die auch rund um das Corona-Management entstanden sind, das ist unsere Aufgabe.

Infektionen sind also eigentlich nicht das vorrangige Problem – mit ihnen setzt sich der Mensch schon Jahrtausende auseinander. Als natürlicher Bestandteil konkurrierender Lebenssysteme gehören sie zum Prinzip des Lebendigen. Unser Umgang mit ihnen, mit Belastungen, Bedrohungen, Veränderungen, Notwendigkeiten und Anpassungsleistungsfähigkeiten sind die wirklichen Parameter, auf die wir unser Augenmerk richten sollten. Wenn Basiskompetenzen und Selbstregulationsvermögen abhandengekommen oder geschwächt sind, spielen psychotherapeutische Verfahren eine wichtige Rolle. Dass derzeit damit arbeitende ambulante und stationäre Praxen und Institutionen sich vor den Strömen hilfesuchender Menschen kaum retten können, ist, wie man sich denken kann, kein Zufall.

Was können die gängigen psychotherapeutischen Verfahren aber leisten und was nicht und wie können ganzheitliche, integrative Methoden, wie die erfahrungsorientierte Therapie (*EOT*), nachhaltiger das Individuum unterstützen, gesamtsystemisch wieder in eine Balance zu kommen? Verschaffen wir uns einen kurzen Überblick!

Psychotherapie: Warum EOT und Integratives nachhaltiger wirken

Rekapitulieren wir noch einmal: Psychische oder seelische Zustände sind nicht irgendetwas «Unkörperliches», sondern beruhen immer auf der Aktivität bewusster, vor- und unbewusster «Denk- und Fühlprozesse», die aber grundsätzlich auf chemisch-physikalischen Zusammenhängen und Wechselwirkungen beruhen. Insbesondere geschieht dies in unserem zentralen Nervensystem, im Gehirn und den allgemeinen Energiestoffwechsel betreffend. Störungen in diesen neuronalen Systemen drücken sich demzufolge in Form von psychischen Dysfunktionen aus. So entstehen eine direkte Verbindung und Interaktion zwischen psychischen Zuständen und dem Körper und körperlichen Zuständen und der Psyche. Psyche und Körper sind eine Einheit. Wie es nun dicke, dünne, große und kleine Menschen gibt, so gibt es auch belastbare, nicht so belastbare, eher traurige und eher fröhliche Menschen.

Eine Ursache dafür ist, was wir genetisch-epigenetisch mitbringen von unseren Vorfahren, und das andere sind mögliche Vorbelastungen, die wir schon im Mutterleib erfahren haben, aber auch in Kindheit und Jugend und eigentlich dann im gesamten Leben erfahren. Die Zusammenhänge haben wir schon beschrieben.

Betrachten wir nun psychotherapeutische Verfahren, können wir davon ausgehen, dass sie wirken, wenn sich in unserem zentralen Nervensystem und Gehirn etwas verändert. So hat es schon Klaus Grawe 2004 in seinem Buch *Neuropsychotherapie* beschrieben: «Psychotherapie wirkt, wenn sie wirkt, darüber, dass sie das Gehirn verändert. Wenn sie das Gehirn nicht verändert, ist sie auch nicht wirksam.»[52] Neurowissenschaftler haben diese Zusammenhänge und unsere «psychischen Verarbeitungssysteme», auch wie sie sich im Laufe unseres Lebens entwickeln und welchen Einflüssen sie unterliegen, gut beschrieben: Es gibt Stressverarbeitungssysteme genauso wie solche der Beruhigung, der emotionalen Impulssteuerung, solche, die Motivation hervorbringen, unsere Wahrnehmung in Bezug zu anderen Menschen, zur Welt und Wirklichkeit steuern. Beeinflusst und geprägt werden diese Systeme, die genetisch individuell verschieden angelegt sind, schon im Mutterleib und über das gesamte Leben hinweg. Geschehen Dysstresszustände schon bei Kindern und Jugendlichen, kommt es etwa zu einem Hypercortisolismus, der Überängstlichkeit oder gar Angsterkrankungen und Depressionen fördert und im Weiteren auch Aggressionspotenzial freisetzen kann als reaktiver Prozess. Angst und Aggression hängen immer eng zusammen. Hält ein solcher Hypercortisolismus über lange Zeiten an, ist er also chronisch, deformiert er geradezu das Stressverarbeitungssystem und kann in der Folge zu schweren Erkrankungen führen, etwa zu einer posttraumatischen Belastungsstörung oder aber auch depressive chronische Zustände auslösen. Ungemein positiv auf die PsRs und die Entwicklung von Sozial- und Bindungskompetenz sowie Verantwortungsübernahme und Selbstwertgefühl wirken sich, wie wir bereits wissen, sichere kindliche Bindungs- und Selbsterfahrungen im von emotional nahen Bezugspersonen gehaltenen Raum aus.

---

52 Vgl. dort, S. 18.

Was ist nun die Quintessenz aus all dem bis hierher angehäuften Wissen?

1. Die ersten Lebensjahre sind überaus wichtig und sehr prägend, denn die *Qualität der Bindungserfahrungen* wirkt sich direkt neurophysiologisch, auch auf die Entwicklungsprozesse des Heranwachsenden aus.
2. *Positive Bindungserfahrungen zu machen, ist keine reine Privatangelegenheit:* Das menschliche Biotop muss politisch so gestaltet werden, dass traumatische Erfahrungen möglichst nicht passieren und Kinder wie Jugendliche sichere Bindungserfahrungen machen können, sei es in der Beziehung zu ihren biologischen Eltern, zu anderen Bezugspersonen oder innerhalb von sozialen/gesellschaftlichen Institutionen und Organisationen.
3. *Ein unvorteilhaftes Biotop oder eine Laisser-faire-Haltung in der Gesellschaft schadet direkt dem gesundheitlichen Zustand von Menschen*, schwächt insgesamt die Bewältigungskompetenzen und Anpassungsfähigkeit innerhalb der Gesellschaft und fördert in der Breite das Auftreten körperlicher Erkrankungen wie psychopathologischer Zustände.
4. *Negative und positive Erfahrungen finden ihr Korrelat in der Ausprägung neurophysiologischer Systeme.* Selbst bei genetischer Veranlagung kann zeitlebens positiv auf die individuelle, biopsychosoziale Systemkonzeption eingewirkt, im Gehirn etwas bewegt und die PsRs – die Anpassungsfähigkeit und die Resilienz – verbessert werden.

Kommt es zu gravierenden und dysfunktionalen psychischen Zuständen bei Menschen, die nicht mehr zurechtkommen, führt der Weg zu Psychotherapeuten oder gar zum psychopharmakologisch vorgehenden Psychiater. Die unzähligen angewandten psychotherapeutischen Vorgehensweisen werden fortlaufend in der Forschung auf ihre Wirkung untersucht und hinterfragt, ihre Ergebnisse in der sogenannten «Richtlinientherapie» festgehalten. Bisheriges Resultat: Die gängigen psychotherapeutischen Verfahren, meist basierend auf einem Gespräch zwischen Therapeuten und Klienten in einer Praxisecke, sitzend im Gegenüber oder liegend auf dem Sofa, erzielen im Durchschnitt nicht mehr als eine mittlere Wirkung.[53] Bei einigen wirkt die Therapie gut, aber gar bei einem Drittel der Patienten ist sie unwirksam, und hat sie eine positive Auswirkung, besteht doch eine hohe Rückfallquote. Weitet man im stationären Kontext psychotherapeutische Vorgehensweisen aus oder vernetzt sie sogar in einem interaktiven Konzept, wirken sie zweifellos besser. Aber was genau da wirkt, ist noch nicht genügend erforscht. In einem solchen Kontext gibt es spezifische Faktoren, die so in der Einzelpraxis meist nicht gegeben sind, aber auch allgemeine, unspezifische, deren Anteil in vielen Untersuchungen zwischen 50 und 70 Prozent der Gesamtwirkung liegt und den positiven Effekt vielleicht verstärken. Was wir bislang wissen, ist, dass *eine* bestimmte Methode nicht als besonders wirksam oder unwirksam bezeichnet werden kann und der Grad und die Dauer der Wirksamkeit letztlich von der Art der Störung, der individuellen Ausprägung beim Patienten und der Passgenauigkeit der ausgesuchten Methode abhängt. Was bedeutet das?

> Mit therapeutischen Verfahren, die nur auf Teilebenen der menschlichen Systemkonzeption abzielen und die biopsychosozialen und systemischen Wechselwirkungen zwischen Innen und Außen nicht im Blick haben, können weniger *hohe Wirkimpulse* und weniger langfristige, gesundheitsförderliche Veränderungen im Gehirn und im Gesamtsystem erreicht werden – *mit integrativen, möglichst Körper, Seele und Geist sowie die Außenwelt einbeziehenden Verfahren, also erfahrungsorientierten Methoden, am besten im stationären Kontext,* schon.

Klassische Verhaltenstherapie – meist nur Gesprächstherapie und eher kognitiv ausgerichtet – konzentriert sich mit lösungsorientiertem Blick auf die

---

[53] Vgl. Benecke 2014 u. Roth/Ryba 2016.

Behandlung von Symptomen und Veränderung von Verhaltensweisen zur Problembewältigung im Jetzt, geht aber möglicherweise nicht auf die Ursachen und/oder traumatischen oder dysfunktional verarbeiteten Erlebnisse in der Vergangenheit ein. Analytische und tiefenpsychologische Verfahren fokussieren sich meist auf die Lebensgeschichte, die Kindheit und gewachsenen Beziehungsstrukturen und möchten durch die Deutung des Therapeuten oder Annahmen des Patienten Nichtbewusstes bewusst machen (was neurophysiologisch gar nicht geht), verlieren dabei aber meist die Bewältigung von aktuellen Herausforderungen, die systemischen Zusammenhänge im Jetzt des Patienten aus dem Blick.

Höhere Wirkimpulse und Effektstärken werden aber eher erzielt, wenn auf das individuelle biopsychosoziale System des Patienten, seine neurophysiologischen Zustände, also seine vorhandenen Regulationssysteme direkt Einfluss genommen wird und sich so im Gehirn, in der gesamten Systemkonzeption und in seinem Leben etwas ändern darf. Deshalb muss es in therapeutischen Kontexten, um Veränderung und Heilung zu initiieren, immer um die Betrachtung und das Arbeiten mit dem Gesamtsystem gehen, um die Denk-, Fühl-, Verhaltens- und Handlungsmuster also, die in den PsRs ihr Korrelat finden – und das scheint am besten zu gehen, wenn auf und mit allen Wahrnehmungskanälen (visuell, auditiv, kinästhetisch, olfaktorisch, gustatorisch) über eigenes Erfahren Veränderungen hervorgerufen werden.

Auch wenn die Forschungslage zu den Faktoren, die hohe Effektstärken hervorrufen, noch keine differenzierten Aussagen zulässt, so soll hier doch wenigstens die daraus hervorgegangene *Common-factors*-Theorie vorgestellt werden:[54] Sie geht davon aus, dass die positive Wirkung meist auf dieselben Faktoren zurückzuführen ist. Allen voran wird der Bindung zwischen Therapeuten und Patient und dem zwischen ihnen mehr oder weniger bestehenden Vertrauensverhältnis sowie der Überzeugung / dem Glauben beider an die Methode die meiste Bedeutung beigemessen. Das A und O für die Wirksamkeit der Therapie stellt also die *Qualität des Arbeitsbündnisses zwischen Therapeuten und Patient* dar. Physiologisch gesehen bedeutet für den Patienten demnach, eine gute Beziehung zum Therapeuten zu haben, eine positive Beeinflussung seines Oxytocin- und Opioid-Stoffwechsels (vielleicht aber auch umgekehrt beim Therapeuten). Das reduziert die Stressbelastung

---

[54] Vgl. Nahum u. a. 2019.

(= Cortisol-Freisetzung) und führt zuversichtlicher Weise auch dazu, dass der Patient seinen Blick nach außen richtet, auf Möglichkeiten, Lösungswege und eigene Ressourcen, und nicht nur Defizite, Kränkung oder Schuldgefühle bei sich sucht. Das bedeutet Initiierung von Selbstregulation und Selbstwirksamkeit.

Natürlich ist es nur ein Aspekt der Therapie. In den meisten Fällen ist damit nicht alles getan und möglicherweise sind die genetisch-epigenetischen Vorbelastungen oder die negativen/traumatischen Erfahrungen so groß, dass die strukturelle Dysfunktion ein Vorankommen massiv erschwert. In dieser Phase der Behandlung geht es langsamer voran, denn nur das «innere Umlernen» und das Bilden neuer Denk-, Fühl-, Verhaltens- und Handlungsmuster – in eigenem Tempo und aus eigener Willenskraft – versetzt die Menschen in die Lage, anders an sich und das Leben heranzugehen. Hier setzen ganzheitliche, integrative Therapiemethoden wie die EOT an.[55] Sie lässt in einem geschützten Raum im Einzel- oder Gruppensetting indoor (durch gestalt- und intuitionstherapeutische Maßnahmen, z. B. Malen, Bearbeiten von Steinen, Trainieren der Körperwahrnehmung durch Yoga, Qi Gong oder Stockkampf) oder outdoor (in der Natur, im Hochseilgarten, beim therapeutischen Bogenschießen etc.) Patienten mit Körper, Seele und Geist zur Heilung notwendige korrigierende Erfahrungen machen, auf kognitiver, emotionaler und körperlicher Ebene, damit sich die Veränderungen der Denk-, Fühl-, Verhaltens- und Handlungsmuster auch neurophysiologisch etablieren. Dies geschieht zuallermeist in den Basalganglien unseres Gehirns und ist keine leichte Aufgabe, aber eine mögliche.

Was ist für einen solchen therapeutischen Prozess zu berücksichtigen?

1. *Psychische Probleme und Störungen* können als verfestigte *dysfunktionale Denk-, Fühl-, Verhaltens- und Handlungsmuster* bezeichnet werden, die als körperliches Korrelat in den Basalganglien (z. B. Amygdala, Nucleus accumbens) verankert sind und am besten durch neue Körper-Seele-Geist-Erfahrungen korri-

---

55 Ausführlicher nachzulesen in Mehl 2017a.

giert werden können. – Eine wesentliche Voraussetzung für eine gelingende Behandlung ist die *Qualität der therapeutischen Beziehung*.
2. Im therapeutischen Prozess muss der gesamte *Mensch* samt seinem Umfeld *betrachtet werden*, nicht nur seine Defizite, sondern auch seine Ressourcen und Möglichkeiten. Letztere können motivational in den therapeutischen Prozess durch den Patienten mithilfe des Therapeuten integriert werden.
3. Die dysfunktionalen Denk-, Fühl-, Verhaltens- und Handlungsmuster, also die Probleme, die sich für den Menschen ergeben, müssen unmittelbar erfahrbar, mit Körper, Seele und Geist dargestellt werden, um so dem Patienten *korrigierende körperliche, emotionale und geistige Erfahrungen* zu ermöglichen.
4. Nicht das kognitive Erkennen des Problems, sondern die *Modifizierung auf körperlicher, seelischer und so auch geistiger Ebene des nicht tauglichen Musters* wirkt. Der Patient ändert dann sein Denken, Fühlen, Verhalten, Handeln und seine Einschätzung dazu. Je mehr erfahrungsorientierte Bestandteile, in denen Patienten und Therapeuten mit Körper, Seele und Geist in Aktion treten, in einer solchen Maßnahme enthalten sind, umso wirksamer ist die Korrektur
5. Die *Veränderung von Denk-, Fühl-, Verhaltens- und Handlungsmustern wird durch Botenstoffe* in unserem Körper *unterstützt*. *Dopamin* beispielsweise, welches auch als «emotionaler Weichmacher» bezeichnet wird, ist ein körpereigener Stoff und fördert die Veränderungsmotivation mit Aussicht auf Belohnung. Und das Bindungshormon *Oxytocin* stimuliert «Entwicklungen im Gehirn» durch die Neubildung und Neuverschaltung von Neuronen. (Das verdeutlicht nochmal die direkten Zusammenhänge zwischen Psyche und Körper).

Dieser kurze Überblick über die Wirksamkeit psychotherapeutischen Vorgehens hat uns therapeutische Grenzen und Bedingungsfaktoren verdeutlicht und uns dafür sensibilisiert, dass dysfunktionales oder weniger gesundes menschliches Potenzial (*Human Resources*) dysfunktionale gesellschaftliche Zustände hervorbringt und das Veränderungs- und Anpassungspotenzial in Gesellschaften minimiert.

Daraus folgt, dass die somatisch-technokratische Medizin sich den früher als «nichtstofflichen Aspekten» bezeichneten seelischen und geistigen Bereichen öffnen und eine ganzheitliche psychosomatische Betrachtungsweise von Erkrankungen einnehmen muss. Ähnliches gilt für die Psychotherapie, die fast schon in eine rein geisteswissenschaftliche Ecke abgeglitten ist. Hier braucht es eine Neuorientierung und Weitung des Blicks auf alle bio-neuro-psychologischen Zusammenhänge der ganzen (!) Systemkonzeption Mensch.

Derzeit gibt es vier anerkannte Richtlinienverfahren: Die analytische Psychotherapie, die Tiefenpsychologie, die Verhaltenstherapie und die systemische Therapie. Hieraus sind unzählige Variationen mit blumigen Namen entstanden, die aber alle eher nur Teilaspekte des Menschen berücksichtigen und dadurch oft nicht ausreichend Bewältigungs-, Veränderungs- und Lösungsfähigkeit hin zu gesundheitserhaltenden/-förderlichen inneren Denk-, Fühl-, Verhaltens- und Handlungsmustern erzeugen und deshalb auch nicht die notwendige Anpassungsfähigkeit im derzeit so rasanten Biotopwandel fördern können.

Ein weiterer Aspekt, der betrachtet werden sollte, ist die Bindung/Beziehung zwischen behandelndem Therapeuten und Patient. Ihr kommt, wie wir gehört haben, eine besondere Bedeutung wegen ihres Einflusses auf die Wirksamkeit einer Psychotherapie zu. Deshalb darf im Wirkungsgefüge einer psychotherapeutischen Behandlung, bei Selbstreflexion und Supervision des Therapeuten die eigene Persönlichkeit und Einstellung des Behandlers nicht außer Acht gelassen werden. Psychotherapeuten sind Kinder unserer Gesellschaft und demnach wie andere Menschen auch nicht immer mit ausreichend Basiskompetenzen, Realitätsnähe, Änderungs- und Anpassungspotenzial ausgestattet. Überdies nutzt es nicht viel, ausschließlich in einem «geschützten Raum», in der gemütlichen Gesprächsecke, Patienten auf Selbstfürsorge und Abgrenzung (mal Nein sagen können) zu trainieren, wenn diese außerhalb dieses Settings bei nicht ausreichenden Bewältigungskompetenzen mit den An- und Herausforderungen der aktuellen Biotopumstände konfrontiert sind und sich mit diesen existenziellen Wirklichkeiten auseinandersetzen und arrangieren müssen. Auch besteht die Gefahr der Invalidisierung, Teilinvalidisierung und Förderung erlernter Hilflosigkeit.[56] Die spricht wiederum für EOT und dafür, neue Denk-, Fühl-, Verhaltens- und Handlungsmuster in lebensnahen Kontexten einzuüben sowie ein Hauptaugenmerk in der Therapie auf ausreichenden Transfer des Gelernten in den Alltag zu richten.

Umgekehrt müssen wir uns aber auch fragen: Wie kann das sein, dass Menschen so wenig mit Basis-/Bewältigungskompetenzen ausgestattet sind? Wieso bieten wir uns in unseren «modernen» Gesellschaften nicht ausreichende Gelegenheiten (Erfahrungsräume), um uns diese gut aneignen zu können? Wir müssen zugeben: Aus gesellschaftlicher Perspektive ist es eben nicht damit getan, *nur* Verbesserungen im «reparativen», somatischen und psychischen Medizinbereich anzustreben (obwohl dies zweifellos ein sehr wichtiger Aspekt ist), sondern es ist – auch hier wieder ganzheitlich gesehen – wichtig, die präventive Aufgabe im Staats- und Gesellschaftswesen zu kennen und zu benennen.

> «Gesundheit steht für ein positives Konzept, das in gleicher Weise die Bedeutung sozialer und individueller Ressourcen für die Gesundheit betont wie die körperlichen Fähigkeiten. Die Verantwortung für Gesundheitsförderung liegt deshalb nicht nur bei dem Gesundheitssektor, sondern bei allen Politikbereichen und zielt über die Entwicklung gesünderer Lebensweisen hinaus auf die Förderung von umfassendem Wohlbefinden hin.»
>
> (*Ottawa-Charta zur Gesundheitsförderung*; WHO 1986)

Daraus folgt für den Staat und gesellschaftliche Institutionen, dass ihre erste Pflicht sein muss, für ein gesundes, artgerechtes Biotop zu sorgen, welches die Entwicklung von ausreichend Basiskompetenzen und Selbstregulation zulässt. Ein Beispiel ist die Arbeitswelt: Aufgrund ihrer rasanten Veränderung bei sich offensichtlich stetig erhöhendem Anforderungs- und Stresspo-

---

[56] Vgl. Seligman 1976.

tenzial werden bei vielen Arbeitnehmern psychosomatische Erkrankungen hervorgerufen; hier ist besondere Unterstützung durch ein ganzheitlich orientiertes betriebliches Gesundheitsmanagement (*BGM*) und betriebliche Gesundheitsförderung (*BGF*) vonnöten, dazu durch gut ausgebildete Führungskräfte, die ihre Mitarbeiter in ihrer biopsychosozialen Gesamtheit fördern und ihre Gesundheitsressourcen sowie Verantwortung für Team, Unternehmen und Gesellschaft stärken.

Lernen für die Zukunft – ein Beispiel: modernes BGM in der Arbeitswelt 4.0

Die Arbeitswelt als Teilsystem menschlichen Lebens ist heute stark von der digitalen Entwicklung bestimmt und ebenso wie die anderen Teilbereiche des menschlichen Biotops auch in rasanter Veränderung begriffen: Vernetztes Arbeiten, Teamwork und Geschäftstreffen über Zoom, Teams oder Facetime, eine hohe Dynamik in den Aufgabenprofilen, geforderte Flexibilität in der Anpassung an sich schnell verändernde Prozesse und Abläufe sind an der Tagesordnung. Hinzu kommen veränderte Kommunikationsstrukturen und Möglichkeiten der Aneignung von Wissen und Know-how über ausgefeilte technische Möglichkeiten und das Netz sowie die Tendenzen und Entwicklungen globaler Marktwirtschaft, die Einfluss auf den Erfolg oder Misserfolg eines Unternehmens haben können und sich wiederum auf die Arbeitsplatzsicherheit von Angestellten auswirken können. Alles in allem eine oft sehr belastende Situation für die arbeitende Bevölkerung, zumal bei in der Gesellschaft immer weniger vorhandenen Basiskompetenzen und Anpassungspotenzial, ansteigenden Krankheitsfällen sowie eher wenig adäquat für ihre Position ausgebildetem Führungspersonal. (Von den belastenden Faktoren der Bewältigungsanforderungen aktueller gesellschaftlicher oder globaler Probleme, die nicht vor der Arbeitswelt Halt machen, sich dort auswirken und nicht ausgeblendet werden können, ganz zu schweigen.)

Es stellt sich die Frage: Wie erreichen wir mit einem modernen, ganzheitlich orientierten BGM in Kombination mit einer entsprechend zu etablierenden Unternehmenskultur eine Arbeitssituation, die sich zugleich positiv auf den Gesundheitszustand der Arbeiternehmenden, die Nutzung vorhandener menschlicher Potenziale (*Human Resources*), den Teamgeist und den

Erfolg des Unternehmens auswirkt? Heißt: Wie können wir gesundheitlich angeschlagene Menschen gut zurück ins Arbeitsleben zurückführen und sie mit Arbeit stabilisieren, statt sie wieder krank zu machen? Wie können wir gesunde Menschen gesund erhalten durch ein konstruktives, gesundheitsförderliches Arbeitsumfeld? Wie bei allen Arbeitnehmern Basiskompetenzen im Arbeitskontext fördern und sie so resilienter machen? Und welche Bedingungen brauchen wir im Jobkontext, in Unternehmen und Institutionen, um den Teamgeist, das kollektive Wir, zu stärken und Führungskräfte heranzuziehen, die ihre Belegschaft fähigkeits- und kompetenzorientiert anleiten und fördern, sodass am Ende auch für den Erfolg des Unternehmens das Beste herauskommt? Um es kurz zu machen: Es ist wie im Bereich der psychotherapeutischen Verfahren. Mit der *Orientierung an der Systemkonzeption Mensch und der Pflege einer guten, wertschätzenden, förderlichen Beziehung zwischen Führungskraft und Mitarbeiter* steht und fällt alles. Hinzu kommt als Möglichkeit, das Arbeitsfeld gesundheitsförderlich/er zu gestalten: an den Bedingungen der Arbeit und den damit verbundenen Prozessen zu feilen, diese den neuen Anforderungen, aber auch den aktuellen und individuellen Bedürfnissen der Arbeitenden anzupassen.

Bei modernem, zukunftsfähigem BGM, das überdies auch eine positive Auswirkung auf das Gesamtbiotop Homo sapiens haben soll (wir verbringen einen großen Teil unseres Lebens in der Arbeitswelt) kann es also nicht vordergründig darum gehen, die gesunde Saftbar im Foyer oder einen Obstkorb im Teamraum zu etablieren, für einen ergonomischen Stuhl, eine augenfreundliche Beleuchtung oder Beratungen/Kurse in Sachen Ernährung und Bewegung zu sorgen. Zweifellos ist dies auch wichtig, aber eine viel größere Hebelwirkung haben, wie neueste Studien belegen, eben eine sinnvolle Prozessgestaltung der Arbeit, ein wertschätzender, konstruktiver Umgang miteinander sowie die adäquate Förderung der Kompetenzen und Fähigkeiten, die individuell wie im Team angesichts anstehender Herausforderungen zur Bewältigung benötigt werden.[57]

Arbeitswelten sind *soziotechnische Systeme*, die zukünftig durch die digitale, globale Transformation womöglich vom Arbeitnehmer noch ein höheres Maß an Flexibilität, Veränderungsbereitschaft und Anpassungspotenzial – gleich sehr gut ausgebildete Basiskompetenzen sowie ein gut aufgestelltes Zeit-,

---

[57] Vgl. Mehl 2020.

Kommunikations- und Prozessmanagement – verlangen werden. Überbelastung und Entfremdung in vielen Arbeitsbereichen und Berufen haben jedoch dazu geführt, das viele Menschen kaum noch den Sinn hinter ihrer Tätigkeit erkennen. Ihnen ist bei qualitativ permanent steigendem Leistungsdruck im Arbeitsleben die *Verstehbarkeit* dessen, was sie eigentlich tun, die *Handhabbarkeit* der ihnen übertragenen Aufgaben bei fehlenden Bewältigungskompetenzen und Ressourcen und so die *Sinnhaftigkeit* ihrer Arbeit abhandengekommen, sodass sie darüber gar erkranken (können).[58] Folge des Gesamtszenarios: Stressfolgeerkrankungen, ein hoher Krankenstand in Firmen und auch finanzielle Unternehmensbelastung durch erhöhten Personalkostenfaktor.

Der Mensch braucht zumindest im Groben ein Verständnis darüber, was wie wozu um ihn herum passiert, wie alles miteinander zusammenhängt, sich gegenseitig beeinflusst und was das Ziel bei allem eigentlich ist. Er benötigt ein Bewusstsein darüber, welche Fähigkeiten und Möglichkeiten er besitzt, Umstände/Dinge durch eigene Entscheidungen und eigenes Handeln ändern/verbessern/anpassen zu können. Weil er als soziales Wesen auf der Welt nie ein wirklicher Einzelkämpfer ist, sollte er ein Gefühl dafür entwickeln, inwieweit es angebracht und für die Gesamtheit / das Team / Unternehmen / die Sache gut ist, diese Fähigkeiten einzusetzen, und wo es besser wäre, Grenzen zu ziehen und etwas am Arbeitssystem oder den Prozessen zu verändern, damit er selbst gesund bleibt, das Team, die Abteilung, die Prozesse im Unternehmen funktionsfähig bleiben und Erfolg und Gewinn davon getragen werden können. – Die Schlussfolgerung liegt nahe: Wenn es ein pathogenes (krank machendes) Arbeitsklima gibt, welches bei vielen Arbeitnehmern das sogenannte Burn-out-Syndrom hervorruft, muss es auch ein salutogenes (die Gesundheit erhaltendes) geben, das ‹Burn on›-Energie freisetzt. Welche Bedingungen müssen dafür gegeben sein?

---

[58] Vgl. dazu das Kohärenzmodell von Antonovsky inkl. Selbstwirksamkeit (Bandura) (Abb. 5), in Kap. 2 unter «Was sagt uns all das?».

> Was der Mensch für eine *gesundheitsförderliche Arbeitsatmosphäre* braucht:
>
> - in seiner Tätigkeit einen Sinn, den Wert für das «Gesamtprodukt» entdecken können
> - seine Rolle im Team als passend empfinden
> - von seinen Kollegen und gut ausgebildeten Führungskräften Respekt, Anerkennung und Wertschätzung für sein Tun erfahren
> - bei Bedarf von diesen Unterstützung für sein Tun und seine Weiterentwicklung erhalten

Die Frage ist: Wie kann modernes, ganzheitlich an der Systemkonzeption Mensch orientiertes BGM dahingehend unterstützen? Und was heißt das für die Führungsetage, ein zukunftsfähiges BGM und eine gesundheitsförderliche sowie zugleich leistungsfähige Unternehmenskultur zu etablieren? Um ein gelingendes BGM in einem Unternehmen zu implementieren, brauchen wir zuallererst gute Führungskräfte, die selbst über ausreichend Basiskompetenzen und Selbsterfahrung verfügen, für ihre Mitarbeiter da und bei Sorgen für diese ansprechbar sind. Wir brauchen Führungskräfte, die die Entwicklungspotenziale ihrer Untergebenen individuell nach Persönlichkeit und Fähigkeiten fördern und selbst mit gutem Beispiel vorangehen, indem sie in Selbstmanagement-Trainings für die Mitarbeiterschaft auch mit dabei und ansprechbar sind. Führungskräfte sollten neben ihren Leitungsaufgaben zudem in der Lage sein, hochkomplexe BGM-Aufgaben übernehmen zu können – fachliche Kompetenz ist da in der Führungskräfteauswahl eher zweitrangig.[59]

Wie sieht aber das Konzept eines modernen, gesundheitsförderlichen BGMs aus? Es orientiert sich am Leben selbst, das mit dem Prinzip des Lebendigen stetigem Wandel und komplexen Systemen unterworfen ist. Es ist also immer wieder den aktuellen Gegebenheiten, Bedingungen, die durch äu-

---

[59] Näheres dazu in Mehl 2020.

ßere und innere (unternehmens-/institutionseigene)[60] Systeme vorgegeben werden, anzupassen und so in seiner Wirksamkeit zu evaluieren. – Zu implementierende förderliche BGM-Maßnahmen sind beispielsweise solche, welche den Mitarbeitern ermöglichen, Basiskompetenzen in eigens dafür bereitgestellten Erfahrungsräumen zu trainieren. Das können bestimmte Orte oder auch dafür vorgesehene Zeiträume sein: etwa Trainings outdoor zur Kommunikations- und Teamfähigkeit, z. B. gemeinsames Bauen eines Floßes, Begehen eines Hochseilgartens oder andere Planspiele,[61] das Bereitstellen und ritualisierte Nutzen eines Konfliktlöseraums im Betrieb oder das Anbieten von Workshops indoor, in denen Übungen zum richtigen Feedback-Geben oder wertschätzendem Verhalten, wie «Der heiße Stuhl», gemacht werden.[62] In manchen Unternehmen werden auch schon zeitlich flexibel einsetzbare Selbstmanagement-Lehrgänge, wie das audiosensuelle, erfahrungsorientierte Basiskompetenztraining *aufhorchen hoch drei* angeboten.[63] Mithilfe der Klangsequenzen, eines Übungs-Begleitheftes und dort beigefügten Priming-Elementen (Haftnotizen als Ressourcenanker) können sich die Mitarbeiter in zehn verschiedenen Modulen Strategien und Techniken zur Gesunderhaltung am Arbeitsplatz und im Alltag aneignen und üben (z. B. Integration von mehr Bewegung und guter Gedanken, Installation von Kraftorten, Methoden zur Entspannung, wie man mal den Kopf durchpusten kann usw.). Zeitlich flexibel können so Achtsamkeit, Prioritäten setzen und Fokussierung, Imaginationsfähigkeit, Wahrnehmungsfähigkeit, Perspektivwechsel und Wertschätzung, Urteils- und Entscheidungskraft, Empathie und Entspannungsfähigkeit trainiert werden.[64]

Psychotherapie und betriebliches Gesundheitsmanagement sind Beispiele dafür, dass und wie wir das Bewältigungspotenzial auch bezüglich der inneren Transformation von Homo sapiens fördern müssen. Dieser Ansatz

---

60 Dazu zählen die Ziele des Unternehmens / der Institution, die Bedürfnisse der Geschäftsführung, der Führungskräfte, Mitarbeiter, Abteilungen, Teams und der im Arbeitsfeld relevanten Themen.
61 Vgl. Mehl 2020, Kap. 12 über die «Instrumente und Maßnahmen» eines gelingenden BGMs.
62 Vgl. ebd., Kap. 12.12.
63 Vgl. Mehl 2015.
64 Das Selbstmanagement-Programm *aufhorchen hoch drei* ist über die Klinik Wollmarshöhe zu beziehen: https://www.wollmarshoehe.de.

und diese Perspektive müssen quasi auf alle unsere Lebensbereiche ausgeweitet werden. Es betrifft das Schul- und Bildungswesen genauso wie die Enttabuisierung der Diskussion über unsere gängigen Wertesysteme. Wie wollen wir zusammenleben? Was sind denn unsere Ziele? Was können wir erwarten und was nicht? Nicht erwarten können wir jedenfalls, dass es keinen Wandel, keine Krisen, Epidemien, Kriege oder anderweitige Katastrophen und eine ewig anhaltende, zufriedenstellende «alte Normalität» geben wird. – Das kleine Virus mit allen damit verbundenen Auswirkungen ist, wie wir mittlerweile wissen, nicht die einzige und größte Herausforderung gewesen, die wir zu bewältigen haben.

Und es kam noch dicker

Bei der Fertigstellung dieses Manuskripts tobt genau an dieser Stelle ein neuer Krieg. Nicht, dass es zu der Zeit nicht einige Kriege über die Welt verteilt schon gegeben hat, aber nun sind wir betroffen. «Unvorstellbar, der findet ‹mitten in Europa› statt!», heißt es in den Medien. Mein erster Impuls war: Ist jetzt alles anders? Musste ich befürchten, dass das plötzlich eintretende Unvorstellbare meine bisherige Schrift über die Erkenntnisse aus der Corona-Zeit überholen oder ad absurdum führen kann? War sie doch verfasst aus der komfortablen Situation eines mitteleuropäischen Wohlstandsbürgers, der nun fast achtzig Jahre Friedenszeiten genießen konnte. Der zweite Impuls: Also doch! «Homo homini lupus», was in etwa heißt: «Der Mensch ist ein Wolf für den Menschen.» Philosoph Hobbes, der diese lateinische Sequenz in einem seiner Werke zur Beschreibung der Destruktivität der Menschen benutzt, lässt grüßen. Nervös fragte ich mich: Würden nunmehr die bereits festgehaltenen Aussagen, Beschreibungen und Vermutungen über uns Menschen die Feuerprobe bestehen?

Nachdem ich alle Sinne wieder beisammen und noch einmal über das Geschriebene nachgedacht hatte, war ich überrascht. Dem zu Papier Gebrachtem war wenig hinzuzufügen, im Gegenteil bestätigte es sich angesichts der aktuellen Ereignisse. – «Mitten in Europa». Wieso eigentlich nicht? Vernunft performt nicht die fundamentale Systemkonzeption Mensch. Zuerst wurden die Aussagen zu unserer emotionalen Reichweite bestätigt, und zwar jetzt auch zu meiner eigenen. Was geschah und noch geschieht, berührt/e mich mehr als manch schon grausamer Krieg, der jahrelang an anderen Stellen der Welt wütete. Die allgemeine Betroffenheit auf allen Seiten und deren Konsequenzen, die Berichte in den Medien, aktuelles Denken, Fühlen und Verhalten und Handeln der Menschen waren und sind noch der beste Beleg für alle Annahmen, die über Denk-, Fühl-, Verhaltens- und Handlungsmuster des Homo sapiens geäußert wurden und beschreiben, wie wir so ticken.[65] In der Folge fiel mir ein, was der Primatologe Frans De Waal in seiner Schrift *Der Affe in uns* (2005) über den Menschen schreibt. Frappierende Ähnlichkeit zu Schimpansen und Bonobos weise er im Verhalten auf: in Kriegsführung und Konfliktlösung – Schimpansen, die eher die gewaltsame Konfliktlösung suchen, und Bonobos (früher «Zwergschimpansen» genannt), die sich ganz anders entwickelten und eher zu friedlichen Konfliktlösungen neigen. Beides haben wir in uns, das wissen wir längst.

Ein Mann mit seiner engsten Gruppe greift einen jahrelangen Konflikt auf, mit dem Versuch, ihn jetzt gewaltsam zu lösen. Er beginnt einen Krieg. Es geht zunächst um territoriale Ansprüche und Gruppenidentität. Schimpansengruppen versuchen oft, solche Konflikte ähnlich zu lösen, und zwar meist mit brutaler, gewaltsamer Auseinandersetzung. Ein solches Verhalten hätten wir für europäische, «zivilisierte» Menschen nicht für möglich gehalten, glaubten wir doch als mittel- und westeuropäische Bevölkerung eher an humanistische, «vernunftgeleitete Kulturfähigkeit» (was auch immer das sein mag) und an «bonoboartige» Konfliktlösung (Annäherung durch Handel und Wandel). Schließlich haben wir uns mit Wohlstand, Freiheit und Demokratieverständnis gut arrangiert. Außerdem ist da ja auch noch der Glaube, in unserer Komfortzone könne uns nichts passieren – diesen unseren Frieden halten viele von uns immer noch für unantastbar.

Nun hat also ein «gedemütigtes, gekränktes Schimpansenmännchen» die junge Nachbargruppe angegriffen, und plötzlich waren wir selbst betroffen, weil sich das auch auf unser Leben, unsere existenzielle Wirklichkeit auswirkt. Das Entsetzen ist genauso groß wie die Hilflosigkeit. Schließlich war die junge nachbarschaftliche ukrainische Gruppe gerade in einer Art Identitätsfindungsprozess und fast jeder Einzelne in einer dynamischen Selbstfindung begriffen. Es schien, als hätten sie die interne Gewalt in ihrer Gruppe, die Korruption und das teilweise auch mit Gewalt verbundene Entstehen gruppenimmanenter Hierarchien fast überwunden. Doch sie waren sich untereinander immer noch nicht ganz grün, auch wenn ihre Basiskompetenzen schon jahrelang bezüglich Selbstbehauptung, Durchhaltevermögen, Zielstrebigkeit, Konfliktlösungsvermögen, Leid- und Frustrationstoleranz usw. massiv gefordert worden waren.

---

65 Vgl. Tab. 1 am Ende von Kap. 3.

In einem Handstreich hat nun der Nachbar versucht, seine alten Revieransprüche wieder zu erlangen, und das ging freilich etwas schief. Es befeuerte die junge Gruppe, basiskompetent frisch trainiert, in ihrer kollektiven Identität und Moral. Und die, die sich in der Ukraine noch nicht endgültig mit ihrem Staat und ihrer Gruppe sicher identifiziert und zu ihnen bekannt hatten, haben es mit jenem Tag in überwiegender Zahl dann endgültig und fest getan. Diese moralische Kraft des jungen Staates hatte der nachbarliche «Silberrücken» nicht bedacht, vielleicht in einer kognitiven Verblendung. Es geht eben nicht alles mit geglaubt technischer Überlegenheit und nicht so schnell wie vielleicht anderswo, massiv unterstützt mit der Kraft der Basiskompetenzen.

Die zunächst nicht unmittelbar betroffenen Nachbarn liefen aufgeregt an ihren Grenzen hin und her, «sich auf die Brust trommelnd, um Stärke zu demonstrieren». Auch diese Parallelen zu unseren nahen Verwandten finden wir mit frappierender Ähnlichkeit in Frans de Waals Beschreibungen von Menschenaffen. Angst und Aggression sind sehr ansteckend, vielleicht ansteckender als das kleine Virus. Kurz vor Drucklegung dieses Buches zeigt sich, befördert durch den Konflikt, die gesamte Palette unserer Muster, mit aufkeimendem Hass gegen die «andere Gruppe», die unsere eigene Gesellschaft in Freund und Feind spaltet und selbst in eng vertraute Verbindungen wie in Freundschaften und Familien Unfrieden bringt. Dieses Verhaltensmuster haben wir schon zu Pandemiezeiten beobachten können und jetzt wird es durch den Krieg gleichermaßen deutlich. Wer ist *der* Gute und wer *der* Böse bei diesem letalen Überraschungsangriff? Auf welcher Seite stehe ich? Wer sind *die* Guten, wer *die* Bösen? Die Gerechten, die Ungerechten? Wir sind haufig in unseren Schwarz Weiß-Mustern, Impulsen und deren Fragilität gefangen. Wir verallgemeinern und pauschalisieren, sind schnell mit Gut-und-böse-Kategorien dabei und fokussieren uns auf kleinste Bereiche. Aber nicht nur das. Auch unsere Fähigkeit zu Empathie und Mitgefühl, eine Fähigkeit von Mensch und Menschenaffe gleichermaßen, wird überwältigend angetriggert (Willkommenskultur und humanitäre Hilfe). Und wenn Sie das Buch in den Händen halten, fallen Ihnen zu alledem vielleicht just in diese Moment noch andere, vielleicht aktuellere Geschehnisse ein, bei denen sich all dies zeigt, an denen Sie als Weltenbürger Anteil nehmen oder von denen Sie direkt betroffen sind.

Was heißt all dies? Können wir gar nicht anders? Sind wir Sklaven unserer eigenen Natur und Systemkonzeption? – Dem ist Gott sei Dank nicht ganz so, sind wir doch, wie beschrieben, mit lockerer Nadel gestrickt. Natürlich haben wir unser genetisches Paket. Wir können gewaltsam und grausam sein wie die Schimpansen, aber auch friedvoll sein und Konflikte lösen, so wie die Bonobos es bevorzugen. Dass wir mit lockerer Nadel gestrickt sind, heißt auch: Es ist ein kultureller Balanceakt möglich und wir können in gewissem Maße entscheiden, in welche Richtung wir gehen und wie wir gemeinsam die Gegenwart und Zukunft gestalten wollen, um die anstehenden Herausforderungen zu meistern.

Das, was wir uns selbst durch Erfahrung und Bildung angeeignet haben, was wir unseren Kindern vermitteln, ist (dafür) von entscheidender Bedeutung, weil es jeden Einzelnen von uns prägt, das Kollektiv und wie wir in der Gesellschaft und als Gesellschaft denken, fühlen, uns verhalten, entscheiden und letztlich handeln. Wir haben also gewisse Optionen, wie wir Gesellschaft gestalten. Wir haben uns für möglichst demokratische Verhältnisse entschieden und es scheint so, als ob dies auch die artgerechteste Lebensform des Menschen ist. Durch Bildung und Erfahrung sind wir in der Lage, uns bestmöglich Basiskompetenzen anzueignen und uns zu entschließen, ob wir ausschließlich unsere eigene Position verteidigen wollen/können oder gar fähig sind, Konflikte zu lösen und Kompromisse einzugehen. Wir können erfahren, ob es besser ist, ausschließlich auf unser eigenes Recht zu pochen oder auch Verantwortung zu tragen für die Art des Konfliktausgangs, die am Konflikt Beteiligten und die daraus entstandenen Schäden. Vor allem erlauben uns diese Freiheitsgrade eben auch, unsere archaischen Wurzeln und Eigenschaften so zu modifizieren, dass sie tauglich oder tauglicher werden zur Gestaltung einer artgerechten Gegenwart und Zukunft. Vielleicht ermöglicht dies uns am Ende auch immer mehr, das Bestmögliche zum Erhalt unseres Biotops zu tun, indem wir das tun, was wir eigentlich schon längst wissen.

Stecken wir also in einer hoffnungslosen, fatalen Lage, in der wir uns damit abfinden müssen, dass wir eben ticken, wie wir ticken, ohne Ausweg und Optionen auf Weiterentwicklung? Können wir nicht anders, weil wir sind, wie wir eben sind? Nein, dem ist nicht so! – Das Prinzip des Lebendigen lautet Wandel und stetige Veränderung und lässt keine starren Schwarz-Weiß-Kategorien zu. Die Welt, das Lebendige und die Natur befinden sich in stetiger Bewegung, in einem permanenten Veränderungs- und Entwicklungsprozess. – So auch wir! Die statischen Narrative der Wunschphilosophien sind also wenig hilfreich, genauso wenig nihilistische und schicksalsergebene Statements und Beschreibungen sowie sich in ein Gefühl zu ergeben von: «Ich allein kann ja eh nichts bewirken» oder «Es ist sicherer, am Alten festzuhalten, Neues, noch nicht Ausprobiertes ist eh zu unsicher».

Fakt ist: Weigern wir uns innerlich, mit dem Wandel zu gehen, willentlich oder weil wir glauben, nicht anders zu können, es anderen überlassen zu müssen oder aus welchen Gründen auch immer, werden uns die äußeren Verhältnisse früher oder später doch irgendwie zwingen, uns anzupassen. Wenn wir uns aber proaktiv dafür entscheiden, haben wir die Möglichkeit, Einfluss auf eine für uns positive Entwicklung zu nehmen (im anderen Fall ist das weniger so). Das zu beherzigen, ist genauso von Bedeutung, wie schonungslos zu erkennen, wie wir ticken, also wie unsere Systemkonzeption funktioniert. Mit allen Vor- und Nachteilen: Es gibt das nichtförderliche Destruktive in uns, den schnellen «Rückfall» in sogenannte archaische Muster, aber genauso die enorme psychophysische Veränderungsfähigkeit des anpassungsfähigsten Affen Homo sapiens. Er hat einen lernenden, einsichtsfähigen, modifizierbaren, reflexions- und emotional modulationsfähigen, selbstbewussten, sozialen Apparat, den wir gemeinhin Gehirn nennen, der zwar analog und langsam funktioniert, aber äußerst formbar ist, dadurch eben aber auch fehleranfällig. Seine Kulturfähigkeit dürfen wir nicht über-, genauso wenig aber unterschätzen. Was uns bleibt, ist, ständig und stetig ein förderliches Biotop für ihn zu begünstigen. Und diesbezüglich reicht es nicht aus, unseren Fokus nur auf die kleine Gruppe zu richten, in der wir leben, sondern wir müssen Homo sapiens insgesamt mit seiner Systemkonzeption und auch bezüglich seiner gesamten territorialen Möglichkeiten, nämlich mindestens auf der Erde, in den Blick nehmen.

Vielleicht ist das nicht die neueste Erkenntnis, aber sie ist wahr, essenziell und sollte grundlegende Beachtung bei allem finden, was wir tun. Es ist ungemein wichtig, sowohl in politischen und gesellschaftlichen Top-down- als auch in mindestens gleich wichtigen Bottom-up-Prozessen, den Fokus auf die Systemkonzeption Mensch und ein förderliches artgerechtes Biotop zu legen und dieses sinnvolle Vorgehen den Menschen nahezubringen und transparent zu machen. Zu unserem Biotop gehören die kleinste Familie, alle Gruppen, Gesellschaften, Kulturen, in denen wir uns bewegen, und auch die

Weltengemeinschaft. All das muss in seiner Gesamtheit betrachtet werden und in seinen Wechselwirkungen.

Klar ist: Erkenntnis oder Betroffenheit führen nicht direkt zum Wandel. Zum Wandel führt die lebendige, bewegte Realität in unseren existenziellen Wirklichkeiten. Es ist wahrscheinlicher, dass wir mit der Pandemie und dem Kriegsbeginn in Europa, den großen Problemen des Klimawandels, der Ressourcenknappheit, dem Komfort- und Konsum-Wahnsinn eher der existenziellen Wirklichkeit wieder näherkommen als mit unserem in der Pandemie entstandenen jammervollen Wunsch, die «alte Normalität» wiederhaben zu wollen. War sie doch eher Schall und Rauch, eine kurze Episode.

Voraussetzung für eine nachhaltig positive Entwicklung unserer Art ist die Notwendigkeit, Armut so weit zu verhindern, dass ein Überleben mit der Befriedigung unserer Grundbedürfnisse möglich ist. Wer Hunger hat, wem droht, auszutrocknen, zu erfrieren, zu ersticken oder getötet zu werden, der kämpft nur und ausschließlich um sein Überleben. Hehre Ansprüche an Vernunft, Einsicht und Entwicklung der Menschheit gehen dort vollumfänglich ins Leere. Ein Biotop, welches mindestens ein gutes Überleben sichert, ist Voraussetzung für Konstruktives. Ansonsten kämpft jeder gegen jeden und es herrscht ein fataler Destruktivismus vor. Totale Armut und (Lebens-)Bedrohung jedweder Art verhindern also per se Konstruktives. Nun können wir diese Erkenntnis aber nicht per Gesetz oder Menschenrechte deklarieren oder verordnen. Aber was können wir dann? – Natürlich bei den Menschen anfangen, die in Wohlstand leben und nicht ums nackte Überleben kämpfen müssen (also bei uns selbst!). Wir leben als Bürger der Ersten Welt in einem Biotop, welches uns Handlungsfreiheit und Entwicklung ermöglicht. Nur wir haben die Möglichkeit, ein konstruktives Virus zu verbreiten. Dazu gehört, in der eigenen Gruppe basiskompetentes Leben in allen Bereichen zu fördern, anstatt uns satt und selbstzufrieden zurückzulehnen. Dazu gehören Veränderungsbereitschaft, Zukunftsoffenheit, Verzichtbereitschaft, Fehlertoleranz und all die beschriebenen Basiskompetenzen. Könnensoptimismus und Selbstwirksamkeitserleben entstehen dann wie von selbst.

Gesellschaftsgestaltung und Politik müssen in den kleinsten Systemen bis zu den größten präsent sein und so ihren Wirkungsrahmen erweitern. Möglichst demokratische Strukturen scheinen hier die für Menschen passendsten Gesellschaftskonstrukte zu sein, auch wenn sie Prozesse und Entscheidungen zäh, langsam, unzureichend, zuweilen dilettantisch machen. Abgesehen davon, dass wir auch hieran etwas verändern und verbessern können, verlangsamen sie sich eben so weit, dass sie möglichst den Großteil ihrer Mitglieder mitnehmen können. Sie verlangsamen sich entsprechend unseren systemimmanenten mehrheitlichen Möglichkeiten. Sie können Menschen somit aber erstmal demokratiefähig machen. *Demokratiefähigkeit* heißt im weitesten Sinne auch, nicht einem größeren Gebilde, beispielsweise dem Staat, durch persönliche Verantwortungsabgabe gesellschaftliche Gestaltung zu überlassen. In den kleinsten Einheiten unserer Gesellschaft, von der Mutter-Kind-Beziehung über familiäre Konstrukte bis zu Institutionen müssen Bottom-up-Prozesse initiiert werden, um konstruktive Entwicklung überall virulent zu machen. *Top down* können passende Rahmenbedingungen geschaffen werden, mehr nicht. Entwicklung in unserem Biotop (in unseren Lebenssystemen) hingegen geschieht virulent nur in *Bottom-up*-Prozessen, seien es Ökologisierung, Demokratisierung, Digitalisierung oder anderes. Wenn wir das wissen, berücksichtigen und fördern, helfen wir einer sich schnell verbreitenden konstruktiven Entwicklung auf die Sprünge.

Wenn wir wieder einmal den Fokus nur auf uns und unsere Klopapiervorräte, auf den kleinsten wahrnehmbaren Mangel, richten und ein kleines, relativ harmloses Virus uns kopflos macht, dann sollten wir bedenken, dass in Gesellschaften, in denen Kriminalität, HIV-Tote, Armut die größte Bedrohung sind, Pandemien nur ein kleines, weiteres Lebensrisiko darstellen, dem man keine große Bedeutung beimessen sollte. Eine konstruktive Entwicklungsmacht braucht eine Allianz der Menschen und diese müssen wir basiskompetent fördern. Nivellierung auf allen Gebieten oder Verschweigen existenzieller Wirklichkeiten fördert Destruktivismus und falsch hierarchische Machtansprüche. Wir sind locker programmiert und können uns entscheiden. Es gibt eine kulturelle Variabilität. Wenn wir uns für den Menschen und seine Systemkonzeption entscheiden, wenn wir das Prinzip des Lebendigen sehen und nicht ausblenden, wenn wir wissen, dass Fähigkeiten, auch emotionale, erworben werden können, wenn wir geduldig sind und unsere begrenzte Entwicklungsmöglichkeit beachten, wenn wir unsere Gene, epigenetischen Möglichkeiten und Kulturfähigkeit kennen und ungeschminkt transparent machen, können wir den Einzelnen motivieren. Dann können wir durch Erfahrung und Bildung lernen. Die prägen uns sowohl in die eine als auch in die andere Richtung. Doch hierauf haben wir einen Einfluss und hiermit können wir konstruktive Kulturfähigkeit erzeugen. Erst dann können wir uns adäquat für das eine oder andere entscheiden, wobei jede Entscheidung auf Erkenntnis und Vernunft basiert, aber in weit größerem Maße auf Emotion und Gefühlen.

Funktionierende menschliche Gesellschaften und das gute Fortkommen von Homo sapiens werden geprägt von starken Wesen, die sowohl die individuelle Freiheit als auch ein soziales Verständnis angemessen integriert haben.

Natürlich sind wir begrenzt, natürlich haben wir nur bestimmte Freiheitsgrade, aber wir haben sie. Die meisten Menschen leben eher in möglichst friedlichen Allianzen auf der Welt, und das sollte uns Hoffnung geben. Immer werden Veränderung und Anpassung ein politischer, aber auch individuell innerer Balanceakt sein, weil das ein Prinzip des Lebendigen ist. Entwicklung bedeutet Fortkommen, Altes, nicht mehr Brauchbares hinter sich zu lassen, sich für Neues zu öffnen, aber auch Rückschritt, zähe Prozesse, Fehler zu machen, daraus zu lernen, bessere Wege zu finden und qualitative Sprünge zu machen. Genauso ist es, in aller Gegensätzlichkeit, mit allem Für und Wider, der Unsicherheit, ob eine getroffene Entscheidung richtig oder falsch ist, und mit all dem anderen, was damit zusammenhängt.

Das *Prinzip des Lebendigen* ist das permanente Bemühen, durch Anpassung an eine sich fortwährend verändernde Umwelt aus dysfunktionalen, unharmonischen inneren und äußeren Zuständen funktionale, harmonische Zustände zu machen. Stillstand in absoluter Leidfreiheit und andauerndes

Glück gibt es nicht, sowohl biologisch als auch gesellschaftlich betrachtet ist beides reine Illusion. Immer wieder von Neuem können wir aber bei erfolgreicher Anpassung innerlich (physiologisch ausgedrückt durch neurobiologische Botenstoffe) temporär Glücksgefühle erleben, die u. a. auch Funktionslust und Zufriedenheit auslösen. Und bei kollektiven, größeren Anpassungsprozessen werden wir äußerlich gewiss mit einem uns artgerechteren, unseren existenziellen Bedürfnissen entsprechenden Biotop und Leben belohnt.

Wir haben die Macht und Fähigkeit, uns selbst auszulöschen. Das stimmt. Wir haben aber auch die Macht und Fähigkeit zu versuchen, unsere Zukunft bestmöglich vorzubereiten. Freilich kann es immer anders kommen, als wir uns das vorgestellt haben; wie die Zukunft wird, wissen wir nicht. Sie ist noch nicht da, sie entsteht erst. Wir wären die erste Art – soviel ich weiß – die sich selbst auslöscht. In dieser Hinsicht aber bleibe ich Optimist: Wir sind die anpassungsfähigsten Affen auf der Welt.

Literatur

Verwendete Fachliteratur und Büchertipps zum Vertiefen

Antonovsky, Aaron (1997): *Salutogenese. Zur Entmystifizierung der Gesundheit*, Tübingen: DGVT.

Bandura, Albert (1997): *Self-efficacy: The Exercise of Control*, New York: Freeman.

— (1995): *Self-efficacy in Changing Societies*, New York: Cambridge University Press.

Benecke, Cord (2014): *Klinische Psychologie und Psychotherapie: Ein integratives Lehrbuch*, Stuttgart: Kohlhammer.

Birbaumer, Niels / Schmidt, Robert F. (2010): *Biologische Psychologie*, Heidelberg: Springer.

Bodanowitz, Jörg (2022a): «Neuer Höchststand bei Fehltagen durch psychische Erkrankungen in 2021», Upload am 2. März 2022, verfügbar unter: https://www.dak.de/dak/bundesthemen/psychreport-2022-2533048.html (Zugriff: 27.07.2022).

— (2022b): [DAK-Pressemeldung:] 8,6 Millionen Erwerbstätige haben ein psychisches Risiko für einen Herzinfarkt – DAK-Gesundheitsreport 2022 zeigt, wie stark Risikofaktoren für Herz-Kreislauf-Erkrankungen unter Erwerbstätigen verbreitet sind, verfügbar unter: https://www.dak.de/dak/download/pressemeldung-2548228.pdf (Zugriff: 02.11.2022).

Böckler-Raettig, Anne (2019): *Theory of Mind*, München: Ernst Reinhardt Verlag.

Csíkszentmihályi, Mihály (2017): *Flow – das Geheimnis des Glücks* [1990], Stuttgart: J. G. Cotta'sche Buchhandlung.

Damásio, António R. (1994): *Descartes' Irrtum – Fühlen, Denken und das menschliche Gehirn*, München: List.

Darwin, Charles (1997): *Der Ursprung der Arten durch natürliche Selektion oder die Erhaltung begünstigter Rassen im Existenzkampf*, übers. v. Eike Schönfeldt, Stuttgart: Klett-Cotta.

De Waal, Frans (2005): *Der Affe in uns. Warum wir sind, wie wir sind*, München: dtv.

Deutsche Gesellschaft für Psychiatrie und Psychotherapie (2021): Basisdaten. Psychische Erkrankungen. Stand: August 2021, verfügbar unter: https://www.dgppn.de/_Resources/Persistent/17452fbcf559a53a36e71334cde8d18e8d6793fa/20210727_Factsheet_Kennzahlen.pdf (Zugriff: 03.01.2022).

Egger, Josef W. u. a. (2012): *Biopsychosoziale Medizin. Nachhaltig leben, lernen, forschen*, München: Springer.

Eisenberger, Naomi I. u. a. (2003): «Does Rejection Hurt? An FMRI Study of Social Exclusion», in: *Science* 10, Bd. 302, S. 290–292; DOI: 10.1126/science.1089134.

Fromm, Erich (2005): *Haben oder Sein? Die seelischen Grundlagen einer neuen Gesellschaft* (1976), hg. v. Rainer Funk, übers. aus dem Engl. v. Brigitte Stein.

Grawe, Klaus (2004): *Neuropsychotherapie*, Göttingen u. a.: Hogrefe.

Haken, Hermann (1981): *Erfahrungsgeheimnisse der Natur. Synergetik – die Lehre vom Zusammenwirken*, Stuttgart: DVA.

Hansch, Dietmar (2002): *Evolution und Lebenskunst. Grundlagen der Psychosynergetik*, Göttingen: Vandenhoeck & Ruprecht.

IGES / DAK Gesundheit (2022): *Psychoreport 2022. Entwicklungen der psychischen Erkrankungen im Job 2011–2021*, verfügbar unter: https://www.dak.de/dak/bundes themen/psychreport-2022-2533048.html (Zugriff: 27.07.2022).

Joos, Wilhelm (2017): «Wie die Seele im Körper schwingt! – Autonomes Nervensystem und Herzratenvariabilität als somatische Marker», in: Mehl, Kilian (Hg.): *Erfahrungsorientierte Therapie. Integrative Psychotherapie und moderne Psychosomatik*, Heidelberg: Springer, S. 65–70.

Kegel, Bernhard (2009): *Wo Erfahrungen vererbt werden*, Köln: Dumont.

Lamarck, Jean-Baptiste de (1809): *Philosophie zoologique, ou Exposition des considérations relative à l'histoire naturelle des animeaux*, Paris: Dentu et l'Auteur, Repr. der dtsch. Übers. v. Arnold Lang (2002): *Zoologische Philosophie*, 2. Aufl. Frankfurt a. M.: Harri Deutsch.

Luhmann, Niklas (1984): *Soziale Systeme. Grundriß einer allgemeinen Theorie*, Frankfurt a. M.: Suhrkamp.

Machiavelli, Niccolò (1986): *Il Principe / Der Fürst*, Ital./Dtsch., übers. v. Philipp Rippel, Stuttgart: Reclam.

Marx, Karl (1982): *Ökonomisch-philosophische Manuskripte. Erste Wiedergabe in Werke – Artikel – Entwürfe März 1843 bis August 1844*, Berlin (= MEGA2, 1. Abt. / Bd. 2), S. 187–322.

Maslow, Abraham (1957): *Motivation and Personality*, New York: Harper & Row.

Maturana, Humberto R. / Pörksen, Bernhard. (2002): *Vom Sein zum Tun. Die Ursprünge der Biologie des Erkennens*, Heidelberg: Carl Auer.

Mehl, Kilian (2022): Wirkimpulse und Einfluss der SARS-CoV-2-Pandemie und ihres Managements – eine Befragungs- und Beobachtungsstudie von stationär behandlungsbedürftig gewordenen Patienten in einer psychosomatischen Fachklinik, einsehbar auf: www.wollmarshoehe.de.

— (2020): *Modernes Betriebliches Gesundheitsmanagement als Führungsaufgabe*, Wien: SHW Fachverlag.

— (Hg.) (2017a): *Erfahrungsorientierte Therapie. Integrative Psychotherapie und moderne Psychosomatik*, Heidelberg: Springer.

— (2017b): «Das Prinzip des Lebendigen – Einführung in die Theorie und Praxis der erfahrungsorientierten Therapie (EOT)», in: Ders. (Hg.): *Erfahrungsorientierte Therapie. Integrative Psychotherapie und moderne Psychosomatik*, Heidelberg: Springer, S. 1–64.

— (2015): *Aufhorchen*[3]. *Gesundheitliches Selbstmanagement (ein Selbstmanagement-Programm mit 10 ca. 20-minütigen Praxisanleitungen)*, hg. v. Institut für Erfahrungslernen, Bodnegg: infer.

— (2013): *Burn on, Homo sapiens! Essays über die Menschen*, Göttingen: V&R unipress.

Mehl, Kilian / Wolf, Markus (2011): «Experiental Learning in Psychotherapy. Ropes Course Exposures as an Adjunct to Inpatient Treatment», in: *Clinical Psychology and Psychotherapy*, 18 (1/2), S. 60–74.

— (2008): «Erfahrungsorientiertes Lernen in der Psychotherapie. Evaluation psychophysischer Expositionen auf dem Hochseil im Rahmen eines multimethodalen stationären Behandlungskonzeptes», in: *Psychotherapeut* 53, S. 35–42.

Miles, John C. (1993): «Wilderness as Healing Place in Adventure Therapy», in: Gass, Michael A. (Hg.): *Adventure Therapy. Therapeutic Applications of Adventure Programming*, Dubuque (IA): Kendall Hunt, S. 43–56.

Nahum, Daniel u. a. (2019): «Common Factors in Psychotherapy», in: Javed, A. / Fountoulakis, K. (Hg.): *Advances in Psychiatry*, Cham: Springer, S. 471–481, verfügbar unter: https://doi.org/10.1007/978-3-319-70554-5_29 (Zugriff: 01.04.2023).

Roth, Gerhard / Ryba, Alice (2016): *Coaching, Beratung und Gehirn. Neurobiologische Grundlagen wirksamer Veränderungskonzepte*, Stuttgart: Klett-Cotta.

Roth, Gerhard / Strüber, Nicole (2014): *Wie das Gehirn die Seele macht*, Stuttgart: Klett-Cotta.

Schubert, Christian / Amberger, Madeleine (2021): *Was uns krank macht, was uns heilt. Aufbruch in eine neue Medizin. Das Zusammenspiel zwischen Körper, Geist und Seele besser verstehen*, Munderfing: Fischer & Gann.

Seligman, Martin E. P. (1976): *Erlernte Hilflosigkeit*, München u. a.: Urban & Schwarzenberg.

Simon, Fritz B. (2015): *Einführung in Systemtheorie und Konstruktivismus*, Heidelberg: Carl Auer.

Uexküll, T. von / Wesjack, W. (2011): «Integrierte Medizin als Gesamtkonzept der Heilkunde: ein bio-psycho-soziales Modell», in: Uexküll, T. von: *Psychosomatische Medizin*, München: Elsevier, S. 3–40.

Vaillant, George E. (2012): *Triumphs of Experience: The Men of the Harvard Grant Study*, Cambridge/Mass.: Belknap Press of Harvard University Press.

Vester, Frederic (2002): *Die Kunst des vernetzten Denkens. Ideen und Werkzeuge für einen neuen Umgang mit Komplexität. Ein Bericht an den Club of Rome*, München: Pantheon.

World Health Organization (WHO) (1986): Ottawa-Charta zur Gesundheitsförderung (WHO-autorisierte Übersetzung: Hildebrandt/Kickbusch auf der Basis von Entwürfen aus der DDR und von Badura sowie Milz), verfügbar unter: https://www.euro.who.int/__data/assets/pdf_file/0006/129534/Ottawa_Charter_G.pdf (Zugriff: 23.03.2023).

— (1948): «Constitution of the World Health Organization», in: WHO (2020): *Basic Documents, forty-ninth edition*, S. 1–19; eine Übersetzung ins Deutsche ist verfügbar über die Webseite des Bundesrates der Schweiz unter: https://www.admin.ch/opc/de/classified-compilation/19460131/201405080000/0.810.1.pdf (Zugriff: 23.03.2023).

Speziell für Pädagogen und Erzieher, zur Selbstedukation und zum Erfahrungslernen

Bacon, Stephen (2003): *Die Macht der Metaphern* (dtsch. Übers. u. Einl. Schödbauer, C.), Augsburg: Ziel; engl. Originalausgabe: Bacon, S. (1983): *The Conscious Use of Metaphor in Outward Bound*, Denver/Col.: Colorado Outward Bound School.

Barz, Heiner (2018): *Reformpädagogik: Innovative Impulse und kritische Aspekte*, Weinheim/Basel: Beltz.

Brussoni, Mariana (2015): «What is the relationship between risky outdoor play and health in children? A systematic review», in: *International Journal of Environmental Research and Public Health* 12 (6), S. 6423–6454.

Czerny, Sabine (2018): «Selbstkompetenz. Der Optimierungswahn schadet unseren Kindern», Kolumne auf Deutsches Schulportal der Robert Bosch Stiftung, Beitrag v. 4. Juli 2018, aktualisiert: 3. Juli 2020, verfügbar unter: https://deutsches-schulportal.de/kolumnen/selbstkompetenz-der-optimierungswahn-schadet-unseren-kindern (Zugriff: 16.03.2023).

Gilsdorf, Rüdiger (2004): *Von der Erlebnispädagogik zur Erlebnistherapie. Perspektiven erfahrungsorientierten Lernens auf der Grundlage systemischer und prozessorientierter Ansätze*, Bergisch Gladbach: EHP.

Gilsdorf, Rüdiger / Kistner, Günter (1995/2000/2013): *Kooperative Abenteuerspiele. Eine Praxishilfe für Schule, Jugendarbeit und Erwachsenenbildung*, Bd. 1–3, Stuttgart: Klett.

Haf, Wolfgang / Michl, Werner (1994): «Psychotherapeutische Wirkungen der Erlebnispädagogik», in: Bedacht, Andreas u. a. (Hg.): *Erlebnispädagogik: Mode, Methode oder mehr?*, München: Ziel, S. 151–157.

Heckmair, Bernd / Michl, Werner (2013): *Von der Hand zum Hirn und zurück. Bewegtes Lernen im Fokus der Hirnforschung*, Augsburg: Ziel.

— (2012): *Erleben und Lernen. Einführung in die Erlebnispädagogik* (1993), München: Reinhardt.

Hellmich, Achim / Teigeler, Peter (Hg.) (2007): *Montessori-, Freinet-, Waldorfpädagogik: Konzeption und aktuelle Praxis*, Weinheim: Beltz.

Lakemann, Ulrich (2004): «Erlebnispädagogik als selbstorganisierter Lernprozess. Konsequenzen für Personen, Gruppen und Teamer», in: Ferstl, Alex u. a. (Hg.): *Der Nutzen des Nachklangs. Neue Wege der Transfersicherung bei handlungs- und erfahrungsorientierten Lernprogrammen*, S. 52–61.

— (2005): *Wirkungsimpulse von Erlebnispädagogik und Outdoor-Training. Empirische Ergebnisse aus Fallstudien*, Augsburg: Ziel.

Mehl, Kilian (2014): «Erfahrungslernen: Anpassung durch Abenteuer», in: Ferstl, Alex u. a. (Hg.): *Erlebnispädagogik: quo vadis? Zwischen Anpassung und Abenteuer*, Augsburg: Ziel, S. 152–166.

Michl, Werner (2015): *Erlebnispädagogik*, Stuttgart: UTB.

Mosel, R. (2016): *Systemische Pädagogik. Ein Leitfaden für Praktiker*, Weinheim: Beltz.

Prochaska, James O. u. a. (1994): *Changing for Good. A Revolutionary Six-stage Program for Overcoming Bad Habits and Moving your Life Positively Forward*, New York: William Morrow.

Reiners, Annette (2007a): *Praktische Erlebnispädagogik. Bewährte Sammlung motivierender Interaktionsspiele*, Bd. 1, Augsburg: Ziel.

— (2007b): *Praktische Erlebnispädagogik. Bewährte Sammlung handlungsorientierter Übungen für Seminar und Training*, Bd. 2, Augsburg: Ziel.

Rogers, Carl: *Encountergruppen. Das Erlebnis der menschlichen Begegnung*, München: Kindler.

Sachon, W. P. (1999a): «Vision Quest. Ein Übungsritus in der Natur», in: *e&J – erleben und lernen*, 7 (2), S. 8–13.

— (1999b): «Vision Quest. Ein Übungsritus in der Natur», Teil 2, in: *e&J – erleben und lernen*, 7 (3/4), S. 29–33.

UBC News: Risky Outdoor Play Positively Impacts Children's Health: UBC study. Media Release (9. Juni 2015), verfügbar unter https://news.ubc.ca/2015/06/09/risky-outdoor-play-positively-impacts-childrens-health-ubc-study (Zugriff: 16.03.2023).

Abbildungs- und Tabellenverzeichnis

Abb. 1: Überblick über die wichtigsten Basiskompetenzen   14

Abb. 2: Für die Anpassungsfähigkeit relevante Basiskompetenzen   66

Abb. 3: Vaillant-Studie – Faktoren für ein gelingendes Leben mit hohem Wirkungsgrad   96

Abb. 4: Stammbaum: Homo sapiens und die anderen Primaten   97

Abb. 5: Kohärenzmodell nach Antonovsky inkl. Selbstwirksamkeit (Bandura)   111

Abb. 6: Die drei Säulen des persönlichen Bewältigungspotenzials   148

Abb. 7: Aushangpflichtige Gesetze in einer Arztpraxis   154

Abb. 8: Weitere für Arztpraxen relevante, aber nicht aushangpflichtige Vorschriften   155

Abb. 9: Die sichere Bindung und das Selbst   171

Tab. 1: Systemkonzeption Mensch (DFVH-M) – Homo sapiens gestern und heute   185–189

Abkürzungen

BGM = Betriebliches Gesundheitsmanagement
BGF = Betriebliche Gesundheitsförderung
DFVH = Denken, Fühlen, Verhalten, Handeln
DFVH-M = Denk-, Fühl-, Verhaltens- und Handlungsmuster
EOT = Erfahrungsorientierte Therapie
PsRs = Psychosomatische Regulationssysteme

Das Signet des Schwabe Verlags
ist die Druckermarke der 1488 in
Basel gegründeten Offizin Petri,
des Ursprungs des heutigen Verlags-
hauses. Das Signet verweist auf
die Anfänge des Buchdrucks und
stammt aus dem Umkreis von
Hans Holbein. Es illustriert die
Bibelstelle Jeremia 23,29:
«Ist mein Wort nicht wie Feuer,
spricht der Herr, und wie ein
Hammer, der Felsen zerschmeisst?»